南亚研究丛书·薛克翘文集（十一）

本文集主编　姜景奎

印度古代文化史

A HISTORY OF ANCIENT INDIAN CULTURE

薛克翘　著

中国大百科全书出版社

图书在版编目（CIP）数据

印度古化文化史 / 薛克翘著. -- 北京：中国大百科全书出版社，2016.6

ISBN 978-7-5000-9895-9

Ⅰ.①印… Ⅱ.①薛… Ⅲ.①文化史—研究—印度—古代 Ⅳ.①K351.2

中国版本图书馆CIP数据核字（2016）第137255号

责任编辑：王 宇

封面设计：春天书装工作室

责任印制：乌 灵

中国大百科全书出版社 出版发行

（北京阜成门北大街17号 邮政编码：100037 电话：010-68315606）

网址：http://www.ecph.com.cn

新华书店经销

北京杰瑞腾达科技发展有限公司排版

北京汇瑞嘉合文化发展有限公司印刷

开本：710毫米×1000毫米 1/16 印张：19.25 字数：325千字

2016年6月第1版 2016年6月第1次印刷

ISBN 978-7-5000-9895-9

定价：48.00元

南亚研究丛书编委会

丛书前言

自古以来，南亚地区就是丝绸之路的要冲，是东西方物质文化和精神文化交流的中间站。中国和南亚又是山水相连的近邻，其直接交流的历史异常悠久，而且内容丰富。当前，中国与南亚各国领导人之间的互访频繁，国家关系紧密、合作空前良好。中国与南亚各国的民间交往也空前活跃，经贸往来、旅游开发，前景广阔。我们需要彼此了解、加深友谊。因此，不论从历史的角度看，还是从现实的角度看，深入开展对南亚各国的研究都显得格外重要。

恰在此时，中国大百科全书出版社决定出版一套《南亚研究丛书》，这是具有远见卓识之举。受出版社委托，由吾人出面组织这套丛书，不胜荣幸。吾人者，五人也，按印度的传统，可以叫作“般遮耶多”（Pancayata，今译潘查雅特），即五人会议或五人小组。由五人小组负责组织稿件、审查质量、决定取舍。

经与出版社协商，这套丛书拟出版两个系列：一是研究系列，二是翻译系列。吾人欢迎学风严谨、有独创性的研究专著和文集，也欢迎文笔流畅、具有出版价值的翻译作品。专著和译著的内容可以包括南亚学的方方面面，如历史、地理、宗教、哲学、语言、文字、文学、艺术、社会，以及政治、经济，等等。

长河浩荡，不弃一涓一滴；高山嵬嵬,不遗一草一石；广厦千寻，有赖一砖一瓦。愿吾人的工作有助于我国南亚学研究的深入，增进国人对南亚文化的了解和认识，促进中国与南亚各国人民间的友谊。

有不足之处，还望读者指教。

《南亚研究丛书》编审五人小组

2014年10月28日

自序

首先要感谢中国大百科全书出版社的领导和编辑同志们。尤其是龚莉社长、马汝军副总编和滕振微主任，他们在编辑《中印文化交流百科全书》之初就决定开设《南亚研究丛书》这个平台，也给了我出版文集的机会。四年来，几位领导对我给予热情的鼓励和有力的支持，编辑同志们也不厌其烦地予以指正和磋商，心感身受，岂感谢二字所能表达。

二要感谢北京大学姜景奎教授。是他提出将我的部分著作编辑成文集在此平台刊出，并为之作序。我原想，出文集固然好，但那应是身后之事，如能在有限的生年再出几个像样点的成果，再出文集也许更好。但景奎再三动员，说有这样一个平台，机不可失，我便活了心。其实我也知道，在我身后，若非景奎，不会再有人提起出版我文集的事，也不会再有出版社愿意为我出文集了。经他与出版社领导沟通，终成此事，让我提前享受到出文集的快感。此心此情，亦非感谢二字所能表达。

三要感谢多年的同学、同事和好友刘建教授，他愿意为我的文集写篇长序。我们从相识到相知，已经38年。他不仅了解我读研究生、工作及退休后的情况，熟悉我的想法和心情，也熟悉我的作品。他曾编辑、审读、修改和翻译我的作品达数十万字，从来都认真细致，热心真诚。我们中国有个传统，讲究交友之道，向来推崇友善、友诤、友多助、友多闻，刘建就是我这样的挚友。平生能得如是者一二，已是大幸。此情此谊，亦非感谢二字所能表达。

两位教授和好友的序言，使我免去了王婆卖瓜之烦。而关于文集中所收内容，我想多说几句。

《中国与南亚文化交流志》写于20世纪90年代前期，出版于1998年（上海人民出版社《中华文化通志·中外文化交流典》）。出版时，不知是主编还是编辑删掉了我写的后记，这次补上，因为后记中我表明了对老师们和同学们的感恩心迹，而这种心迹和态度是需要传承的。原书的“总序”和“内容提要”此次不再采用。本书共分11章，根据有关史料和考古实证，对上自秦汉，下至20世纪80年代中国与南亚文化交流的事实作了分门别类的记叙和分析。而其中的主要部分，则与我后来的著作《中国印度文化交流史》有所重合。我之所以愿意将它列入文集，是因为其中还有涉及南亚其他国家的内容，也许对后来的研究者会有所帮助。此次再版，除了对个别文字做了订正外，其余部分未作任何修改和调整。

《中印文学比较研究》（外二种）是我研究生毕业后早期成果的汇集。其中，《中印文学比较研究》一书出版于2003年（昆仑出版社），但其绝大部分内容均写于20世纪80年代。最初是以文章的形式发表于《南亚研究》等杂志，后连缀成篇，居然涉及汉魏以来中国文学发展的各个时期。这正说明，在古代，印度文学主要是通过佛教的媒介影响中国文学的；自从印度佛教传入中国，便对中国文学发生了影响；中国文学的各个发展阶段都受到佛教的影响；直到近现代，虽然中印文学交流的领域已经大大扩展，但佛教的影响仍然存在，因为佛教已成为中国文化的一部分，已深深地扎根于人们的头脑中。另外两种，《剪灯新话及其他》也写于80年代，最初以小册子的形式出版于1992年（辽宁教育出版社《古小说评介丛书》）。《西洋记评介》作于90年代中期，最初名为《西洋记》，亦以小册子的形式出版于1999年

（春风文艺出版社《插图本中国文学小丛书》）。敝帚自珍，如今读起这3种作品的文字，虽然常常觉得有得意之笔，但毕竟是较早的作品，也难免有唐突武断之处。今再版，照旧托出，仅供读者参考。

《中印文化交流史》原作于2004～2007年，完成于2007年8月。最初以《中国印度文化交流史》为题，作为《东方文化集成》的一种，由昆仑出版社出版于2008年初。由于此前曾写过《佛教与中国文化》和《中国与南亚文化交流志》两书，所以此书的撰写已经有了基本的纲要和素材，加上电脑文字搬家的便利，仅用三四年的时间便告完成。此次再版，对一些地方作了大段的裁剪，也对一些具体问题作了修订。希望它比原先的版本更好一点。

《印度民间文学》一书是我2007年应北京大学张玉安和陈岗龙教授之邀而作，2008年完稿，最初作为《东方民间文学丛书》之一出版于2008年12月（宁夏人民出版社）。根据当时出版社编辑的要求，此书的写作既要体现学术价值，又要有一定的知识性和趣味性。虽然当时尽力而为，但仍难以达到那种学术性与趣味性完美结合的高度。此次再版，未作改动。作为我国目前为止唯一一部关于印度民间文学的带有一定学术性的专著，也许对读者有点用处。书后的附件，也算是印度民间文学的重要内容，摘自我主编的《东方神话传说》第四卷（北京大学出版社，1999年版）。其中，《罗摩的故事》最初由我根据中文和印地文资料编写。《摩诃婆罗多的故事》最初由张钟群学长根据中外文资料编写，此次我又将它改编缩写。《黑天的故事》原先也是由钟群学长依据《诃利世系》编译，此次我又在此基础上加以改编、缩写。所以，在这里要特别感谢钟群学长。《黑天的故事》来自《诃利世系》，是钟群学长首次将它编译出来，详细地介绍给国人。这个故事的价值不仅在于它是印度民间文学研究的重要资料，而且，它对于印度教的研究也具有重要意义，甚至我们还能从中发现某些古代印度史的痕迹。《黑天的故事》里，也不乏比较文学研究的资料，那些神奇的法宝，那些斗法的情节，那些怪异的神魔，包括它们的坐骑，都很容易让我们联想到中国神魔小说中的一些情节。正因为它具有多方面的价值，所以，这次要特别把它附在书后。

《象步凌空——我看印度》算是一部散文集，或者说是一本普及性读物，最初由世界知识出版社出版于2010年。这次再版，没有改动，因为我觉得书中的内容和有关提法至今并未过时，依然有一定的知识性和可读性。

《走近释迦牟尼》收录了我独著与合著的4个剧本。其中，电影文学剧本《玄奘》发表最早（1985年第2期《电影创作》），距今已经整整30年了。发表之后，我与合作者高树茂（笔名木君）便一面争取拍摄，一面多方征求意见，并不断修改。为寻求与印度合拍的机会，1985年，请刘建和王槐廷先生将剧本译为英文，并通过各种途径送往印度。在不断修改过程中，还曾请教过中国佛教协会佛教文化研究所所长吴立民先生和赵朴老的秘书李家振先生，并根据他们的意见于1994年作了第六次修改。现在看来，这个30年前的剧本未免幼稚，修改后的剧本也未能达到令人满意的程度。尽管如此，我仍然敝帚自珍，因为它既是一个见证，又是一个鞭策。它见证的是我30年来研究玄奘的过程，它鞭策着我像玄奘那样锲而不舍地工作。就在修改《玄奘》的同时，高树茂再次提出动议，合写另一个电影剧本《五世达赖喇嘛》，经过一段时间的学习和准备，这个剧本也于20世纪80年代末完成了。又经过长时间的周折，在没有得到拍摄机会的情况下，于2003年将它发表在《新剧本》上。2003年，我接到一个邀请，写一部七集专题片《走近释迦牟尼》。经过一番努力，终于在当年写出。该片由华艺音像有限公司与印度英迪拉·甘地基金会合作拍摄于2005年。不久即翻译成英文在中印两国电视台同时播放。影片拍摄和制作过程中对剧本有一些改动，但这里刊出的仍然是改动前的本子。1996年，受一家影视公司负责人的委托，我又写了一部25集的电视专题片《中华国粹——围棋文化》。但写完之后便泥牛入海，再无消息。尽管这是一部不成熟的剧本，但将它发表出来，也许会有益于社会。如果有哪位导演、制片或出品人觉得可以以此为基础，写出一部电视片，更是求之不得。

《印地语文学史》两卷，是在《印度中世纪宗教文学》（昆仑出版社，2011年版）和《印度近现代文学》（昆仑出版社，2014年版）基础上剪裁、增补而成，非我独立之作，除景奎外，尚有北京大学唐仁虎、郭童、姜永红、魏丽明、王靖，以及洛阳外国语大学廖波等先生的作品。此前，刘安武先生曾著《印度印地语文学史》一书。作为前辈学者的著作，我们晚辈曾悉心阅读，颇多受益。我们现将学习心得进一步整理扩充，并大幅度增加了现当代部分的比重，以期有益于后来者，有益于相关学科的建设。

除了以上7部书外，还有4部著作（《印度密教》、《神魔小说与印度密教》、《印度文化论辑》、《印度古代文化史》）和3部译著被列入文集。这后6部书，各有说明，不再赘言。

这14部书，是我到目前为止的主要著作。

薛克翘

2016年元月于京东太阳宫

序一

好几年前就有了编辑《薛克翘文集》的想法。

薛克翘先生参加过我的硕士学位论文评阅和博士学位论文答辩。不过，与他的合作始于21世纪初，当时他作为“印度中世纪宗教文学”的课题负责人邀请我和印度学者Rakesh Vats教授参与，之后又有“印度近现代文学”的合作，2012年开始《中印文化交流百科全书》的合作，目前正在合作的是“中印经典和当代作品互译出版项目”，以及“南亚研究丛书”。算起来，这类近距离的合作已十年有余。在之前接触和之后合作的过程中，我从薛克翘先生那里学到很多。在我看来，薛克翘先生为学为人兼优，堪称中国印度学/南亚学研究领域的卓越者。

薛克翘先生平时话少，属于有话则多无话则少的人。他看似不爱“闲话”，聊起来也会滔滔不绝，得看话题。谈学术谈创作，永远有结束不了的议论。跟他聊学术，你会发现，原来学术也可以海阔天空……薛克翘先生实在，爱抽烟，喜甜食，这些对身体无益，但因自由潇洒的性情，其害处似乎又被稀释到最小。由于师母近年的“管束”，他也“收敛”了不少，“节制”了许多。我曾建议他完全戒除，他说还不到时间。哈哈，难道要到90岁以后？薛克翘先生谦虚，学养深厚，却从不目中无人，对小辈饱含提携之心。我从读硕士研究生开始就得益于他的指导，现在看当时的文字议论，颇显幼稚，自觉难为情，却不记得他说过什么负面的言语，反而记得他的鼓励和肯定。现在，对于我的硕士研究生和博士研究生，他也持同样态度，愈显长者风范。

在学术领域，薛克翘先生是我最佩服的学者之一。先生本科就读于北京大学东语系印地语专业，硕士就读于中国社会科学院研究生院南亚系，与印度研究/南亚研究直接关联。本科毕业后，他一直在中国社会科学院南亚研究所/亚太研究所从事印度文化和中印文化交流的研究工作，成果丰硕。2005年5月退休之前，他出版有专著6部、译著5部、工具书2部、普及读物3部、文学创作2部、学术论文70余篇；退休后至今，他发表专著6部、译著2部、工具书2部、普及读物3部、文学创作2部、学术论文40篇，行将出版的专著4部、译著2部……他仍在耕耘，我们会不断看到他的新成果。

在我看来，薛克翘先生在印度研究方面的学术贡献主要体现在三个方面：其一，印度文学及中印比较文学的研究。这方面以专著《印度近现代文学》（合著）、《印度中世纪宗教文学》（合著）、《印度民间文学》以及《中印文学比较研究》为代表，辅以《评普拉萨德的大诗〈迦马耶尼〉》、《最早的印地语苏非传奇长诗〈月女传〉》、《印度独立后印地语诗歌流派简评》等学术论文。《中印文学比较研究》是他在这一领域的代表成果之代表，该著从汉代文学到当代文学，又从当代文学到少数民族文学，全面研究了中印文学的互动、影响。其中的“印度佛教文学的传入”、“读《拾遗记》杂谈”、“从王度的《古镜记说起》”、“中印鹦鹉故事姻缘”、“变文六议”、“《太平广记》的贡献”、“《西游记》与《西域记》”、“鲁迅在印度四例”、“比尔巴与阿凡提”等篇章尤令人拍案，作者从点滴议起，把中印文学放到极微极小的层面，以实在鲜活的事例探讨中印文学的关系，论述了佛教在中印文学交流中的媒介作用、中国文学中的印度佛教因素以及中印当代文学的相对平行双向的交流模式。其二，印度文化及中印文化交流的研究。薛克翘先生在这一领域的代表作有《中国与南亚文化交流志》和《中国印度文化交流史》等。这一研究在中印两国都是显学，关注者甚多，研究成果颇丰。研究者中的佼佼者有中华人民共和国建立以前的梁启超、向达、张星烺、许崇灏等前辈，有建国后不久即成名的季羡林、金克木、常任侠等大家，有改革开放后取得成就的刘安武、林承节、耿引曾、王宏纬等先生。薛克翘先生是“后起之秀”，他凭借自己深厚的语言及文化功底（古汉语、印地语、英语及汉学、佛学等），搜集研究了相关成果，在自己的著作中，前人论及的他研究了，前人没有论及的他也考察了。《中国印度文化交流史》的第七章和“后记”值得提及，前者探讨的是中华人民共和国建立后至2002年前后中印交流的内容，后者则把这一内容一直延续到2007年年中。可以看出，作者搜集了大量相关材料，并科学整理、合理使用，为中印文化交流史增添了全新的一页。其三，印度密教及其与中国神魔小说关系的研究。这似乎是薛克翘先生退休以后的重点研究领域，他先后发表了《印度佛教金刚乘诗歌浅谈》、《印度密教大师萨罗诃及其证道歌》、《关于印度佛教金刚乘八十四悉陀》、《金刚乘悉陀修行诗试解》、《印度佛教金刚乘成就师坎诃巴》、《也谈神怪小说与密教的关涉——〈聊斋志异〉中印文学源流研究》、《印度佛教金刚乘主要道场考》、《牛护是否是金刚悉陀》等学术论文，并即将出版专著《印度密教》和《神魔小说与印度密教》，可谓中国学者在这方面最为扎实的学术贡献。《印度密教》从印度文献入手，使用了印度中世纪金刚乘成就师的诗作、印度教的《火神往世书》和《女神薄伽梵往世书》以及印度民间文学作品《故事海》等，对密教和印度教的关系做了多方面的探讨和阐述，为国内相关研究之先。《神魔小说与印度密教》以《西游记》、《封神演义》和《华光天王传》等为研究文本，解决了前人没有关注或没有解决的问题，许多考证别开生面，打破了神魔小说研究的僵局，开拓了中国古小说研究的视野。

除研究著述外，薛克翘先生对印度文学的翻译也值得书写。他的译文有史诗（节译），如《古印度吠陀时代和列国时代史料选辑》（合译）；有小说，如《檀香树》（中篇）、《还我相思债》（长篇）、《谁之罪》（中篇）、《雷努小说选》（长短篇合集）、《人生旅途没有返回的车票》（短篇）等；有诗歌，如《伯勒萨德诗选》；有评传，如《普列姆昌德传》（合译）等。这些著作的原文大都是印地语，这恰是薛先生的长处，他精通印地语，汉语功底深厚，故译作文字精练到位，对原文及印度文化理解透彻，没有模棱之处，传达了原作的意境，展现了翻译的精准。印度现当代作品汉译不多，薛先生的翻译鼓励促进后学跟进，对丰富和发展这一领域大有裨益。

《中印文化交流百科全书》、《简明南亚中亚百科全书》、《简明东亚百科全书》等是薛克翘先生主编或参与编写的工具书类著述。笔者也参与了《中印文化交流百科全书》的编写工作，深知薛克翘先生的贡献和创新，他是全书主编，也是分支主编，还是执笔者。从组织团队，到编写条目，到审定条目，他事无巨细，必躬亲，必亲审。此外，该书有部分较长的概述条是他自己撰写的，印方建议冠合写或不写著者，他都从大局出发，予以同意认可，表现了大家之风及大学者之雅量。这些著述，名为工具书，但其研究性要远远大于很多专著，其中表现出来的学术价值和专业水准是常人无法体认得到的。

薛克翘先生具作家气质，他在文学创作方面也有不少实践，已经发表电影文学剧本《玄奘》（合著）和《五世达赖喇嘛》（合著）、专题片剧本《走近释迦牟尼》（7集）及散文集《象步凌空——我看印度》等4部作品，另有大型系列片《中华国粹——围棋文化》（25集）还没有发表。2015年年初，他与动漫公司签约，其《玄奘》将被制成大型游戏软件，进军动漫市场。此外，他还应约撰写50集电视连续剧脚本《大唐玄奘》，即将踏入电视剧领域。专业知识与文化市场相结合，这是薛克翘先生的另一贡献。先生“文气冲天”，对于中印文化交流市场的冲击可谓独到。与“进军”文化市场相类似，薛克翘先生对科学普及也有兴趣，他先后发表了相关著述8部，如《围棋故事精萃》、《世界智谋故事精粹》（合主编）、《东方趣事佳话集》（主编）、《东方神话传说》（合主编）、《佛教与中国古代科技》、《中国围棋史话》等。作为后学，我可以想象得到薛先生爱好围棋，却想象不到他会撰写相关著述！

因此，薛克翘先生的笔墨不仅用于专业研究方面，还用于文化普及和教化民众方面，一者显示先生知识博大精深，二者显示先生素养泽被时世，乃真君子也。

退休之后十余年，先生笔耕不辍。祈望先生劳作时不忘健康，以长寿辅之文章。

就年庚而言，薛克翘先生于2015年逢七十华诞。值此吉祥时机，出《薛克翘文集》十数册，记古稀，飨读者。

谢中国大百科全书出版社玉成此事。

如是为序。

姜景奎

于印度加尔各答

2015年12月29日

序二

薛克翘先生是中国南亚学界素负盛名的学者，以研究中印文化关系而著称。近40年来，他在这一领域勤苦耕耘，硕果累累。即将面世的多卷本《薛克翘文集》是他半生主要著述的一个集成。由于文集中的一些作品系首次付梓，因此又可将它们视为中印文化关系研究领域的新收获。能先睹这部文集并应命作序，快何如之?

黑格尔在《历史哲学·东方世界·印度》开篇指出:“印度，同中国一样，是一个既现代又古老的神奇国度，一个始终一成不变而又获得至为完善的自我发展的神奇国度。它一直是富于想象力的人们的热望之地，而且对我们而言似乎还是一个仙境，一个魔界。与只是呈现至为平实的‘知性’的中国不同，印度是幻想与感性之域。”(笔者据电子图书馆英文版自译)黑格尔的论断，表明印度对他具有一种特殊的魅力，历来受到学术界的重视和传扬。在他看来，印度是一个新旧文化并存的国家，是一种自成体系的伟大文明，也是一个具有鲜明地域特色的世界。

印度与中国同为文明古国。1999年7月5日上午，季羡林先生在印度文学院授予其名誉院士学衔的仪式上发表演说，高度评价了中印文化交流的历史意义。他说:“自远古以来，中国与印度就一直是好邻邦和好朋友。甚至在先秦时期，即在东周时期，我们已经能够在诸如《战国策》和《国语》

这样一些中国典籍中，主要是在神话和民间传说中，找到印度影响的一些蛛丝马迹。在屈原的诗歌中，特别是在《天问》中，我们也可以发现印度的一些影响，主要是神话方面的影响。在天文学中，我们同样可以找到中国和印度的相互影响。中国的著名发明，如造纸术、印刷术、火药、指南针等，从中国传到包括印度在内的其他国家。中国的纸和丝以及丝织品，经由丝绸之路从中国传到印度。与此同时，中国南方的海上丝绸之路也是功不可没的。在佛教从印度传入中国后，在近两千年的岁月中，印度文化源源不断地涌入中国。在各种不同学术领域中，都可以发现印度的影响。佛教在中国人民中风行起来。一言以蔽之，中印之间的文化交流有着十分悠久的历史，而这种交流促进了我们两国的社会进步，加强了我们的友谊，并给两国带来了福祉。在人类历史上，这是一个在任何别的地方都不曾发现的绝无仅有的例证。”(《南亚研究》1999年第2期)

印度文化在众多领域的辉煌成就，使之在整个世界文明中占有极其重要的地位。同时，印度文明又具有极强的辐射力，数千年来对亚洲邻国乃至世界产生了深刻的影响，为丰富人类文化和社会进步做出了卓越贡献。

作为我们最重要的邻国，印度与中国的文化交流，至少已有两千余年的历史。在许多世代，在所有外来文化中，只有印度文化对中国文化的影响最为持久和广泛。在漫长的岁月里，印度文化的许多成果，已渐次融入中国文化之中。因此，不只一代学者认为，要厘清中国文化的源流，就必须学习和研究印度文化；要弘扬传统文化和建设现代文化，也不应忽视印度文化的借镜作用。研究印度文化，深入探讨中印文化交流历史的意义，不仅有助于认识和了解今天的印度，也有益于中国民族文化复兴的大业。

在数千年的历程中，印度和中国有过不少类似的发展阶段。释迦牟尼在印度创立佛教之时，孔子在中国创立了儒家学说。印度在佛教问世之时异说纷呈，中国在春秋战国时期百家并起。阿育王统一印度不久之后，秦始皇开始统一中国。印度的笈多王朝与中国的唐朝先后成为两国政治、经济、文学、艺术、科学、技术等全面发展的黄金时代。印度的莫卧儿帝国与中国的清王朝在全盛时期占世界经济总量的一半。20世纪40年代末，印度共和国与中华人民共和国相继诞生。20世纪后期，中印两国先后推行经济改革，目前正在同时崛起。此外，两国在人口规模、发展程度等基本国情方面也存在着明显的相似之处。半个多世纪以来，无论是中国还是印度，都发生了旷古未有的深刻变化。

中国和印度两国，曾被称为“遥远的近邻”。然而，无论是崇山峻岭还是汪洋大海，都未能阻断两国人民及政府之间两个层次的双向往还。在印度古代史诗《摩诃婆罗多》（公元前4世纪~公元4世纪）和印度古代法论名著《摩奴法论》中，都曾提到中国，称之为“支那”（Cina）。根据印度学者玛妲玉推测，可能早在公元前5世纪，印度人即已知道并珍视中国丝绸。《大劫疏》和《摩诃婆罗多》中都出现过cinamsuka（中国丝绸）一词。约成书于公元前4世纪（一说公元前2世纪~公元3世纪）的印度古代政治学名著《利论》，亦有关于中国丝绸的记载。这些文献证明，尽管史乘记载阙如，但中印两国之间的丝绸贸易实际上可能早已开始。

据《史记·大宛列传》记载，张骞在公元前2世纪后期，初步凿通从中原通往西域的丝绸之路，并派副使前往印度。根据《三国志·魏书·东夷传》裴松之注引《魏略·西戎传》，在西汉哀帝元寿元年（公元前2年），即有“博士弟子景卢受大月氏王使伊存口授《浮屠经》”之事（《浮屠经》即佛经）。学术界对此说虽有不同意见，但佛陀降生的传说及其教义，至迟应于此时传入中国。据《后汉书》等典籍记载，永平七年（64），明帝曾梦见金人并向群臣索解。太学闻人傅毅对曰：“西方有神名曰佛，其形长丈六尺而黄金色。”明帝于是遣郎中蔡愔、博士弟子秦景等使于印度，“问佛道法”。翌年，楚王英皈依佛教，造成轰动。永平十年（67），蔡愔等与印度僧人摄摩腾、竺法兰以白马驮经及造像抵达洛阳。翌年，明帝敕造白马寺，标志着佛教正式传入中国。汉地营造佛寺由此开始。时至今日，佛寺犹遍布城邑及无数村落。明帝对佛法东渐及中印文化交流起了关键性推动作用。

汉魏以降，中印两国以佛教为指归的文化交流全面展开。两国僧人联袂接踵，络绎于途。商人们也沿着丝绸之路频繁流动，开展经贸活动。印度的天文历算、医药、建筑、绘画、雕塑等科学知识和艺术样式以及物产随之传入中国。大量佛经由中印两国高僧合作或独立译成汉文。他们在译经的同时，总结并提出翻译理论，开创了翻译学。隋代译经家彦琮的“八备”说至今犹有现实意义。中国由此形成译介国外典籍的传统，至今长盛不衰。

起源于印度的石窟寺，经由新疆的克孜尔、甘肃的敦煌、陕西的麦积山、山西的云冈、河南的龙门，一路向东延伸，形成一条悠长而壮观的佛教艺术带。它们是中印文化交流的实证和象征，至今依然吸引着无数游人前往观瞻。

三国吴赤乌十年（247），西域僧人康僧会抵达吴都建业（今南京），吴王孙权为其敕建建初寺，使之成为江南首座佛寺。与寺院伴生的佛塔在汉末亦已开始出现。

南北朝时期，在洛阳和建业南北两大佛教中心，寺庙如雨后春笋，拔地而起。《魏书·释老志》记载：“自洛中搆白马寺，盛饰图画，画迹甚妙，为四方式。凡宫塔制度，犹依天竺旧状而重搆之，从一级至三、五、七、九。世人相承，谓之‘浮图’或云‘佛图’。晋世，洛中佛图有四十二所矣。”《南史·郭祖深传》则记载：“都下佛寺五百余所，穷极宏丽，僧尼十余万，资产丰沃。所在郡县，不可胜言。”杜牧《江南春》诗云：“千里莺啼绿映红，水村山郭酒旗风。南朝四百八十寺，多少楼台烟雨中。”由此可见，时至晚唐，在风景秀丽的江南，佛教寺庙依然夺人眼目。

除帝王敕建皇家寺院外，僧尼、居士也群策群力，不甘落后。《续高僧传》描述了建康寺庙林立的盛况："钟山帝里，宝刹相临；都邑名寺，七百余所。"印度僧人参与了某些寺院的营造。宋熙寺即传为天竺僧伽罗多哆所造。从名字看，此位能够造寺的僧人当为东印度孟加拉人。罽宾寺、天竺寺等寺则专为印度来华僧人而建。富豪舍宅建刹成风。

北魏兴建寺塔之众，不亚于南朝。据《魏书·释老志》，自兴光至太和年间（454~499），"京城内寺新旧且百所，僧尼二千余人，四方诸寺六千四百七十八，僧尼七万七千二百五十八人"。"至延昌（512~515）中，天下州郡僧尼寺，积有一万三千七百二十七所。"到神龟年间（518~520），佛寺增至三万余所，蔚为壮观。

北魏杨衒之撰《洛阳伽蓝记》，以记述北魏时期寺塔营造之盛而著称。据此书记载，晋永嘉年间（307~312），此地仅有寺四十二所；北魏元宏迁都洛阳后，数十年间寺庙增至一千余所。佛寺之多，甲于天下。一时之间，洛城内外，"昭提栉比，宝塔骈罗，争写天上之姿，竞摩山中之影，金刹与灵台比高，广殿共阿房等壮"。熙平元年（516），胡太后敕造永宁寺，中立九级木构佛塔一座，"高九十丈。有刹复高十丈，合去地一千尺。去京师百里遥已见之"。另有"僧房楼观一千余间，雕梁粉壁，青璅绮疏，难得而言"。瑶光寺有五级佛塔一座，"去地五十丈，仙掌凌云，铎垂云表，作工之妙，美埒永宁"。这些美轮美奂、富丽堂皇的佛教建筑曾令洛城熠熠生辉。

在中印两国的文化交流中，高僧、学者起了至为重要的作用。他们是一代代舍身求法和传播真谛之人。朱士行少怀远悟，出家之后，专务经典，讲《道行经》，心生疑惑，遂矢志捐身，西行求取大本。他于三国魏甘露五年（260）从今西安出发，涉流沙，抵于阗。当时于阗多印度侨民，流行佛法。他虽未曾踏上印度本土，却是汉地僧人西行求经的先行者。此后，宋云、法显等数十人次第前往印度。盛唐时期，玄奘、义净先后奔赴并长期居留印度，成为举世闻名的历史佳话。这些高僧不但取经、译经，而且留下了堪称千古奇书的著作。这些著作是研究中印文化交流的珍贵文献,也是记载印度文明历程的重要典籍。

与此同时，尽管关山难越，道阻且长，西域也不断有佛僧和商旅等不畏艰险，前来中国。据《高僧传》记载，在摄摩腾和竺法兰于公元1世纪前来洛阳之后，从吴黄武三年（224）至北周天和年间（566~572），以印度为主的西域来华名僧即达44位。他们的足迹广布于大江南北。其中鸠摩罗什等高僧成为译经大家。中印僧人在合作译经之余，时赴王宫或僧寺讲经弘法。有时采用合讲方式。例如，佛图澄与弟子道安讲经时，前者主讲，后者复述。所聚僧众，往往数以百计。译经与讲学，推进了佛教在宫廷和民间的传播。

随着佛教东渐，印度音乐样式及技法，乃至音韵学知识等也逐渐传入中国。例如，在北周（557~581）与隋（581~618）之际，由于战乱而礼崩乐坏，七声音阶失传。“七声之内，三声乖应，每恒求访，终莫能通。”(《隋书·音乐志》）周武帝时，龟兹乐师苏祇婆传入源于印度的五旦七调理论，沛公郑译“习而弹之，始得七声之正”(《隋书·音乐志》)。此乃中国音乐史上的大事。至于音韵学的兴起，对魏晋南北朝时的骈文、五言诗和唐代律诗的发达，则起了积极的促进作用。

隋唐之际，中国与印度无论在政府层面还是民间层面的交往均达到高潮。隋开皇（581~600）初，文帝杨坚“雅信佛法”。唐太宗三遣使臣访印，鼎力支持玄奘译经弘法，并撰《大唐三藏圣教序》，褒扬玄奘“引慈云于西极，注法雨于东垂”的不朽功业。印度佛教逐渐在唐代完成本土化的进程。与此同时，佛教经尼泊尔传入西藏并获得巨大成功。松赞干布在位时期，曾派遣数十位学者前往尼泊尔和印度学习梵语、佛经及其他典籍。

此时，佛教在中国达于鼎盛时期。天文历算之学，颇受政府重视。包括天文学家在内的西域僧俗，前来中国者不可胜数。他们将印度的天文学、数学、医学等科学知识传入中国。在唐代开元六年（718），印度天文学家瞿昙悉达任司天台太史监，受命编译印度的《九执历》并编撰《开元占经》。该历书开卷介绍了印度的“算法字样”，即数字写法，称“其字皆一举札而成”，便于书写。“每空位处，恒安一点”，首次引入零的书写符号，即一个圆点“·”。这就说明，书写便捷的印度–阿拉伯数字至少在开元年间已传入中国。

从北宋至明季（10~17世纪），中印文化交流虽然势头弱于公元1千纪，但总体依然处于繁盛时期。随着佛教于2千纪初在印度衰微，中印之间由求法和传法为主要动力的文化交流逐渐停息。不过，中印之间的海上交通和贸易开始发展起来。

中印两国之间以佛教为主要媒介的艺术交流的价值，历来为文化或艺术学者所重。中国历史学家柳诒徵在其编著的《中国文化史》（1932，1948）中表示，自汉以降，为中国文化中衰时期，“种族衰落，时呈扰乱分割之状……于此时期，有一大事足记者，即印度之文化输入于吾国，而使吾国社会思想以及文艺、美术、建筑等皆生种种之变化”。他在该书的多个章节中扼要阐述了印度文化对中国文化的作用、影响和意义。印度历史学家高善必在《印度古代文化与文明史纲》（1965）第五章中则说，没有在印度影响之下发展起来的佛教主题，缅甸、泰国、朝鲜、日本与包括西藏在内的中国的艺术和建筑，乃至世界艺术，都会逊色许多。事实确乎如此。中印艺术交流，成为人类文化交流史上独一无二的光辉范例。

在文学方面，中印两国交光互影，例证极多，不胜枚举。印度文学对中国文学的影响与佛经的汉译和传播如影随形，几乎同步发生。中国古代文人学者大多阅读佛经，熟悉佛教，并有与高僧结交的风习。于是，佛经中蕴含的大量充满智慧、哲理和趣味的故事不胫而走。从六朝志怪小说、唐宋传奇到明清小说，从僧禅诗歌至变文、戏剧，从文学理论到文学样式，从古至今，印度文学对中国文学的影响是多方面的。几经嬗变，不少印度故事业已中国化，以致一般读者难以辨明。“曹冲称象”就是这方面的一个典型例子。20世纪以来，泰戈尔等印度作家的作品在中国的风行，鲁迅等中国作家作品在印度的流传，都是自古以来中印文学交流传统的延续。

元明之际，中印海上交通获得巨大发展。蒙元统治中国虽不足百年，但与印度互动频繁，保持了良好的外交关系。明初，中国政府即不断派遣使者前往东南亚和南亚地区。永乐元年（1403），明廷遣中官尹庆前往印度西南部的古里及柯枝两国。从永乐三年（1405）至宣德八年（1433），郑和奉使七下西洋，造访30余国，其中包括古里、柯枝、阿拔巴丹、甘巴里、榜葛剌等印度诸国，成为明初国家盛事和世界航海史上的壮举。郑和随行人员马欢、费信、巩珍分别撰写《瀛涯胜览》、《星槎胜览》和《西洋番国志》，留下对印度诸国的生动记录，成为研究中古时期中印文化交流的重要文献。

与此同时，印度诸国亦与明廷互动频繁，保持了密切关系。据《皇明象胥录》卷七“榜葛剌”条载，明永乐二年（1404），国王蔼牙思丁遣使朝贡，六年（1408）上金叶表。永乐七年（1409），蔼牙思丁再度遣使朝贡，从者230余人，永乐皇帝赏赐甚厚。随后，蔼牙思丁连年入贡，旨在积极同中国修好。蔼牙思丁逝世后，其子赛勿丁（赛佛丁）继位为王，于永乐十二年（1414）遣使奉表来华，贡麒麟（长颈鹿）及名马方物。永乐十三年（1415），侯显赍诏使其国，王与妃、大臣皆有赐。

明朝的强盛甚至使得榜葛剌国王在遭遇邻国入侵时前来寻求帮助，而郑和七下西洋也得到了榜葛剌国的巨大支持。郑和宝船体积大，吃水深，无法沿沙洲众多的恒河口长驱直入榜葛剌国腹地。经榜葛剌国慨然应允，明朝得以在吉大港设立官厂，使之成为郑和船队的基地。海上交通的开拓和发展，促进了中印两国的贸易和人员往来。在印度的一些博物馆中，可以看到中国宋元明清的大量瓷器乃至中国商人赠送印度商人的礼品。

郑和在第七次下西洋归途中病逝于今印度马拉巴尔海岸的古里。这场持续28年的航海活动终结后，中印两国的海上交通逐渐减少。西方殖民者入侵南亚次大陆以来，中国与印度的往来受到阻隔，文化交流活动趋弱，海上贸易渐为葡萄牙人、荷兰人和英国人所掌控。在清代的一些著述中，留下了有关中印交往的记载。清代嘉应州（治今广东梅州）人谢清高，18岁随外商海船出洋，游历多国，习其语言，记其地理、风俗和物产等。他航海14年始告返国。他以自己的阅历和传闻的海外诸国情况口述而成的《海录》卷上即有关于孟加拉的详细记载。后来魏源（1794~1857）编著《海国图志》就直接采用了《海录》中的不少材料。

19世纪中叶，印度完全沦为英国的殖民地。清朝亦日趋衰朽，内忧外患频仍。20世纪上半叶，在争取民族独立和革命的斗争中，两国人民相互同情，相互支持。两国的有识之士努力了解对方，保持了互动关系。光绪五年（1879），学者黄懋材受官方派遣考察印度。这是近代史上官方派遣赴印考察第一人。他归国后著有《印度札记》、《游历刍言》、《西徼水道》等书，增进了中国对印度的了解。

20世纪以来，中印文化交流逐渐呈现全新的格局，获得了全面的发展。章炳麟、陈独秀、鲁迅、苏曼殊等大家都对印度文化表现了浓厚的兴趣。章炳麟流亡日本期间与印度革命者有所过从，表示了对印度民族独立斗争的支持。陈独秀对佛教和印度学均有一定造诣。鲁迅对印度古代文学十分推崇。他在1907年写的《摩罗诗力说》中盛赞印度古代吠陀文献“瑰丽幽夐”，梵文史诗《摩诃婆罗多》和《罗摩衍那》“亦至美妙”，并推许印度古代大诗人迦梨陀娑“以传奇鸣世，间染抒情之篇”。他在1926年写的《〈痴花鬘〉题记》中又说:“天竺寓言之富，如大林深泉。”苏曼殊译述印度故事，编译梵文语法书籍，为开中国现代梵文研究先河第一人。

1913年，印度大诗人泰戈尔获得诺贝尔文学奖，对于中国现代诗歌的产生 和发展产生了积极的影响。他在1916年预言中国终将崛起。他在1924年访问中国，盛赞中国文化的丰富和瑰丽以及中印之间源远流长的友好关系。他发现中印两国的先辈用生命缔造的珍贵友谊一直延续了下来。他呼吁中国人民“重新开启交流的渠道”，希望“中国走近印度，印度走近中国”。围绕泰戈尔访华，中国掀起一场泰戈尔热，成为中印现代文化交流史上的一桩大事。1937年，在泰戈尔的主持下，在谭云山的努力下，国际大学中国学院举行落成典礼，成为印度第一个学习并研究中国语言、文学和文化的中心。中国作家许地山、画家徐悲鸿等先后应邀在该学院讲学。1946年，北京大学东方语言系成立，教学内容包括印度语言文学。

1950年，中国与印度建立外交关系。中印文化交流从此进入一个全面发展的新时代。虽然两国关系曾因边界问题而出现波折，但两个伟大的民族终竟走向理性与合作之路。

从张骞凿通西域到谭云山协助泰戈尔创办印度国际大学中国学院，从印度僧人摄摩腾和竺法兰以白马驮经前来洛阳到柯棣华大夫为中国人民的抗日战争献出宝贵生命，无数志士仁人在两千余年间共同摹绘了中印文化交流的恢宏历史长卷。

学术界开始对中印文化交流历史自觉研究的时间并不算长。梁启超曾撰写《佛教之初步输入》、《中国印度之交通》、《翻译文学与佛典》和《印度与中国文化之亲属的关系》等文章，从多个角度深入考察和分析了印度文化对中国的影响。胡适曾写过《中国的印度化：一种文化借鉴的个案研究》等涉及中印文化交流的论文。他在《西游记考证》一文中，提出孙悟空形象源于印度史诗《罗摩衍那》中的神猴哈奴曼之说。鲁迅除盛赞印度古代文学外，还在《中国小说史略》中揭示了一些中国古代小说与佛教的渊源关系。艺术考古学家、东方艺术史家常任侠曾在印度国际大学讲授中国文化史，于1955年出版《中印艺术因缘》，勾勒了中印艺术交流的历史。台湾学者裴普贤（糜文开夫人）写过《中印文学关系研究》一书（1968）。此书虽篇幅不算太长，却大致梳理了中印两国文学交互影响的脉络，尤其是中国文学所受印度文学影响的各个主要方面。台湾佛教学者东初长老撰有专著《中印佛教交通史》（1968），论述了中印佛教交流和融合的历史进程。香港学者饶宗颐撰有《中印文化关系史论集——悉昙学绪论》（1990），对中印文化交流进行了深入探讨。

中国大陆向为中印文化交流史研究的重镇。佛教史家汤用彤著有《汉魏两晋南北朝佛教史》（1938）、《隋唐佛教史稿》（1982），探讨了印度佛教传入中国的历史及其对中国思想文化的影响。季羡林先生对中印文化关系进行了多方面的深入研究。20世纪50年代以来，他陆续出版了《中印文化关系史论集》（1957）、《中印文化关系史论文集》（1982）、《佛教与中印文化交流》（1990）、《中印文化交流史》（1993）、《蔗糖史》（1998）等著作，对中印文化交流史研究产生了深远影响和示范作用。金克木先生在中印文化交流研究领域也做出了突出的贡献。他撰写的《中印人民友谊史话》（1957）追溯了中印两国人民两千余年友好交往历史中的一些主要人物和事件，阐述了印度在科学、语言、文学、艺术、佛教等方面对中国的主要影响。他的《梵语文学史》（1964）、《印度文化论集》（1983）、《比较文化论集》（1984）等著述均涉及中印比较文学研究。林承节先生的《中印人民友好关系史：一八五一——一九四九》（1993）以资料的丰富和内容的新颖而著称。张星烺编注的《中西交通史料汇编》第六册初版于20世纪30年代，后曾不断再版，聚集了从两汉至明代的大量涉及中印交通的史料。耿引曾先生的《汉文南亚史料学》（1990）具有很强的史料性。她主持编写的两卷本

《中国载籍中南亚史料汇编》(1994) 对中印文化交流史的研究具有极大的参考价值。还有不少学者及其著作，对中印文化交流史研究做出了重要贡献，恕不一一胪陈。

印度学者师觉月也为中印文化交流史研究做出了引人瞩目的贡献。他的代表作《印度与中国：千年文化关系》(1944) 记载了中印文化交流的历史，探讨了中国文化在印度的流传和影响，在国际学术界产生了重要影响。阿马迪亚·森在其有关中印文化交流历史的重要论文《中国与印度》(2004，收入其论文集《惯于争鸣的印度人》) 中即曾参考并引证师觉月的这部著作。

20世纪70年代末以来，中印关系逐渐得到全面恢复和提高。在两国几乎同时崛起的时代背景下，中印文化关系史的研究获得良好机遇。然而，在前辈学者业已取得巨大成就的情况下，能够独辟蹊径，进行深入系统的研究，发人所未发，取得新成果，不但需要学术功力，也需要学术勇气，更需要坚持不懈的精神。

20世纪80年代初，季羡林先生发表重要论文《印度文学在中国》。他在文首按语中说，希望“能有更多的人在这方面（中印文学交流研究）做更多的工作。这方面的材料很多，倘加以搜集、整理与研究，会对增强中印两国人民的友谊，促进两国人民的互相了解起很大的作用”。当时，我与薛克翘都在北京大学读研究生。记得他在读过此文后曾对我说，他有心响应先生的号召，笃志从事中印比较文学的研究。后来，他逐步将自己的学术领域从中印比较文学研究拓展到中印文化关系史研究。30余年来，他手不释卷，笔耕不辍，撰写了百余篇以学术论文为主的文章，十余部专著，翻译了若干印度现当代印地语文学作品，主编了两卷本《中印文化交流百科全书》等重要工具书。这些成果数量不菲，质量尤令人称许。他在中印文化交流领域的著作不仅在国内学术界受到激赏，而且在印度等国家和地区产生了影响。

这部文集收入薛克翘先生过去30余年来在中印文化交流史方面的主要著作:《中国与南亚文化交流志》(1998)、《中印文学比较研究》(2003)、《印地语文学史》(合著)、《中国印度文化交流史》(2008)、《印度民间文学》(2008)、《象步凌空——我看印度》(2010)、《印度密教》、《神魔小说与印度密教》、《印度文化论辑》、《印度古代文化史》。前6种此前曾由不同出版社印行，后4种则是近年来完成或整理出来的著作。

《中国与南亚文化交流志》是《中国文化通志·中外文化交流典》之一。这是一部史志性质的专著，对秦汉至20世纪80年代的中国与南亚文化交流的史实作了分门别类的记述，涉及宗教哲学、文学、艺术、民俗的交流，也兼顾了物产和科技的交流，归纳了各个历史时期中国与南亚文化交流的特点。虽然兼及南亚诸国，但重点在于中国与印度的文化交流概貌。行文简明，具有工具书价值。

《中印文学比较研究》在学科上属于比较文学范畴。研究比较文学，至少需要熟悉比较对象国家的语言和文学传统及有关文学理论。歌德关于“世界文学”的主张蕴含了比较文学的思想。作为一门学科，比较文学于19世纪后期兴起于欧洲。20 世纪上半叶，注重影响研究的法国学派居于主导地位。第二次世界大战结束后，比较文学以美国为中心获得长足发展。美国学派将平行研究的概念和方法纳入比较文学的研究领域。我在20世纪80年代末期初到美国留学时，很快就感受到了一股浓郁的比较文学研究气氛。许多大学开设比较文学系。大学书店属于比较文学范畴的经典作品汗牛充栋。学生至少需要懂两门外语，需要读大量原著。我当时在课余开始翻译英国作家E. M. 福斯特的名著《印度之行》，这是比较文学系学生的必读书。我发现书店有读书笔记性质的配套读物，只有原著篇幅的五六分之一，却能让学生在短时间内认知该书的学术要点。目前，以美国为主的一些比较文学学者认为，比较文学也是一种文化研究。有的学者甚至认为，比较文学即比较文化学的概念。随着全球化的发展，美国学派的研究范围正在变得多样化，除欧美主要语言文学外，也在将其他地区的主要语言文学纳入研究范畴。德国学派也曾产生重要影响。1895年，德国学者本法伊在其为《五卷书》德译本撰写的前言中指出，欧洲文学的某些题材直接来源于印度故事，涉及东西方比较文学。虽然中国、印度的传统文学体系引起比较文学学者的兴趣和重视，但西方学者在中印比较文学方面很难深入研究并有所建树，因为同时掌握古代汉语和梵语或至少一门印度现代语言的西方学者十分罕见。

20世纪70年代末，在季羡林先生和乐黛云先生的积极倡导下，比较文学在中国本土尤其是北京大学开始兴旺起来。薛克翘先生就是在这个学术背景下开始中印比较文学研究的，《中印文学比较研究》成为他在这一领域的力作。这部专著系统梳理了上自汉魏六朝下迄近现代中印文学交流和融合的历史，揭示了印度文学在语汇、修辞、题材、体裁乃至审美取向等方面对中国文学的深刻影响，归纳了中印文学交流的主要特点。这部具有学术原创性的专著，倘若能够译成英文出版，当成为国际比较文学界的一部填补空白之作。

如果说前人和薛克翘本人早期研究的一个侧重点是中印比较文学，那么后者的《中国印度文化交流史》则是一部涵盖中印之间两千余年来文化交流各个层面的专史性著作。该书以全景式方法概括总结了各个历史时期中印文化交流的情况，以娓娓动人的笔法描述了许多重要历史事件和人物，并对之做出独立的分析和精当的评价。薛克翘将中印文化交流划分为精神文明交流和物质文明交流两大类，分别论述了各个历史时期中印两国在经济贸易、宗教哲学、科学技术、文学艺术、民间风俗等领域的互动情况，并客观地对其特点和变化予以论证。书末还设专章介绍了20世纪下半叶中华人民共和国和印度共和国规模空前的文化交流活动。这部厚重的著作超越前人之处在于它的系统性和全面性。除学术性外，该书还具有极强的可读性，在引人入胜之余令人大开眼界。

《神魔小说与印度密教》是薛克翘先生退休后的一部新作。鲁迅在《中国小说史略》中即将《西游记》定义为“神魔小说”。那么，中国的神魔小说从何而来，与印度文化有什么关系？我所看到的一些颇具盛名的中国文学史和中国小说史专著对此几乎不予落墨。前人所撰文章倒是有论及《西游记》与印度史诗《罗摩衍那》的关系的，但都不曾涉及它与密教的关系。因此，薛克翘的《神魔小说与印度密教》属于一部极富原创性的专著。此书从一个过去遭人忽视的视角出发，突破了传统神魔小说研究的局限，一扫中国古典小说研究陈陈相因的学术范式。书中的许多考证、探索和论断都别开生面。例如，作者在对《西游记》、《封神演义》和《华光天王传》与密教关系的研究中，通过对有关人物、神通和法宝的考释，使中国神魔小说的研究得以深入，从而解决了前人忽略或不曾解决的许多问题。书中独到的见解异彩纷呈。例如，作者对《西游记》中的“瑜伽之正宗”、“金刚琢”、“金襕袈裟”、“车迟国”、“五行山”、“五方揭谛”、“铁扇公主与红孩儿”、“白龙马”、“木叉”等的考证，对《封神演义》中的“接引道人”、“毗芦仙”、“惧留孙”、“准提道人”、“韦护”、“孔雀明王”、“杨任”、“马元”、“番天印”、“五龙轮”等的考证，以及对《华光天王传》中“华光”、“三眼火神”、“五显灵官”、“风火轮”、“三角金砖”等的考证，读来均有令人耳目一新之感。

收入这部文集的《印度密教》是一部与《神魔小说与印度密教》具有学术相关性的专著。密教（Tantra），亦称密宗、秘密佛教、真言宗、金刚乘等，是一个佛教宗派，至少萌发于公元5世纪之前，兴盛于8~14世纪，对晚期佛教和印度教均产生了影响，对藏传地佛教的走向起了重要作用，与汉传佛教的发展也有一定关系。

在笈多帝国和戒日王的曷利沙帝国先后崩解之后，印度出现分裂局面。一些新的王国兴起，各自控制大量属国。在这一社会发生剧烈变化的时期，10世纪或11世纪，密教传遍印度，连侵入印度的伊斯兰教也受到密教的某些影响。随后，密教传入东亚和东南亚的不少国家。

从19世纪开始，一些西方的印度学学者开始关注密教。英国东方学学者约翰·伍德罗夫是西方第一个认真研究密宗的学者，被尊为这一学科的奠基人。一些比较宗教学和印度学学者，例如奥地利学者利奥波德·菲舍尔、罗马尼亚学者米尔恰·埃利亚德、意大利学者尤利乌斯·埃沃拉、瑞士学者卡尔·荣格、意大利学者朱塞佩·图奇、德国学者海因里希·齐默尔，继而对密宗产生浓厚兴趣并从事相关研究。

其实，密教思想及其密仪在三国时期即已传入中国。8世纪时，印度密教高僧善无畏在长安被唐玄宗尊为国师。中国天文学家一行通晓梵文，亲承讲传，并与其合作翻译密教经典，在从事天文学和数学研究的同时，成为一名密教高僧。元世祖忽必烈笃信藏传佛教，践祚之初即极端重视宗教事务，命藏传佛教萨迦派五祖、国师八思巴·罗哲坚赞在吐蕃造黄金塔。尼泊尔建筑师、雕塑家阿尼哥应召先后在大都和上都营造了众多藏传佛教寺院与巨量密宗法像，带来了属于尼波罗（尼泊尔）–波罗（东印度佛教王朝，750~1150）风格的艺术样式。今北京妙应寺（俗称白塔寺）释迦舍利灵通宝塔（俗称白塔）就是这样一座密教佛塔。至元十三年（1276），八思巴命阿尼哥在涿州建护国寺，内塑密教摩诃葛剌（Mahakala，大黑天神）之像，使之面朝南宋都城临安。摩诃葛剌系藏传佛教护法神之一。忽必烈亦视之为蒙元君主的保护神，深信此神会保佑元军，使之所向披靡，战无不胜。三年之后，他果然灭掉南宋。

中国具有开展印度密教研究得天独厚的条件。然而，近代以来，由于种种原因，中国学术界在这一方面建树不多。在一段时间之内，佛教研究陷入困境，遑论密教研究。因此，西方学者捷足先登，日本学者亦遥遥领先。

周一良先生在20世纪40年代发表《中国的怛特罗》一文，是中国学者开展密宗研究的标志。台湾学者张曼涛主编的《现代佛教学术丛刊》中收录密教专集4部。汤用彤先生的《隋唐佛教史稿》和黄心川先生的《印度哲学史》(1989) 等著作均设专门章节介绍和探讨密教哲学思想。中国密教学者吕建福在《法音》1989年第1期发表《关于汉传密教研究中的几个问题》一文，介绍了这些情况并对当时新出的一些相关著述的浮躁学风提出批评。吕建福本人则著有《中国密教史》一书。在密宗研究方面，李南研究员近年来在《南亚研究》发表了不少颇见学术功力的论文。

要对中国密教进行深入研究，就必须对印度密教追根溯源。薛克翘先生的《印度密教》就是这样一部具有开拓性的专著。他为撰写此书，曾在印度大力搜求图书资料。此书最为鲜明的特点就是从印度文献入手，利用大量新资料对密教与印度教的关系作了多方面的阐述和论证。例如，他利用中世纪金刚乘成就师的诗作分析密教思想和修行方式，利用印度教《火神往世书》阐释密教的修行法及成就法，利用《女神薄伽梵往世书》的材料解读密教女神的地位和作用，利用包含丰富民间文学成分的印度古代诗体故事总集《故事海》中的材料考证密教神明的由来。这部著作拓宽了中国密教研究的领域，为中国的密教研究做出了宝贵贡献。

通过以上分析不难看出，《中印文学比较研究》、《中国印度文化交流史》、《神魔小说与印度密教》和《印度密教》堪称薛克翘先生的4部代表作。它们相互联系又各自独立，均属呕心沥血之作，对中国乃至国际相关领域的学术研究做出了具有独特价值的贡献。

这些著作的共同特点是，资料丰富，推理缜密，逻辑性强，富于创见。

除深厚的古代汉语学养和包括印地语及英语的语言能力外，作者通晓佛教典籍，熟悉大量相关文献。没有数十年的读书和搜求功夫，是很难做到这一点的。精思劬学，方能发千古之覆。在学术领域的持续耕耘中，能有如此丰硕的收获，足以令人欣慰。

纵观薛克翘先生的学术生涯，让我想到学术研究中的一种带有世界性的动向。以文化交流史研究为例，宏观研究固然有自身存在的价值，但专史研究乃至微观研究毕竟标志着学术研究的深化和细化。季羡林先生的《蔗糖史》、英国学者简·佩蒂格鲁的《茶的社会史》（*A Social History of Tea*,2001）、美国学者罗伯特·卡普兰的《一无所有：零的自然史》（*Nothing That Is: A Natural History of Zero*, 1999）和查尔斯·赛义夫（Charles Seife）的《零：一个危险概念的传记》（*Zero: The Biography of a Dangerous Idea*, 2000）等，都是这方面的范例。

薛克翘先生曾创作《玄奘》（1985）和《五世达赖喇嘛》（2004）两部电影文学剧本。《玄奘》问世后，中国电影界有人表示愿与印度合拍这部电影。为此，翻译家王槐挺与我合力将该剧本译成英文。这部电影剧本展现了作者的文学才华。然而，他的学术著述却形成了一种冲淡洗练的语言风格。这就使他的著作产生了一种娓娓道来而能引人入胜的效应，表现出一种独特的美学追求。

薛克翘先生出生于大连，少年时代在黄海与渤海交界之处度过。1964年报考北京大学中文系，却被调剂到东语系学习印地语。不过，对于天资聪颖的人而言，无论学习任何专业都只会增益自己的能力。1969年大学毕业后，由于当时的大学业已关门，社会科学研究机构基本停业，他被分配到边远地区工作。不过，他没有春风秋月等闲度，而是排除干扰，利用这段时间读了大量杂书。改革开放后，他于1979年考入中国社会科学院研究生院南亚系做研究生。当时，中国社会科学院与北京大学合办的南亚研究所设在北京大学六院。我们都在北京大学学习，分别住在北京大学16楼的楼上楼下，因而日夕过从，不时切磋学问。研究生毕业后，我们成为同一个研究室的同事。在漫长而又如白驹过隙的30余年间，作为同学、同事和至交，我对他的学术道路和成就了然于胸。即使在退休之后，他依然焚膏继晷，笔耕不辍。无论时代如何变化，他都能保持学术定力，心无旁骛，始终坚持自己的学术追求。他惜时如金，从来不愿将时间耗费在无谓的会议和应酬上。他是一位纯粹的学人。微斯人，吾谁与归?

2016年1月，在第24届新德里世界书展期间，中国作为主宾国与印方联合举办了多种活动。印度辨喜国际基金会知名研究员T. C. A. 兰加查里在《苏尔诗海》中文版首发式上发言时用英文吟诵了一首汉代乐府民歌:“上邪！我欲与君相知，长命无绝衰。山无棱，江水为竭，冬雷震震，夏雨雪，天地合，乃敢与君绝！”作为山水相连的邻邦，作为文化渊源关系殊深的两大文明古国，作为处于相似发展阶段的两大新兴经济体，中印两国只有真诚合作与友好相处，才能实现共同繁荣。在这样的时代背景下，研究中国与印度的文化交流，具有不可低估的学术意义。

白乐天在“新排十五卷诗成”之后，心里产生一种豪迈的感觉，因而志得意满，赋诗抒怀。薛克翘先生在去岁年届七旬之时对我说，“我觉得我的学术生命刚刚开始”。此言可谓心雄万夫。在他的多卷本文集行将出版之际，他足以自豪，我也为有这样的同道而骄傲，故乐而为这部文集作序。

中国社会科学院亚太与全球战略研究院研究员 刘建

2016年3月8日于京师园

目 录

前言

到目前为止，我国出版的有关印度古代文化史的书籍已有多种，但基本都属于译著和编著，罕见有人能跳出这个藩篱，提供一点新鲜内容。笔者想跳出这个藩篱，却又自觉囊中羞涩，拿不出多少新鲜东西以飨读者。

近年来，笔者对印度中世纪宗教文学做过研究，尤其是对中世纪的印度佛教（金刚乘）和耆那教做了些研究，出版了《印度中世纪宗教文学》（第一作者）、《印度密教》和《神魔小说与印度密教》三部书。在这三部书中，笔者运用了一些新资料，提出了一些新观点。所以，笔者想把这些研究成果中的相关内容简明扼要地纳入到本书中来，算是对读者的芹献。本书共八章。前七章都是在前人研究成果的基础上整理出来的，略加一些笔者的读书心得。第八章除艺术部分外，基本是笔者的研究成果。

本书能够让专业以外的读者了解印度古代文化的基本知识，当然，也欢迎业内学者阅读并提出宝贵意见。

薛克翘

2015年5月1日于京东太阳宫

第一章

史前文明

印度次大陆的史前文明至少可以追溯到公元前40万年至前5万年之间的旧石器时期。

第一节　石器时代

一、旧石器时代

从19世纪中期起，考古学家们陆续在印度次大陆发现了一些史前人类使用的石器。这些石器证明，当时的人们已经能够通过敲击、摔打等办法制作出简单粗糙的石斧类切割工具。

发现有旧石器时期石斧类工具的地方分布较广，最初发现于马德拉斯（今印度泰米尔纳德邦金奈市）附近的帕拉瓦兰，后来在孟加拉和奥里萨也有发现。到20世纪三四十年代，考古学家们在印度各地展开了大规模搜索，在克什米尔、旁遮普、信德、古吉拉特、中央邦、孟买、迈索尔等地均有发现。

其中最著名、也最具代表意义的遗址在次大陆的西北部索安河（印度河支流）流域（具体位置在今巴基斯坦旁遮普省北端）。因此，这里的旧石器文明被命名为“索安河文化”。索安河文化的时间被确定在公元前40万年至前5万年之间。当时的人们主要以狩猎、采集和捕鱼为生。据推测，索安河文化的后期，人们已经学会了使用火，已能够驯养动物，并会以树皮树叶及兽皮御寒。他们居住在沿河地带的树林或洞穴中。

二、中石器时代

根据出土石器工具的碳-14测定，这个时期不早于公元前4万年，不晚于前4000年。其在印度的分布较广，主要地区有拉贾斯坦、安得拉、信德、中央邦和奥里萨等地的河谷地带。而旧石器遗址的集中地西北地区则未发现中石器时代的遗址，这说明，当时可能由于上述地区气候和地理条件较好，适合动植物生长，为原始人的生活提供了较充足的食物来源。也有人推测，这个时期的人口数量有所增长，需要越来越多的食物来源。

这个时期石器的特点是以刮削器、石钻、石锥等为主，虽有用较大石片制作的刮削器和手斧，但以小型为多。有些锋利的尖状小石器可能是做箭头用的，因为此时人们已经学会了使用弓箭，这是一个很大的进步。还有些小石器可能是用树胶之类黏合在木棍上当做矛或投枪使用的。一些针状木器、骨器表明，他们可能已经学会将毛皮缝合在一起，做成衣服或口袋。当时的人们仍然以狩猎、捕鱼和采集为生，但已经会饲养一些动物。

三、新石器时代

印度原始社会的新石器时代开始于公元前5000年左右。这一时期，次大陆的人类文明有了很大的进步。其主要标志是：除了以石器为主要生产工具外，还开始使用金属工具和制作陶器；渔猎虽然为主要谋生手段，但农作物种植和动物饲养已经形成规模，人们还学会纺织；在居住方面，人们除了利用洞穴之外，还学会了搭建茅棚；有迹象表明，当时的人们具有了初步的商品交易行为。

从其石器看，这一时期的刮削器数量大增，且多为长条形石片，打磨得光滑而锋利，制作成箭镞、匕首、矛头、鱼镖、手斧等，不仅更适用，而且样子也显得精致美观了。相关遗址在印度多有发现。在石器制作方面，已经出现了一些中心，其中以中部纳巴达河畔的那瓦德塔利遗址（中央邦）、南方达普提河岸的普拉喀什遗址（马哈拉施特拉邦）、迈索尔地区的马斯基遗址（卡纳塔克邦）和东部的比尔班普尔遗址（西孟加拉邦）等最具代表性。

在农耕和动物饲养及铜器和陶器制作方面，西部的俾路支、旁遮普、信德、克什米尔等地，东部的比哈尔、孟加拉等地，南方的马哈拉施特拉和卡纳塔克地区，都有几处重要遗址。这一时期出现了小型的村落，人们开始使用木质的农具耕种，生产的谷物主要是大麦、小麦和豆类。铜制工具以斧、锤、匕首等为主，已经比从前锋利得多。陶器则主要用于饮食和装盛粮食。

1975年，法国的考古工作者与巴基斯坦考古局合作，在俾路支省中东部卡奇平原上的一处新石器时期的遗址——迈尔戈遗址进行了考古发掘。他们发现了几个大麦和小麦的品种，并认为迈尔戈可能是人类最早栽培谷物的地区之一。他们还在一个公元前5000年的遗址上发现了几个大的长方形建筑物，每个建筑物内都分隔为10个小房间，其中一间的内壁上有大麦和小麦颗粒的印痕，说明这些小房间是用来储存谷物的。

20世纪80年代，美国的考古学家又在迈尔戈进行发掘。在早期的居民定居点的土层中，他们发现了12种猎物的骨骼，其中有羚羊、鹿、野水牛、野山羊和野猪的骨骼。而在公元前6000年的土层里，他们所发现的几乎全部是家养动物的骨骼，如绵羊、山羊和牛的骨骼等。这一变化说明，迈尔戈的先民在这一时期已经开始大量饲养牲畜了。

第二节　印度河文明

印度河文明又称哈拉帕文明，起始于公元前2500年左右，完结于前1500年左右。后来又被进一步界定于公元前2300年至前1750年间。印度河文明代表着印度次大陆史前文明的最高成就，其最显著的特点是城市的规划和建设已臻于完善，出现空前繁荣的城市经济。

一、城市建设

20世纪20年代初，考古学家发现了哈拉帕和莫亨焦达罗以后，印度和巴基斯坦的考古学家们经过长年坚持不懈的考察，至今已经发现了1 000余个这一时期的遗址。其中形成城市规模的遗址有10处左右。这些城市遗址有相似的城市布局、相似的砖砌建筑和相似的制陶工艺，以及相似的印章雕刻。这些遗址分布于整个印度河的中下游地区，以今天的巴基斯坦信德省和旁遮普省为主，向西波及俾路支省，向东北蔓延至印度北境的亚穆纳河上游地区，向东南延伸到纳巴达河中下游地区。

从哈拉帕和莫亨焦达罗的发掘可知，这两个遗址分别分为6和7个文化层。以莫亨焦达罗为例，其最上面的三层属于衰落期文化层，下面的第四至六层属于繁荣期文化层，而最下面的一层则属于初期文化层。

现今，哈拉帕遗址距离拉维河约6英里，而莫亨焦达罗距离印度河约3英里，考虑到河道的变迁，当初这两座城市距离河水有可能更近一些。这说明上古城市文明离不开水源。两个遗址的面积均方圆1英里左右。据估计，哈拉帕的居民约为2万至3.5万人，莫亨焦达罗的人口约为3.5万至4万人。

莫亨焦达罗古城堡坐落在3 000英尺高的平台上，四周有围墙。围墙内的面积为8万平方英尺（长400英尺、宽200英尺），可能是统治者的居住地和政治中心所在地。围墙以外为城市居民的主要活动区域。从其房屋的建筑情况看，那里的居民可能属于中阶层的居民。城市中有东西向和南北向的两条主要街道，有一些次要街道和巷子与主要街道相连接。房屋多以砖砌成，沿着街巷整齐排列，大多数房屋的门开向街巷。居民的住处有大有小，已出现了二层楼房。院落中往往都有水井。在街巷和房屋的下方有周密的排水渠道，这些渠道又与主要街道下方的主干排水渠相连接。其连接处往往设置烧制的大型容器，用以收集垃圾与淤泥。位于街角的房屋一般都造成圆角，以方便行人和牛车通过。这种城市的规划设计，使埃及和两河流域的城市也相形见绌。

二、经济生活

印度河文明时期，人民的经济生活主要分为两种：城市中的工商业和周边村社的农牧业。

（一）城市手工业

哈拉帕和莫亨焦达罗作为当时的大城市，居民们的衣食住行都需要得到起码的满足。

首先说“衣”，遗址中发现了许多陶制和石制的纺锤，说明纺纱织布已经是当时的家庭手工业。遗址中还发现有许多棉织品的残片，说明当时人们的穿着以棉织品为主。而且，许多棉织品是染色的，遗址中还出土有大型染缸。这就说明，当时的纺织业中存在多道工序，从纺线到织布，再经过染布、裁剪才做成衣服。

次说“食”，人们饮食中需要大量器皿，这些器皿既有陶器又有铜器。遗址中发现的大量陶器说明，陶器制作业是城市里最常见的手工业之一。同样，出土的铜器则可以证明采铜业和铜器制造业的兴旺。至于食物来源，那是由农业和畜牧业提供的，下文再谈。

再说“住”，遗址中那些大大小小的房屋、宫殿、城堡表明，建筑业在当时十分发达。建筑工无疑是一个重要的工种。而大量砖石的使用，则需要大批的烧砖匠和石匠。但是，在发掘中，至今尚未发现砖窑遗迹，也许当时是在别处烧砖而转运至当地。

最后说“行”，从出土资料可知，当时人们的交通和运输工具主要是牛车和木筏船。因此，造车和造船业是城市手工业的重要组成部分。这就需要许多木工，也需要很多驾驶牛车和船只的人员。

（二）商业贸易

哈拉帕和莫亨焦达罗的城市文明中，商业贸易已经很发达。不仅有城乡的贸易，而且有境外贸易；不仅有陆地贸易，而且有海外贸易。由于尚未发现钱币，所以学界推测，当时的贸易尚属以物易物。从出土的物品看，有来自周边地区的黄金（产自迈索尔）、铜（产自俾路支、拉贾斯坦等地）、锡（产自比哈尔和奥里萨）、白银（产自伊朗、阿富汗）、绿松石（产自伊朗）、玉石（产自中亚）、天青石（产自阿富汗）、紫晶（产自马哈拉施特拉）等。可见其贸易范围相当广大。更令人吃惊的是，在当地的出土文物中有来自美索不达米亚的印章，同时在美索不达米亚也发现有来自印度河文明的印章。这就说明两地间存在着海上贸易。

印度河文明遗址发现的数千枚印章，大多数都刻有文字符号和图像，其中至少有一部分与商贸有关。可惜的是，经过许多人的努力，在一百多年后的今天，印章上的文字符号并未成功解读。据统计，目前发现的印章文字或符号已被确认的有400多个。但是，如果认为它们是字母，则明显过于繁多，如果认为它们是象形文字，则数量显得过少。所以，现在人们多倾向于认为，它们中有一部分是文字，另一部分是符号，两者是被混合使用的。

（三）农业

发达的农业成为城市文明繁荣的必要保证。河流冲积成的土地非常适于耕种，所以印度河文明时期的农业得到空前发展。当时的主要农作物有大麦、小麦、棉花、芝麻、豆类、芥子等。个别的遗址还发现有水稻和向日葵等。水果主要有甜瓜、椰子、石榴和柠檬等。

当时使用的农具主要是石锄、石镰以及铜锄和铜镰等，也出现了用犁耕地的迹象。有的遗址上有在高地上构筑拦水坝的遗迹，说明人们已经开始采取人工灌溉的技术。

生产力的提高带来了粮食的丰收，于是，城市中必须建起储粮设备。在哈拉帕和莫亨焦达罗都有被认为是谷仓的大型仓库。莫亨焦达罗的谷仓外还有为磨面工设计的两个方形小房间，每个房间的面积是20×20英尺。旁边有一个圆形平台供磨面工磨面。在哈拉帕，也有一个大谷仓。这个谷仓分为两部分，总长度为南北向169英尺，宽为东西向135英尺。每个部分有6个储藏室。

（四）畜牧业

出土的动物骨骼有多种，结合印章上的动物图案，可知当时的家畜和家禽饲养业很繁荣。牛（主要是瘤牛）、水牛、驴、骆驼、大象、山羊、绵羊、猪、猫、狗、鸡等的饲养已经成为普遍现象。当时的人们主要利用牛来拉车耕地，用大象、骆驼和驴驮运重物。由于当时的人们有食肉的习惯，猪、羊和鸡等都是其主要肉食资源。

印章上还有许多野生动物的图案，如虎、犀牛、野牛、猴子、熊、野兔、鹿等。由此可知，当时的居民对这些动物已经相当熟悉，有些是他们猎取的对象。

三、精神生活

印度河文明时期的先民们有着相当丰富的精神生活。有足够的资料表明，他们已经有了原始的信仰和崇拜。

（一）原始信仰

印度河文明的原住民是有信仰的，他们的信仰虽然还不能算是严格意义上的宗教，但已经具备了宗教产生的基础。我们不妨称之为原始宗教或原始信仰。他们的原始信仰主要有自然神崇拜、母神崇拜、生殖器崇拜等，其中也许还夹杂着图腾崇拜。此外，他们可能还举行某种集体性的斋戒或祭祀仪式，也有打坐修行的个体行为。

例如，印章中有崇拜树神的图像，尤其是菩提树崇拜，带有一定的普遍性，在印章和陶器上都经常出现菩提树的图案。有的印章上甚至直接刻画出树神的模样。在哈拉帕出土的三枚印章上都画有一名头上长角的男子，他站在繁茂的树下，像是树神，又与牛崇拜有关。在莫亨焦达罗出土的一枚印章上，画有一个头上长角的男子，手臂上戴满了镯子，站在菩提树中，另有一个跪着的人，像是在向树神祈求。还有一个黄铜印章上刻画有一个倒立的女人，从她的下体生出一株树。对此，学者们有多种解释，有人认为这是母神崇拜的反映，有人认为她是丰产女神或财富女神，也有人认为她是大地女神的象征。而这种女神往往被刻画成头上长角、在树林中嬉戏的形象。哈拉帕的民居中曾出土很多母神小雕像，一个个都丰乳肥臀，代表着旺盛的生命力。另外，印章上刻画的各种动物中有的可能是图腾，如有的印章上画有一种奇怪的独角兽，既不是犀牛也不是羚羊，带有神秘色彩，似乎也与图腾崇拜有关。类似的怪兽尚有牛角虎、三头兽等。

在哈拉帕和莫亨焦达罗出土的石头制品中，还有男女生殖器的形象，这说明当时先民们有崇拜生殖器的习俗，这种崇拜来自对生命的尊重和敬仰，是世界上许多原始先民的普遍行为。不过，印度古代的生殖器崇拜现象显得更为突出，而且持续的时间很长，各个历史时期都存在，直至今日仍有遗存。

莫亨焦达罗遗址有一个非常令人瞩目的砖砌大水池，被认为是一个浴池。长39英尺，宽23英尺，深8英尺，有砖砌的台阶通往水池。水池的四周有过廊，除了西侧的过廊外，其余3个过廊的后方都有一些房间。南侧过廊后边是一个大厅，大厅的两头都有一个小房间。东面过廊后头是一排房间，还有一口水井。北面过廊的后面有几个大房间，还有几个小房间。一般认为，这个大水池是为了斋戒沐浴用的。如果真是这样，那么，它就是为很多人集体参加宗教仪式而修建的。

与这种宗教仪式相关联的是一尊石灰石雕像，这尊雕像仅存头部和胸部的一半。下颏和两腮有胡须，眼睛细长，厚厚的嘴唇，头发收于脑后，头上系有一条发带，自左肩至右边腋下斜披着一件袈裟式的衣服，上面绣着三叶花纹。这尊雕像被认为是一个祭司的雕像。

印章中还刻画有打坐的修行者，其坐姿令人想起后世印度的瑜伽士以及释迦牟尼结跏趺坐的样子。不少印章都有这个形象，也有人认为这名瑜伽修炼者是一个神，因为其头上长角，而且周围还有大象、虎、犀牛、鹿等图像。

以上情况表明，印度河文明时期的先民有着多种原始崇拜和相当丰富的宗教生活。

（二）审美追求

人类的先民都有爱美的习惯，印度河文明时期的先民也不例外。他们不分男女，都喜欢佩戴各种装饰品，有臂钏、手镯、头饰、耳饰、项链、戒指、鼻饰等。这些装饰品有金、银、铜制的，还有陶制的、骨制的，以及各类宝石制的，等等。这不仅给手工艺者带来商机，也促进了不同区域间的商贸往来。

1975年，一支法国人的考古队在阿富汗境内的阿姆河支流岸边一个叫绍图盖的地方发现了一个哈拉帕人的定居点。这个定居点在哈拉帕遗址以北500英里之外。考古学家在那里发现了占地6英亩的采矿场和珠宝加工场，那里有制作珠子的工具、冶炼金属的坩埚，以及黄金、铅块、天青石、红玉髓和玛瑙石等，还发现有哈拉帕的陶器和犀牛印章。说明这里的确曾为印度河谷地提供过宝石原料和制品。

这一时期，出现了许多雕刻品和塑像，都属于艺术品。除了上面提到的祭司雕像，还有一尊青铜的舞女雕像非常著名。它出土于莫亨焦达罗，高约10.8厘米，裸体，身材苗条。哈拉帕的谷仓里还曾出土过一个男子身体的石灰石雕像、被称为“舞蹈的男性躯干”。其高度仅为10厘米，比例匀称，身体微曲，右腿独立，左腿抬起，作舞蹈状。据考古学家推测，该男像本来是生殖器外露，是生殖崇拜的产物。

当时的许多日用品也都能反映出先民们的审美情趣。如镜子、灯、烛台等，都制作得非常精美。而那些印章上的图案则最能体现先民们的想象力。

出土的文物中，一些赤陶儿童玩具也很引人注意。这些玩具中有动物玩偶、人形玩偶、铃铛、带哨子的小鸟、鸟巢和小车等。动物玩偶很多，瘤牛是最常见的一种，有一个莫亨焦达罗出土的玩偶瘤牛，仅7.4厘米高，塑工古朴，却很逼真。还有一个瘤牛，体腔与头颈是分开的，将头颈插到体腔的脖子处，可以通过牵线使牛头不停地点头。还有一个葫芦状的鸟巢，鸟巢门口蹲着一只鸟，鸟巢外壁也蹲着一只鸟。此外，还有猴子、松鼠、鸽子、乌龟等动物陶塑，都很生动活泼，富于生活情趣。一辆由两头瘤牛拉的双轮小泥车做得也很精致，上面还塑有一个驾车人，车上载有一些小陶罐。这辆小车经考古学家修复，还原出当时的牛车形状，对于了解当时的运输情况很有帮助。

约在公元前1750年前后，印度河文明几乎是戛然而止，消失得无影无踪。这令史学家们疑惑不已，各种猜测纷至沓来。有洪水毁灭说，有瘟疫毁灭说，更有外来民族入侵说。但始终未能达成一致意见。

第二章

吠陀文明

大约从公元前1500年起，南亚次大陆进入了“吠陀时代”。

我们知道，印度古人没有记载历史的习惯，于是，重建印度上古文明史的重任就落在了现代学者的肩上。勾画南亚次大陆史前史的轮廓只能依靠考古发掘所提供的资料。而到了吠陀时代，相关的考古资料少了，却有了一些可供研究的文字资料。尽管这些文字不是历史记载，但我们却能从中得到许多有价值的线索，从而勾勒出这一时期次大陆文化发展的概貌。

第一节　雅利安人的到来

一、雅利安人

这个时期，南亚次大陆来了一批新居民，他们自称为“雅利安人”（Aryan），意思是高贵的人。那么，雅利安人是从哪里来的？他们的到来是如何改变了次大陆的历史文化格局？他们创造了怎样灿烂的文明？在回答这些问题之前，我们首先要提起一个人——英国人威廉·琼斯（1746~1794）。

威廉·琼斯本来是一位法理学家，被晋封为英国皇家的爵士后，于1783年被任命为英属印度孟加拉省最高法院的法官。但他对印度文化有着浓厚的兴趣，于是他和另外两个英国人一起成立了孟加拉亚洲学会，并开始学习梵文。梵文研究的最初成果就显示出这种语言与欧洲的拉丁语以及德语、英语，甚至与斯拉夫语有着许多非常相似的语汇。于是，学者们认定，远古时期，雅利安人的语言是后来梵语、古波斯语、希腊语、拉丁语、凯尔特语、日耳曼语和斯拉夫语的共同祖先。这为比较语言学的诞生打下了基础。后来，学者们把这个语言体系定名为“印欧语系”。这一研究成果也使人们确信，使用梵语的民族最初与欧洲大陆的民族原属于同一个人种或族群，后来学界把操这种语言的人称为“印欧人”。

二、印度—雅利安人

通过进一步的研究，人们又得出初步结论，这一人种的最初居住地在北方，大体位置在里海以北，即今天的俄罗斯南部和土耳其东部的草原地带。他们大约分成若干个部落群，过着游牧的生活。这些部落中的一部分向北方和西北方发展，成为今天欧洲白人的祖先。还有一部分人向西南方发展，来到小亚细亚，再向中东迁移，成为后来两河流域文明的创造者。另有一部分部落向东南方迁移，来到今天的伊朗地区。来到伊朗的这部分人有一批留在了伊朗，成为波斯人的祖先。定居于伊朗高原的这批人自称是“雅利安人”，称他们的居住地为“雅利安那”，意思是雅利安人的家园，伊朗只是它后来的名字。[①]

大约在公元前第三个千年，一部分人从伊朗向东迁徙，进入今天的阿富汗境内，另一部分人则向东南迁徙，进入今巴基斯坦的卑路支省一带。大约又过了若干个世纪，到公元前15世纪，有一些雅利安部落从伊朗地区继续南下，越过兴都库什山脉和苏莱曼山脉，来到南亚次大陆的印度河谷地带，开始在那里定居。他们被学界称为“印度—雅利安人”。

印度—雅利安人属于白种人，身材比较高大，善于骑马射箭，以畜牧业为主要谋生手段。他们首先入侵印度河及其支流地区，即所谓五河流域。而当地的原住民，后来学界称之为达罗毗荼人，为保护自己的家园，与雅利安人展开了争夺资源的战争。雅利安人则称他们的敌人为达萨（Dasa）或者德休（Dasyu）。由于雅利安人强悍善战，打败了敌对的达萨人，成为五河流域的主人。他们把一部分达萨人俘虏变为奴隶，迫使他们为自己服务。后来，达萨一词的意义就变成了奴隶、仆人，沿用至今。

雅利安人是分成若干批在不同时期进入印度河谷地区的。最早的移民浪潮大约发生在公元前15世纪，当时的哈拉帕城市文明已经衰落。数百年后，又有若干批雅利安人到来。正是这不同时期到来的雅利安人，开启了印度次大陆文

① Abraham Eraly, *Gem in the Lotus*, New Delhi: Penguin Books India Pvt. Ltd, 2002, p.63.（亚伯拉罕·艾拉里:《莲花上的宝石》，新德里：企鹅丛书印度私人有限公司，2002年版，第63页）

明史的吠陀时代。

学界通常又把吠陀时代分为前后两个时期。

第二节　吠陀前期的文明

一、《梨俱吠陀》

《梨俱吠陀》是印度—雅利安人留下的最古老的文献。但事实上，它最初并不是以书面形式流传，而是以口耳相传的形式得以保存的。因此，人们目前得到的最古老的文字抄本，也不过是14世纪的。文本的发现固然很晚，但《梨俱吠陀》所反映的历史却相当悠久。一般认为，《梨俱吠陀》的形成过程在公元前1500年到前1000年之间①。学界通常把这一时期划为吠陀时代的早期。

《梨俱吠陀》(*Rigveda*)是印度—雅利安人歌颂和赞美神明的诗歌总集。《梨俱吠陀》全称为《梨俱吠陀本集》(*Rigvedasamhita*)。"梨俱"有人认为是其诗体的名称，也有人认为是诗节的意思。"吠陀"的意思是知识。我国古代有时又把吠陀音译为"围陀"等，或者意译为"明"，因此也有人将《梨俱吠陀》译为《赞颂明》。"本集"的意思是原典，以区别于后世人对它的解释和发挥性文字。

《梨俱吠陀》共收有1 028首②诗歌，分为10卷，其中最古老的是第二至第七卷，最晚的是第一和第十卷。《梨俱吠陀》既然是赞颂神明的诗集，那么它显然不是真实历史的记录，而是神话色彩浓重的早期文学作品。因此，除了《梨俱吠陀》提供的信息，我们无法知道在公元前1500年之前，这些进入次大陆的雅利安人部落曾经做过什么，曾在哪里居住和停留，他们仿佛是悄然而至，突

① 该划分首先由德国学者马克斯·缪勒提出，得到印度和中国多数历史学家的认可。参见R.C.马宗达等著:《高级印度史》(张澍霖等译)，北京：商务印书馆，1980年版，第31页；林承节:《印度史》，北京：人民出版社，2004年版，第20页。

② 关于《梨俱吠陀》诗歌的首数，有两种说法。我国学者一般都采用1 028首的说法。参见金克木:《梵语文学史》，北京：人民文学出版社，1980年版，第8页；季羡林主编:《印度古代文学史》，北京大学出版社，1991年版，第8页；林承节:《印度史》，北京：人民出版社，2004年版，第20页注。有外国学者认为是1017首。这是因为他们没有把后期附上的11首诗计算在内。参见［美］戴尔·布朗主编:《古印度·神秘的土地》，北京：华夏出版社，2002年版，第61页；R.C.马宗达等著:《高级印度史》(张澍霖等译)，北京：商务印书馆，1980年版，第43页。

然现身。而且，关于那大约500年间的历史，除了《梨俱吠陀》，再也没有只言片语可供参考。学者们只能在其字里行间寻找这段历史的蛛丝马迹，再结合考古发掘来推断这一时期的社会文化发展状况。

二、社会生产力的提高

在吠陀时代早期，雅利安人已经学会了许多生产劳动技能。他们比哈拉帕时期的人们优越的地方在于拥有马匹，并善于驾驭马匹。他们的骏马不仅可以用来骑乘作战，更可以驾车载物。同样，他们还会使用公牛驾驶两轮货车。他们能够造船，能够驾船。《梨俱吠陀》中说，他们甚至拥有一百只桨的大船。如果真是这样，他们的航运能力就不局限于内河，而是会扩展到海洋。他们已经会观察星座，文献中提到了几个星座的名字，这对于他们的夜间行动是有帮助的。

吠陀早期的雅利安人会建筑房屋，文献中曾提到“一千个柱子”的房屋，但那是文学夸张。我们只能说，他们的居住条件会比其游牧时期有所改善。他们最初来到次大陆的时候还过着游牧生活，定居以后，也许是受到当地原住民（一般认为是达罗毗荼人）的影响，他们也学会了种植技术，如种植水稻、大麦，开始过上农耕生活。他们还学会了用河水灌溉庄稼和给农作物施肥。

印度—雅利安人会制作生产工具，除了制作可以用来作战和狩猎的长矛、弓箭之外，他们还能够制作陶轮、纺锤、刻刀等。他们制造的车辆、船只在文献中被提到。根据考古资料，铜器或青铜器被广泛使用。出土的铁器虽然晚于这个时期上百年，但学者们相信，至少在这个时期的末尾，人们已经开始使用铁器了。铁制工具的使用不仅大大提高了生产能力，也为他们由印度河流域向恒河流域迁移提供了更为有力的帮助。因为他们在迁徙的过程中要砍伐树木和荆棘，就像中国古人说的，“筚路蓝缕，以启山林”。

更为重要的是，《梨俱吠陀》为我们提供了当时先民的社会分工情况。他们中有各种工匠，如木匠、金匠、纺织工、陶工、皮匠，等等。由于专业的不同，他们在自己的行当里都具备相当精细的工艺和多方面技术。例如，木匠长于制作车辆和船只，也擅长建造房屋。金匠不仅仅制作黄金饰品，也制作铜器，甚至有学者认为他们也身兼铁匠。纺织工除了纺线织布，还擅长编制草席。陶工则制造各种器皿，皮匠制作皮革制品，如水囊等。这些分工也大大提高了社会生产力。

三、从氏族社会到阶级社会

在《梨俱吠陀》时代，由于社会生产力的提高，导致社会形态的变化，即由氏族社会发展演变为阶级社会。生产力的提高带来的直接结果是产品的剩余，而剩余产品的分配又必然出现弱肉强食的结果，乃至最后出现了私有财产的积累和贫富不均的现象。于是，社会开始逐渐分化出阶级。

印度—雅利安人的阶级分化有着与种姓制度相结合的特点。次大陆种姓制度形成于《梨俱吠陀》时代的晚期。当时称种姓为“瓦尔那”。瓦尔那的意思是颜色，是指肤色来说的，最初是用来区分雅利安人与原住民的。根据《梨俱吠陀》第十卷《原人歌》的记载，原人布鲁沙的口生出婆罗门，双臂生出王族刹帝利，双腿生出吠舍，双脚生出首陀罗。这是4个瓦尔那，即4个不同的社会等级。

种姓制度的出现与社会分工密切相关。婆罗门居最上层，他们介于人与天神之间，掌管文化教育，同时负责人与天神的沟通。刹帝利属于王族，掌管政权，负责对外作战和保护人民。吠舍包括农工商阶层，负责生产，以养育婆罗门和刹帝利两个阶层。而首陀罗多属在战争中俘获的达萨人（奴隶）及其后代，他们是社会最低层，负责为以上3个种姓的人服务。后来，前3个种姓被认为是“再生族”，是可以有来生的，而首陀罗是不能再生的。显然，这都是婆罗门为了保护自己的利益而规定的。

在《梨俱吠陀》时代，次大陆的一些部落或部落联盟很不消停，它们不仅要同达萨人作战，而且它们之间也经常发生战争，通过一次次的分分合合，有些部落和部落联盟已经形成了国家的雏形。人们推举出他们的首领为罗阇（国王），罗阇在隆重的仪式之后登上王位，其手下有官员、祭司和一些专门为他们歌功颂德的歌者。罗阇的主要职责是对外作战，但也管理国家内部的事务，对一些内部争端做出裁决。

家庭是那个社会生活和生产的最小单位。在雅利安人的家庭中，家长是男性。女性虽然也受到尊重，也有受教育的权利，但人们更希望她们生儿育女，尤其希望她们多生男孩子。婚制通常是一夫一妻制，但也存在一夫多妻的现象。虽然《梨俱吠陀》中没有提供一妻多夫的证据，但根据其他文献也不排除当时存在这种现象的可能。

当时的人们一般都居住在比较分散的村子里，没有出现城市的迹象。村有村长，负责处理村子里发生的大事小情，如果发生战事，村长也要担负起率领村民作战的职责。村民们主要从事农业生产，其主要农作物为水稻和大麦。同时，他们也经营畜牧业，主要饲养牛、马、羊等。

四、宗教哲学

《梨俱吠陀》时代，人们已经有了原始的宗教信仰和哲学思考。下面分别来谈。

（一）宗教信仰

当时人们的宗教信仰主要表现在对自然现象的崇拜、生殖崇拜、祖先崇拜等几个方面。他们把自己的崇拜对象都描绘为神，有男神也有女神。一般认为，当时雅利安人的信仰属于多神信仰。但其关于女神阿迪蒂（Aditi）的描述会使人觉得当时也有一神信仰的倾向。在《梨俱吠陀》的一首诗中这样写道："阿迪蒂就是天界，阿迪蒂就是地界，阿迪蒂就是母亲、父亲和儿子，阿迪蒂就是全部的神，她就是五大元素，她就是大自然，她就是大自然的原因。"[①]这不仅具有一神崇拜倾向，而且还透露出母神崇拜的倾向，带有母系社会的烙印。

1. 自然现象的神化

起先，出于对自然力的敬畏，人们将自然力和自然现象神格化，创造出因陀罗（Indra，雷电之神）、伐楼那（Varuda，水神）、阿耆尼（Agni，火神）、苏利耶（Surya，太阳神）、乌莎（Ushas，朝霞女神或黎明女神），等等。天空和大地，山峰与河流，很多都被神格化，赋予了神话色彩。

因陀罗是《梨俱吠陀》中最受崇拜的神祇，献给他的颂诗最多，约250首。因陀罗不仅是雷电之神，也是战神。他是众神之王，有无数小风神（摩录多，Marut）作为随从。他手执雷杵，能够支配雷电。同时，他又是人们崇拜的英雄的化身，勇猛异常，能够击碎敌人的城堡，引来水，夺回牛羊等财产。人们赞颂他，是因为把他当作了自己的保护神。正如颂诗所唱：

因陀罗！
开怀畅饮，醇味苏摩；
我之晨祭，即汝早食。

---

① Atreyi Biswas, *Political, Social and Cultural History of Ancient India*, New Delhi: Uppal Publishing House, 1982, p.67.（阿特雷伊·比斯瓦斯：《印度古代政治经济文化史》，新德里：乌帕尔出版社，1982年版，第67页）

英雄气概，杀敌为乐；
激情赞歌，颂汝功果。（1）

因陀罗！
汝之战车，速超意念，
愿驭此车，来饮苏摩。
汝之战马，迅行骐骥，
愿乘此马，愉快降临。（2）[①]

火神阿耆尼的颂诗有约200首，数量仅次于因陀罗。这是因为婆罗门祭司要通过火来和天神沟通，所以把很多颂诗献给他。而且，火本身不仅给人们带来光明和热量，也使人由茹毛饮血阶段进化到熟食阶段。因此，对火的崇拜既有精神层面的需要，又有日常生活的需要。有诗为证：

我歌颂阿耆尼（火），司祭者，
在祭司中，是天神，是祭司，
颂赞者，最高的赐予财宝者。（1）

阿耆尼（火）一向为古仙人
和新近的仙人所歌颂，
愿他引送天神到这里。（2）[②]

相比之下，水神伐楼那的颂歌要少很多，仅有6首，但他仍然是人们最重要的崇拜对象之一。而且在《梨俱吠陀》时代早期即受到特别的尊崇，地位甚至高于因陀罗，被认为是众神之王，而因陀罗只是后来居上。伐楼那既代表水，又代表洪水，又代表海洋。人们崇拜他，不仅因为水是生命之源，也因为水时常会给人们带来灭顶之灾。出于对水的渴望和对洪水的畏惧，雅利安人赋予水神以自然规律和人间道德维护者和执法者的形象。人们向他膜拜，也向他请求赎罪。

① 季羡林、刘安武选编:《印度古代诗选》巫白慧译文，桂林：漓江出版社，1987年版，第24页。

② 金克木:《印度古诗选》，长沙：湖南人民出版社，1984年版，第3、4页。

2. 生殖器崇拜

除了崇拜自然力和自然现象之外，《梨俱吠陀》中还有生殖崇拜的迹象。其中有一首《有无歌》，暗示出男根崇拜的信息：

那时没有死，也没有永生不死；
也没有划分昼夜。
只有独一之体，静静呼吸，自养其生，
此外并无他物，在它之上也是空虚。①

关于这段话，中外学者都有解读，而且很多学者都认为那“独一之体”指的就是男根。季羡林先生也曾明确指出其中隐含的象征性意义。由此可知，印度古代生殖器崇拜由来已久。在史诗时代，这一崇拜现象则更加明确，那就是对湿婆林伽的崇拜，我们将在后面谈到。

3. 祖先崇拜

《梨俱吠陀》中也有关于祖先崇拜的明确记载，其第十卷第十五首诗叫作《祭祖》，表现了人们对祖先的崇敬和他们祈求祖先保佑的心情，今选其前一小节：

请祖先们起来，近的，远的，
中间的，应享苏摩酒的，起来！
愿那些已走向生命的，和善的，知正道的，
祖先们在召唤中保佑我们。（1）②

《梨俱吠陀》中不止一处涉及祖先崇拜问题，其第十卷第十四首《阎摩》也有祖先崇拜的倾向，提到祖先居于天堂，和阎摩王在一起。此外，第十卷第十六、十八是两首《送葬》诗，也都有让祖先保佑活着的人幸福长寿的意思。

4. 祭祀

祭祀是印度—雅利安人最经常的宗教性活动。其目的在于和神灵沟通，讨好和愉悦神灵，从而获得神明的护佑。在先民们看来，神明和人一样，是有喜怒哀乐的，喜欢听赞扬的话，《梨俱吠陀》就是婆罗门祭司在主持祭祀仪式时

---

① R.C.马宗达等著:《高级印度史》（张澍霖等译），北京：商务印书馆，1980年版，第47页。

② 金克木:《印度古诗选》，长沙：湖南人民出版社，1984年版，第21页。

为神明们唱诵的赞歌。他们还以为，神明也要享用美味。所以，在祭祀的时候要摆放祭品，有吃的有喝的，有荤的有素的，荤的是肉类、酥油，素的是谷物等，喝的有牛奶和苏摩酒。苏摩酒是最重要的祭品，《梨俱吠陀》中专门献给苏摩（Soma）的诗歌就有大约120首。而苏摩祭则是各种祭祀中场面最大、最热闹的一种，一年举行一次。

祭祀的时候要点火。先民们以为，烟火向上升腾，能把人们的愿望传递给天上的神明。火还能把祭品直接送到天神那里去，或者把天上的神明引导到祭坛，让他们享用祭品。同时，先民们认为，火是光明的，可以洞照一切，所以，火有一个别名叫“知世间者”；火又是能烧毁一切的，所以火又有一个别名叫“食肉者”；火又是可以烧毁罪恶的，所以火还有一个别名叫“除罪者”。

（二）哲学思考

1. 世界的创造

关于宇宙的生成，当时的先民有多种思考、多种认识，因而出现了多种创世神话。这是先民最初的宇宙观。《梨俱吠陀》中就包括诸多神话版本。大体有如下几种说法：

（1）造物主说

此说是指在没有宇宙的情况下，先有一个造物主，即一个上帝，是他创造了一切。《梨俱吠陀》第十卷第八十二首为《造物者歌》，其中所唱的就是这样一个创造一切的造物主。

（2）金胎说

此说认为宇宙生成之前，世界上只有水，水中有一个“金胎”，由它生出世界万物。在上述《造物者歌》同一首诗中也提到此说。

（3）原人肢解说

此说认为世界万物是由一个原人身体的各个部位生成的。《梨俱吠陀》第十卷第九十首《原人歌》中有这样一节：

彼之胸部，生成月亮；
彼之眼睛，显出太阳；
口中吐出，雷神火天；
气息呼出，伐尤风神。（13）

脐生空界，头现天界，
足生地界，再生方位，
如是构成，此一世界。（14）[①]

（4）男根生发说

此说认为宇宙间原本非有非无，茫茫大水，混沌一片，只有男根，独立自存，后由男根而生万物。《梨俱吠陀》第十卷第一百二十九首诗《有无歌》中说：

无既非有，有亦非有；
无空气界，无远天界。
何物隐藏，藏于何处？
谁保护之？深广大水？（1）

死既非有，不死亦无；
黑夜白昼，二无迹象。
不依空气，自力独存。
在此之外，别无存在。（2）

太初宇宙，混沌幽冥，
茫茫洪水，渺无物迹。
由空变有，有复隐藏，
热之威力，乃产彼一。（3）[②]

以上诸说，表现了上古先民对世界的思考，同时也是对人类起源的思考。他们试图解答“我是谁，我从哪里来”的问题。

2. 关于灵魂

同时，先民们也在思考并试图解答“我到哪里去”的问题，即死及死后的归宿问题。从前引《祭祖》诗和《送葬》诗可知，他们显然认为人是有灵魂的。人死之后，灵魂犹在。例如，《祭祖》中说：

① 季羡林、刘安武选编：《印度古代诗选》巫白慧译文，桂林：漓江出版社，1987年版，第22、23页。

② 季羡林、刘安武选编：《印度古代诗选》巫白慧译文，桂林：漓江出版社，1987年版，第27、28页。

那些火烧过的，

那些没经火烧过的，

他们在上天中间欢喜享用祭祖礼品。（14）[1]

即是说，人们死后，灵魂是到天上去了。当时的丧葬有火葬和土葬两种。第十卷第十六首的《送葬》讲的是火葬。火化的目的是想死者的遗体不受鸟兽的啄食，而灵魂可以尽快升空。第十卷第十八首《送葬》讲的是土葬，目的是保存死者的遗体，为死者修建一个“住宅”，让他到另一个世界过安宁的日子：

大地啊！请向上张开，不要下压；请使他容易接近，舒服躺下；

如同母亲用衣襟掩儿子，

大地啊！请这样掩盖他。（11）[2]

一般认为，当时还没有出现轮回的观念。

3. 关于物质

与中国古代的“五行”学说相似，印度古代哲学中有著名的“四大”理论。“四大”指的是构成物质世界的4种基本要素，即地、水、风、火。在《梨俱吠陀》中，虽然还没有出现“四大”学说，但其中对这4种要素都各有颂诗，可以说，这些颂诗代表了当时人们对客观世界的认识，他们已经注意到了这4种要素的重要性，这就为后来“四大”学说的诞生打下了基础。可以说，在《梨俱吠陀》中可以找到“四大”学说的源头。

还有很重要的一点，就是当时的人们对物质的渴望还是很迫切的。《梨俱吠陀》经常提到让天神和祖先保佑他们获得财富，具有很强的功利性特征。这不仅与后来印度出现的沙门思潮形成了鲜明对比，也与后来印度教追求精神解脱，甚至出家遁世的主流思想倾向大相径庭。究其原因，轮回转世思想的出现应当是最重要的原因。这是后话。

4. 朴素的辩证思维

从《梨俱吠陀》中的诗歌可以判断，那时候的人们已经具有了正反两个方面的思维，有了两种事物对立的观念。如《有无歌》中的有和无、《祭祖》中的生与死、《阿耆尼》中的光明与黑暗、《送葬》中的悲与喜、《苏摩酒》中的幸福与辛劳，等等。在他们的思想意识中，这种截然相反、相互对立的东西是客观

① 金克木:《印度古诗选》，长沙：湖南人民出版社，1984年版，第23页。

② 金克木:《印度古诗选》，长沙：湖南人民出版社，1984年版，第29页。

存在的。从《有无歌》还可以看出，他们在思考有和无相倚相生的关系，即有与无的对立统一。这是他们思辨能力的最初体现，也是后世奥义书哲学发生发展的源头。

五、文学成就

（一）奇幻想象与神话体系的构建

先民们的想象力在《梨俱吠陀》中得到充分的展现。他们把许多自然景物都想象为有生命、有形象、有意志、有主动行为的神。例如，他们把朝霞想象为黎明女神，并给她起名为乌莎，《梨俱吠陀》第四卷第五十二首诗就是给她的赞美诗，诗中唱道：

这个光华四射的快活女人，
从她的姊妹那里来到我们面前了。
天的女儿啊！（1）

象闪耀着红光的牝马一般的朝霞，
遵循着自然的节令；
是奶牛的母亲，
是双马童（星）的友人。（2）

光辉远照的女人啊！你布满空间，
你用光明揭破了黑暗。
朝霞啊！照你的习惯赐福吧！（6）[①]

同样，他们不仅把自然现象和景物，如大地、星座、河流、森林、海洋、风、云、雨、电等都拟人化和神化，也把一些抽象的概念拟人化和神化，如生、死等。这样，他们就构建了一个万神殿，组成了一个神话体系。由于诗歌的文字有限，这些神话显得不够完整，没有形成故事情节。但可以相信，那个时代人们的口头一定流传着很多神话故事。

① 金克木：《印度古诗选》，长沙：湖南人民出版社，1984年版，第5页。

（二）生动比喻与现实生活的反映

《梨俱吠陀》中的诗歌运用了许多比喻，都非常生动形象地表现了现实生活中的感受。如把朝霞比喻为“光华四射的快活女人”，就来自先民的切身体验，营造出积极向上的生活氛围。再如第五卷第八十三首《雨云》中有这样几节：

请用这些颂歌召唤那强大的雨云，
请赞颂他，以敬礼去求他。
公牛吼叫着，赏赐迅速；
他在草木孕藏中将水种放下。（1）

他摧毁树木，还摧毁罗刹（妖怪），
全世界都害怕他的强大兵器；
连无罪之人也见他威猛就逃跑，
这时雨云轰鸣着对恶人打击。（2）

如同车夫用鞭子抽打马，
他也这样显示出雨水使者；
远远地兴起了狮子吼声，
这时雨云使大雨从天而下。（3）[①]

这里，把雷鸣说成是“公牛吼”、“狮子吼”，把闪电说成是“强大兵器”，说是像“车夫用鞭子抽打马”，都非常生动有趣，都源自生活。

同样，第七卷第一百零三首《蛙》中对蛙的描绘、第十卷第三十四首《骰子》中对赌徒的描绘等，也都运用了许多奇妙的比喻，使全诗充满了生活气息，也使作品成为现实生活的真实写照。[②]

（三）情感奔放与浪漫风格的奠基

《梨俱吠陀》的诗歌充满情感，热情奔放。例如，在第十卷第一百四十六首诗《森林》中有这样几节：

森林女啊！森林女啊！

① 金克木:《印度古诗选》，长沙：湖南人民出版社，1984年版，第7页。
② 金克木:《印度古诗选》，长沙：湖南人民出版社，1984年版，第31页。

你好象是迷失了路途。
你怎么不去向村庄询问?
是不是你感觉到了恐怖?（1）

像野兽的吼声，
虫鸟发出低鸣，
仿佛随着音乐伴奏，
森林女舞蹈，备受尊敬。(2)

有油膏香气，散发芬芳，
食品富饶，不事耕种，
兽类的母亲，森林女，
我对她作这番歌颂。(6)[①]

即便是那些本应该为悲哀心情所笼罩的《送葬》诗，也带有欢快的气氛:

这些生者离开死者回来了。
今天我们对天神呼唤获福了。
我们向前走吧！去舞蹈，去欢笑，
有了更长的寿命活下去了。(3)[②]

总之，印度古人始终有一种浪漫乐天的情怀，能歌善舞，擅长讲故事。以至后世承袭这一传统，创作出无数浪漫主义的杰作。

第三节　吠陀后期的文明

“吠陀后期”是指公元前1000年至前600年这段时间。在这段时间里，印度古人写出了大量文献，尽管这些文献不是真实的历史记录，但由于资料丰富，因而使这一时期的印度历史相对清晰，印度—雅利安人的文明状况也得到相对鲜明的呈现。

---

① 金克木:《印度古诗选》，长沙：湖南人民出版社，1984年版，第40页。
② 金克木:《印度古诗选》，长沙：湖南人民出版社，1984年版，第27页。

一、相关文献

对于吠陀前期的考察，我们依据的文献是《梨俱吠陀》。而在吠陀后期，另外三部吠陀本集，《娑摩吠陀》(*Samaveda*)、《夜柔吠陀》(*Yajurveda*)和《阿达婆吠陀》(*Atharvaveda*)已经完成，附属于吠陀本集的梵书(Brahmana，又称婆罗门书)、森林书(Aranyaka)和奥义书(Upanishad)也被创作出来。这些文献成为考察吠陀后期文明的主要资料来源。

(一)吠陀本集

《梨俱吠陀》及其后产生的三部吠陀本集被后世合称为“四吠陀”。它们是印度古人祭祀活动中祭司们使用的经书。印度古人喜欢举行各种规模的祭祀活动以取悦神明。在较大规模的祭祀中，往往动用很多人力物力。主要的祭司就有4位。4位祭司中，一位负责赞颂神明，即念诵《梨俱吠陀》的经文，所以《梨俱吠陀》又意译为《赞颂明》。第二位负责歌咏，主要依据《娑摩吠陀》来歌唱赞美神明的诗歌，所以《娑摩吠陀》又叫《歌咏明》。也就是说，《娑摩吠陀》里的偈颂(Shloka，诗节，音译输洛迦)都是为了配乐的需要而摘引自《梨俱吠陀》的，因此，它的史料价值和文学价值不大。第三位是祭祀程序的执行者，根据《夜柔吠陀》的经文严格执行祭祀的每一个步骤，所以《夜柔吠陀》又意译为《祭祀明》。从史料的角度看，《夜柔吠陀》更有研究价值。它有两个版本，《黑夜柔吠陀》(*Krsna-Yajurveda*)和《白夜柔吠陀》(*Sukla-Yajurveda*)。《黑夜柔吠陀》是用韵文写的诗节，附带有散文体的解释。《白夜柔吠陀》是从《黑夜柔吠陀》选辑出来被单独编辑成书的，其散文体注释被编写为《百道梵书》(*Satapatha Brahmana*)流传下来。第四位祭司是整个祭祀活动的监督者、协调者和掌控者，他精通整个祭祀的全部细节。据认为，《阿达婆吠陀》就是这种主祭婆罗门编写的工作手册，其内容主要是祈福禳灾的咒语，故又意译为《禳灾明》。

(二)梵书、森林书和奥义书

在吠陀文献中，那些颂神的偈颂部分被称作本集，即原作。其附属部分，对祭祀行为仪轨的解释被称作梵书，为散文体。梵书是继本集之后出现最早的作品，“是各派婆罗门传授吠陀和祭祀仪式的讲义”。[①]现在流传下来的梵书有十几种，其中含有不少后吠陀时代的文化信息。最著名、最古老的梵书是附属于

① 金克木:《梵语文学史》，北京：人民文学出版社，1980年版，第73页。

《梨俱吠陀》的《爱达罗氏梵书》(*Aitareya Brahmana*)和附属于《白夜柔吠陀》的《百道梵书》。附属于《阿达婆吠陀》的《牛道梵书》(*Gopatha Brahmana*)出现稍晚，但也比较重要。

森林书也是吠陀文献的一部分，是梵书的附属部分，现存8种。它们被认为是极圣洁和神秘的。学习和念诵森林书是在师生间秘密进行的，所以要远离城镇和村子，在森林中学习，以便保持其圣洁不被玷污，而且外人也偷听不到。但森林书的史料价值和文学价值不大，所以学界关注较少。

奥义书也是吠陀文献的一部分，里面有很深的哲学思辨。现存奥义书有二百来种，最主要的是《广林奥义书》(*Brhadaranyaka Upanisad*)和《歌者奥义书》(*Chandogya Upanisad*)，它们分别被认为是《百道梵书》的附属部分和《娑摩吠陀》的附属部分。此外,《阇弥尼耶梵书》(*Jaiminiya Brahmana*)的附属部分是《由谁奥义书》(*Kena Upanisad*)。

后期吠陀时代的史料还有叫做“经”(sutra，音译修多罗)的文献，也是附属于吠陀的。经有三种:《所闻经》(*Srauta Sutra*)，是根据梵书写的，其中对大规模祭祀活动中的仪轨作了简要描述;《家范经》(*Grhya Sutra*)，是婆罗门根据传闻和记忆写成的，讲述家庭中行为规范与礼仪等;《法经》(*Dharma Sutra*)，也是根据传闻和记忆写成的，主要讲述社会生活与法律等。但由于《法经》很可能形成较晚，所以我们不能采用它作为后吠陀时代的史料。

二、社会状况

在吠陀时代前期，印度—雅利安人的主要活动地区在五河流域，即今天印度旁遮普邦和巴基斯坦旁遮普省一带。同时，也有一部分人生活在犍陀罗地区，约当今天巴基斯坦的北部地区。到吠陀后期，他们的主要活动地区已经向次大陆的中部地区转移。文献中提到了一些地名，或者说是一些部落的名字，如拘萨罗(Koshala，约当今日印度的中央邦北部和北方邦南部)、摩揭陀(Magadha，约当今日印度的比哈尔邦南部)、毗提诃(Videha，约当今日印度比哈尔邦北部)，等等。

(一)种姓制度和社会分工

这一时期，印度—雅利安人的社会发生了一些变化。首先是种姓制度得到加强，而且变得复杂和混乱。当时有两种种姓制度，一种是根据肤色来划分社会地位的“瓦尔那”(Varna)制，另一种是根据社会分工划分社会等级的“阇提”（Jati）制。瓦尔那的本意是颜色，指肤色而言。在吠陀早期，社会上的人主要分黑白两种肤色，白的是雅利安人，黑的是当地的原住民，即非雅利安人。由于雅利安人征服了当地的原住民，甚至把他们变为奴隶，这样，雅利安人就成为社会的上层，而非雅利安人就成为社会的下层。但随着社会的发展和种族间杂居通婚，两种肤色的界限越来越模糊，到吠陀后期，这种按照肤色来划分社会地位的做法已经不准确了，因此，在《梨俱吠陀》后期便出现了以社会分工来划分社会地位的种姓制度，即出现了四大种姓。

吠陀后期，婆罗门种姓仍然居于高位。他们进一步把持了祭祀活动，并对文化知识实行垄断。由于人们普遍迷信，相信鬼神，相信宿命，所以从家庭到村社，再到部落或王国，祭祀活动成为普遍现象，婆罗门祭司从大大小小的祭祀活动中得到好处，在为国王举行祭祀的时候可以得到金银财物、牛、马、羊等，甚至可以得到奴隶和土地。他们中，有的成为国王的宗教导师，有的成为国王的大臣或顾问，有的则专门主持祭祀等仪式。

这一时期的刹帝利种姓也在各地形成了王族集团，成为各个部落或部落联盟的统治者。根据《爱达罗氏梵书》的说法，国王（raja，音译罗阇，在多数情况下是部落酋长的称呼）是因为战争的需要而诞生的[①]。而《百道梵书》则说，只有得到其他王族授予的权力，才能成为国王，没有得到权力授予的人不能成为国王[②]。可见王族是一种强大的社会势力。国王居于统治阶级的核心地位，是民众的保护者，也受到臣民的尊崇。他们通常是世袭的。和中国“天子”的说法相似，印度—雅利安人的国王也是“神授”的。《泰达利耶梵书》（*Taittariya Brahmana*）中就说，国王是生主[③]根据自己的意愿指定的[④]。有的文献还强调，国王加冕必须举行灌顶仪式，并举行祭祀，如此，其地位才能得以确立，其身份才能变得神圣不可侵犯[⑤]。种种迹象表明，这个时期，刹帝利阶层的地位得到加强和巩固，他们的权力也得到扩大，享受更多的自然和社会资源。

吠舍是第三个等级。他们是一个相对自由和富足的阶层。他们也能像婆罗

① 《爱达罗氏梵书》，Ⅰ．14。

② 《百道梵书》，Ⅲ．3．2．1。

③ 生主，Prajapati，后吠陀时期的主要神明，取代了因陀罗的地位，是众神之主，甚至相当于造物主。

④ 《泰达利耶梵书》，Ⅱ．2．10–12。

⑤ 《百道梵书》，Ⅴ．2．2。

门和刹帝利一样接受文化教育，但他们学习之后只能回到家里从事与他们身份相应的工作。《白夜柔吠陀》中提到他们所从事的职业，有车夫、木匠、陶工、铁匠、舞者、珠宝商、农民、弓箭制造者、医生兼占星家、洗衣工、漂染匠、理发师、皮匠、渔夫、猎人，等等。不难看出，这些工种都是从早期吠陀时代延续下来的，是他们世代相承的职业。其实，商人、农民和手工业者构成了吠舍种姓的主体。由于社会分工的日益细致和世代相承，这就为后来印度社会产生出多种多样的副种姓打下了基础。

首陀罗依然处于社会的最底层，为上述3个种姓服务，而更多的是为刹帝利种姓服务。

当时的种姓制度虽然已经形成，但并不像后来那么严格。刹帝利人也有变成婆罗门而成为祭司的，婆罗门也有与首陀罗结婚生子的，吠舍也有不从事祖传职业而另谋职业的。

（二）婚姻和妇女地位

吠陀后期，印度—雅利安人社会流行种姓内部通婚。也有不同种姓通婚的例子，尤其是婆罗门和刹帝利之间通婚的例子，且为数不少。婆罗门男子和首陀罗女子结婚，婚后生的孩子被称为“尼沙陀”（nishada），其地位相当低下。

当时的婚姻一般是由男女双方的父母做主，但也有所谓“乾达婆婚”（gandharva-vivaha），即男女青年在两情相悦时野合或者自由结婚。采取这种乾达婆方式结婚的人是少数。

那时，在社会的中层，大多数家庭流行的是一夫一妻制。但社会上层间盛行一夫多妻的现象。据文献记载，男子可以多妇，但妇女不能多夫[①]。

总体上看，当时印度—雅利安人妇女的生活还是比较自由的。婚前，她们在父母家里可以接受教育，婚后，她们在丈夫家里也受到尊重。

当时社会上对寡妇再嫁没有非议。《阿达婆吠陀》中甚至说，一个女人在成为10次寡妇之后，如果再嫁给一个婆罗门，那么，这个婆罗门就可以被看作是她唯一的丈夫[②]。也就是说，她以前的婚姻都可以被一笔勾销。如果真是这样，对寡妇来说是相当人性化的社会关怀了。

① 《爱达罗氏梵书》，Ⅲ．23。

② 《阿达婆吠陀》，Ⅴ．17．8。

三、经济状况

吠陀后期，印度的社会生产力得到进一步提高，因而其经济状况也得到提升。尤其是农业和商业的发展，能够为王族集团提供更多的税收，也为婆罗门祭司阶层提供了更多的财富。随着王族权利的不断扩大，社会分配不公的现象日益突出，贫富差距进一步加大。

（一）农业的发展

据文献记载，这一时期，农民已经会掌握农时，一年中有两季收成。冬季种大麦，入夏即可收获。雨季种水稻，秋季即可收获。这样就大大提高了粮食产量。除了这两种作物，文献中还提到小麦和豆子。可见，这四种作物是当时最主要的粮食作物，是人们日常的主要食物来源。在农业生产力方面，这个时期的人们已经开始广泛使用铁和铁器了，铁器的使用无疑会大大提高生产效率。人们还广泛地使用犁来耕地，有的文献甚至提到用24头公牛拉犁耕地。一些农民也学会利用沟渠和水井灌溉庄稼，但总体上讲，他们还得靠天吃饭。《阿达婆吠陀》中就有农夫祈求天神保佑他们取得好收成的巫术诗歌。

（二）城市经济

如前所说，在印度河文明时期，印度次大陆上曾经出现过城市文明。但印度河文明中断以后，在《梨俱吠陀》时代却没有出现城市文明的迹象。到了吠陀时代后期，城市出现了。尽管这些城市根本无法与后世出现的城市相比，但这些城市毕竟具备了一些城市的基本要素和功能，除了人口密集外，它们也成为政治、经济和文化的中心。据文献记载，当时的主要城市有迦尸（Kashi，在今印度北方邦瓦拉纳西）、干比罗（Kampila）和阿森迪文多（Asandivanta）等。但除了迦尸一名一直保留到今天以外，其余的城市地点已经很难考证。

城市的主要特点是人口密集，这本身就是一个更大的市场，可以刺激商贸活动以几何级数增长。此外，城乡贸易、城际贸易也空前活跃。文献中首次出现了“富商”（Shreshthin）一词，说明当时已经出现了经商能手，他们聚集了大量财富。这个词在后来的佛教典籍中也时常出现，汉译佛经中通常翻译为“商主”，说明在吠陀时代后期的基础上，列国时代的商业贸易又得到了进一步发展，富商的人数越来越多，以致成为一个社会群体。

由于市场的扩大，各种手工业也得到发展。纺纱、织布、印染、刺绣，以及编制篮子等工作多由妇女来承担。木工（往往也是弓箭制造和车船制造者）、陶工、首饰匠，以及驯养马匹和大象的人等，多由男人来充当。此外，舞者、歌者等演艺工作者，以及医生、巫师等社会服务人员，也在城市中找到了施展技能的平台。

城市经济的发展也为货币的广泛使用创造了条件。吠陀后期也和吠陀前期一样，人们计算财富的多寡往往用牛和马的头数来表示。但由于吠陀后期的贸易得到发展，物物交换对于商人来说已经显得越来越不方便。据《百道梵书》记载，这个时期出现了一种叫作“百毫”（shatamana）的金币，其重量相当于一百个芥子的重量[①]。虽然这种金币并未大量使用，甚至可能是个别现象，但这是印度次大陆有文字记载的最早金制货币。

四、宗教哲学

这一时期，印度—亚利安人的宗教信仰显得更为复杂。祭祀活动十分频繁，而祭祀中所献的祭品也受到格外重视。

（一）祭祀与牺牲

根据《白夜柔吠陀》，这个时期的祭祀以新月祭、满月祭、火祭、祖先祭、苏摩酒祭、王祭和马祭为主。新月祭和满月祭都属于季节性的祭祀，规模较小。祖先祭的规模也不大。火祭是崇拜火神的祭祀，经常举行，规模大小不一。苏摩酒祭是规模较大的一种。而王祭是国王的灌顶仪式，规模很大，历时达一年之久。马祭通常是为强大的国王举行的祭祀，具体做法是先将一匹马放出，让它随意游走，然后派士兵跟随其后，观察动向，凡是马走到的地方，都被视为这个国王的属地。如果有谁敢于阻拦、驱赶或者扣留这匹马，就等于同放马的国王宣战，双方必然开战。通常是放出马的国王非常强大，无人敢与抗衡，他便像霸主一样荣耀张扬，杀马祭祀，祭司们为他歌功颂德，也祈求国泰民安。

祭祀中所献祭品也多种多样，有苏摩酒、米饭团（祭祖用）等非动物祭品，而根据《百道梵书》的描述，还有诸多动物牺牲，如马、公牛、水牛和山羊等。《白夜柔吠陀》第三十章甚至提到了用人作牺牲的情况，说有184种人可作为牺牲，其中除了罪犯、残疾人、首陀罗和歌手、乐手、演员等外，甚至还有婆罗门、刹帝利和吠舍。这等于说所有人都可以成为祭祀的牺牲。学界虽然对这个

① 《百道梵书》，V. 5. 10。

说法颇有猜测，但用人作牺牲的情况在当时恐怕并未绝迹。“退一步说，即使在这里已成为象征仪式，也反映在此以前存在过人祭的野蛮事实。”[①]

（二）诸神崇拜

在这个时期，《梨俱吠陀》中的神明也受到崇拜，但情况似已不如从前。值得注意的是，这一时期又有新的神明显现出来。其中对后世影响最大的两个神明是楼陀罗（Rudra）和毗湿奴（Vishnu）。

在《白夜柔吠陀》的第十六章，出现了楼陀罗的名字。尽管在《梨俱吠陀》中提到过楼陀罗，当时他还是一个风暴之神，但在这里，他有了一些别名或称号，如“山王”（Girisha）、“青颈”（Nilakantha）、商羯罗（Shankara）和湿婆（Shiva）。在《乔尸多基梵书》（*Kaushitaki Brahmana*）中，则称他为“伊沙那”（Ishana，意思是主人、上帝）和摩诃提婆（Mahadeva，意译大天）。从这里可以看出，后来成为印度教三大主神之一的湿婆在吠陀后期的地位日益上升，崇拜者日益增多。

毗湿奴在这个时期也受到崇拜。《百道梵书》第一章就提到了毗湿奴，第十四章又说毗湿奴用三步跨过了整个世界，这成为后来的往世书故事的源头[②]。不过，在吠陀后期的文献中，尚看不到毗湿奴变为各种化身下凡救世的故事。因此，毗湿奴的地位没有湿婆上升的快。

婆罗门教三大神之一的梵天（Brahma），在奥义书中也多次提及。例如，《歌者奥义书》第三章中写道：“知道这样的梵的奥义，对于他，太阳不再升起，不再落下；对于他，永远是白天。梵天将它传给生主，生主传给摩奴。摩奴传给后代。”[③]这里的梵天和“梵”（Brahman）是一回事，他显然是由抽象的“梵”演化出的神格。他高于生主，似乎是吠陀和奥义书的创造者。稍晚的《剃发奥义书》第一章第一首诗则明确写道：“梵天位居众天神之首，宇宙创造者，世界保护者；他向长子阿达婆传授梵学，那是一切知识的根基。”[④]

---

① 季羡林主编：《印度古代文学史》（黄宝生文），北京：北京大学出版社，1991年版，第26页。

② 在往世书神话里，说恶魔统治了天地人三界，毗湿奴下凡救世，变做侏儒向恶魔要求三步大的土地，恶魔答应，毗湿奴用两步跨过三界，第三步把脚踏在恶魔头上，最后把地狱留给了恶魔。

③ 黄宝生译：《奥义书》，北京：商务印书馆，2010年版，第156页。

④ 黄宝生译：《奥义书》，北京：商务印书馆，2010年版，第294页。

（三）奥义书哲学

奥义书是附在吠陀文献末尾的部分，因此又被称为“吠檀多”，意思是吠陀的结尾。这部分文献数量相当大，主要内容是关于哲学的思辨。

关于宇宙的生成，后世的文献承袭了《梨俱吠陀》中的说法，予以解说。例如，《爱达罗氏奥义书》第一章这样写道：“他给原人加热。原人受热后，嘴张开，似卵。从嘴中产生语言，从语言中产生火。鼻孔张开，从鼻孔中产生气息，从气息中产生风。眼睛张开，从眼睛中产生目光，从目光中产生太阳。耳朵张开，从耳朵中产生听觉，从听觉中产生方位。皮肤张开，从皮肤中产生汗毛，从汗毛中产生草木。心张开，从心中产生思维，从思维中产生月亮。肚脐张开，从肚脐中产生下气，从下气中产生死亡。生殖器张开，从生殖器中产生精液，从精液中产生水。”[①]对照前文提到的《梨俱吠陀》第十章的《原人歌》，可知其来源。在《剃发奥义书》Ⅱ．1．2~4中也有相似的描写。值得注意的是，在奥义书哲学中，在原人之上，还有一个“他”，根据经文的解释，这个“他”就是“自我”，就是“梵”。

奥义书哲学最重要最精彩的内容就在于对“梵”和“我”的解释。

1．梵我同一

根据奥义书哲学，梵就是宇宙的最高灵魂（Paramatma）和终极存在，“自我”或者“我”（Atman）是个体灵魂，是梵的显现。正如《歌者奥义书》（Ⅷ．3．4）所说：“这是自我。它不死、无畏，它是梵。这个梵，名为真实。”[②]

梵和我在本质上是同一的。梵和我都是抽象的，是不可描述、不可思议的，是只可意会不可言传的。但奥义书哲学并非对客观世界的具体性和真实性视而不见，它认为客观世界是由4种元素构成的，这就是地、水、火、风，简称“四大”。有时又说有5种元素，即四大加上空。不过，这四大或五大并非宇宙生成的终极原因，它们来自原人，而原人之上还有一个梵或我。这样，奥义书哲学就用抽象的梵和我彻底否定了客观世界的物质性和真实性，成为彻底的唯心主义哲学。

奥义书哲学认为，作为世界上生活着的人，不过是梵的无数显现中的一种，而人所具备的个体灵魂，也不过是梵这个最高灵魂的一个细微粒子。这样，奥义书哲学就解决了人从哪里来的问题。那么，人又要到哪里去呢？奥义书哲学

① 黄宝生译：《奥义书》，北京：商务印书馆，2010年版，第226页。

② 黄宝生译：《奥义书》，北京：商务印书馆，2010年版，第216页。

认为，人的根本出路在于解脱，而解脱的根本目标就是达到梵我同一。怎样才能获得解脱而达到梵我同一呢？这就要破除蒙蔽，消除无知，认识“真实”。又如《歌者奥义书》（Ⅷ. 3. 2）所说：“正像埋藏的金库，人们不知道它的地点，一次次踩在上面走过，而毫不察觉，因为他们受到不真实的蒙蔽。”[①]这样，奥义书哲学不仅解决了人到哪里去的问题，而且指明了解脱之道。

数千年来，梵我同一的理论一直是印度教哲学的核心，至今依然。

2. 轮回业报

如上所说，既然灵魂是不死的，那么，在它没有得到解脱之前，没有与梵合一之前，就要不断地轮回。作为人，就要一次又一次地转生为各种身份的人或肮脏污秽的动物。在《广林奥义书》中，明确提出“业”（karman）和“果”（phala）的概念。业是人的行为，果是业的结果。善业有善果，会转生为善人，恶业有恶果，会转生为恶人。那么，为什么人会作业，为什么会作善业或者恶业？是因为人有欲望，欲望产生意愿（追求），意愿导致行为，行为导致果报。正如《广林奥义书》中说的，一般的善行者，通过祭祀、布施和苦行，可以在死后进入祖先的世界，然后又返回人间世界。只有真正能够认知梵的人，才能在死后进入天神的世界，抵达梵的境界，并从此不再返回，即不再受轮回之苦。这样，奥义书哲学又回答了关于死和死后的归宿问题。

总之，不管相信与否，人们都得承认，轮回业报说是一个了不起的伟大理论。它的影响巨大，不仅影响了印度人，还通过佛教影响了中国人乃至世界上许多国家和地区的人。

五、文学

（一）巫术诗歌

在文学方面，吠陀后期的文献中，首先以《阿达婆吠陀》咒语诗的成就最为突出。这部看似巫术咒语的作品，其中有很多诗歌都很贴近生活现实，并充满瑰丽的想象和生动的比喻。例如，其中一首治咳嗽的诗这样写道：

像心中的愿望，
迅速飞向远方，
咳嗽啊！远远飞去吧，

---

① 黄宝生译：《奥义书》，北京：商务印书馆，2010年版，第216页。

随着心愿的飞翔。[1]

后面还有两小节，未具引。这里，让咳嗽飞，让心愿飞，都是印度古人的奇思妙想。还有祈求爱情的诗歌，如：

像藤萝环抱大树，
把大树抱得紧紧；
要你照样紧抱我，
要你爱我，永不离分。[2]

这里也是三节引一。这是一首男子向女子求爱的诗，写得情真意切，充满生活气息。《阿达婆吠陀》中还有不少这样脍炙人口的诗章，这里不再列举。

（二）神话传说

前面已经提到过那个“原人”创世的神话，后期吠陀文献中还有很多不同类型的神话。今仅举《百道梵书》中的例子。其中有一则关于生主创世的故事说，太初时候只有生主一个人，他首先有了繁殖后代的想法，于是经过苦行创造了世界万物和自己的后代。又有一则故事是关于“金蛋”的神话：“在太初，别无他物，只有水。这些水渴望繁殖。它们折磨自己，克制自己。它们完成苦行后，水中产生一个金蛋。……从这个金蛋中产生一个人，他就是生主。”还有一则关于关于“梵”的创世神话：“在太初，只有梵。它创造出众神，然后让他们居住在这个世界：火神在地上世界，风神在空中世界，太阳神在天上世界。”[3]

正如金克木先生所说，梵书中保留了一些神话传说。他在《梵语文学史》中列举了《爱达罗氏梵书》中天神与阿修罗作战的故事、长篇的“犬阳故事”，以及《百道梵书》中广延天女（Urvashi，优哩婆湿）和国王洪呼（Pururavas，补卢罗婆）的爱情故事等。[4]这些传说都非常著名，有的则成为后世文学创作的素材，被不断演绎。

① 转引自金克木：《梵语文学史》，北京：人民文学出版社，1980年版，第46页。

② 转引自金克木：《反语文学史》，北京：人民文学出版社，1980年版，第48页。

③ 季羡林主编：《印度古代文学史》黄宝生文，北京：北京大学出版社，1991年版，第36、37页。

④ 金克木：《梵语文学史》，北京：人民文学出版社，1980年版，第78~81页。

第三章

列国时代的文明

学界一般认为，到大约公元前600年，印度历史上的吠陀时代结束。但接下来，从公元前600年到孔雀王朝建立（公元前322）这段时间是什么时代？学界说法不一。有人称之为“史诗时代”，有人称之为“佛陀时代”，有人称之为“十六国时期”，还有人称之为“列国时代”。本书采用了“列国时代”的说法。理由是：第一，印度两大史诗编订的过程很漫长，前后达800年左右，显然远远长于这个时期；史诗本身并非信史，不宜作为历史的分期。第二，“佛陀时代”的提法也不科学，因为佛陀在世的时间毕竟有限，他在世的时代可以称为佛陀时代，但其去世以后的约二百年时间则不宜称为佛陀时代。第三，据早期佛教经典记载，佛陀在世的那段时间，印度北方有16个比较强大的国家，但不久就有摩揭陀国崛起称霸，并吞并了几个国家，改变了北印度的局面。而且，十六国只是当时的概说，南印度的一些国家并未包括在内。因此，笼统地称那个时代为列国时代更适宜。

第一节　两大史诗与早期婆罗门教

一、两大史诗

印度两大史诗《罗摩衍那》和《摩诃婆罗多》是继吠陀文献之后出现的两部大型作品。从历史的角度看，《罗摩衍那》以想象的成分为主，所透露的历史真实很少。而《摩诃婆罗多》被誉为是具有印度古代百科全书性质的作品，且数量相当于希腊两部荷马史诗之和的8倍，因此其中包含有较多的历史真实。即便如此，靠两大史诗来恢复印度上古的历史也是不可能的，研究者只能从中找到一些蛛丝马迹加以推断，而每一个推断往往都会引来争议。

（一）“史诗时代”

学界一般认为，两大史诗编定的时间在公元前400年到公元400年之间。也就是说，至少在这800年时间里，两大史诗在不断被丰富、加工。而两大史诗中的某些事件，即其原始部分，虽然后来被想象和加工得面目全非，但学者们还是从中看到了一些历史真实的影子，并推测其发生的时间在吠陀时代后期。具体说，可能在公元前800年前后甚至更早。这样，从两大史诗原始事件的发生到佛陀住世的时代，被一些学者称作“史诗时代”。其实，这个时代与吠陀时代后期是相重合的。之所以将这个时期拿出来单独介绍，理由有二：一是因为史诗具有独特的历史意义，其中不仅包括可与后期吠陀文献相印证的内容，还包括一部分可与早期佛教典籍相印证的内容，这在一定程度上填补了史料的不足。二是因为史诗具有特殊的文化史意义，不仅是印度文学发展的划时代文献，而且是印度宗教变迁的划时代文献，在后世，不仅对印度，也对亚洲的许多国家和地区产生了很大影响。

（二）文学价值

《罗摩衍那》被称为“最初的诗”，讲述的是一个长篇传奇故事：拘萨罗国阿逾陀城十车王（Dasharatha）有三个王后、四个王子，大王子罗摩（Rama）在一次邻国的比武招亲中获胜，娶回公主悉多（Sita）。十车王年迈，欲禅位给罗摩。小王后嫉妒，要挟国王传位给自己的亲生儿子婆罗多（Bharata），并要求流放罗摩于林中14年。罗摩与妻子和一个弟弟在林中隐居，罗刹王将悉多劫持至楞伽岛（Lanka），罗摩寻妻，得到猴国国王和神猴哈努曼（Hanuman）的帮助，攻陷楞伽岛，杀死罗刹王，救出悉多，胜利归国。《罗摩衍那》分为7篇，现在的传本长2.4万颂（诗节）。由于史诗中穿插了许多神话传说和典故，使它变得相当庞大。但总体上，《罗摩衍那》仍然比《摩诃婆罗多》单一得多，故事情节也连贯得多。

《摩诃婆罗多》则不然，分18篇，长达8万余颂，除了主干故事外，还有许多插话（即穿插其中的完整故事）、神话传说和民间寓言故事，甚至包括整套的宗教和政治说教。《摩诃婆罗多》的主干故事讲述的是两个家族，俱卢（Kuru）族和般度（Pandava）族，为争夺国土和王权而发动大战，双方都有许多盟友参战，最后正义的一方获胜。

从文学的角度看，两大史诗是印度古代文学史上空前的鸿篇巨制，它们体现了印度古代作者们的集体智慧和创作才能。其中涉及人物之多，涉及地域之广，涉及内容之丰，情节构思之巧妙，想象力之奇异，都是空前的。

史诗中保存了大量古代神话传说，大多见于吠陀文献，或者是在吠陀文献的基础上加工而成的。同时，史诗中还搜罗了许多民间故事和寓言，为研究印度民间文学提供了宝贵的资料。

史诗的作者们创造了一个特殊的叙事结构，开创了一个先例，即把史诗铺张为一个开放的结构，在一个主干故事中随时穿插一些小故事。从理论上讲，这个结构内可以容纳无数个小故事，史诗可以无限长，因而可以包罗万象。当然，由于人们的时间有限，生命有限，故不可能无限长。

由于两大史诗具有多种审美特征和很高的审美价值，所以，千百年来，这两大史诗一直在民间流传不衰，还被改编为戏剧、歌舞在民间上演，至今为民众喜闻乐见。两大史诗也为印度后世历代作家不断改写，有许多版本流行于各地，也有许多片段成为现代作家们的创作素材。

（三）史学价值

相对于《罗摩衍那》被称为“最初的诗”，《摩诃婆罗多》则被称为“历史传说”、“第五吠陀”，印度古人以为那就是历史上真实发生过的事情。而事实上，《摩诃婆罗多》由于异常庞杂，其史学价值要高于《罗摩衍那》。

两大史诗中有的内容与吠陀文献相联系。除了史诗中的某些地名，如拘萨罗、迦尸、摩揭陀、毗提诃、般遮罗（Pancala）等地，在吠陀后期已经是著名国家和城市。俱卢（Kuru）也已出现在吠陀文献中，是雅利安人的一个著名族群。《摩诃婆罗多》中，俱卢族的老国王持国（Dhrtarastra）和般度五子之一的阿周那（Arjuna）的名字，都出现于《百道梵书》中，而提婆吉（Devaki）之子黑天（Krsna，音译克里希纳）的名字已见于《歌者奥义书》。如此等等，例子很多。

1. 政治情况

从史诗所反映的政治情况看，当时的国王虽然拥有国家的最高权力，但由贵族和大臣们参加的御前“会议”（sabha）已经成为王权的一种制约和监督力量。国家的大事通常不是国王一个人说了算，而是在御前会议上集体讨论决定。《摩诃婆罗多》中多次描绘了这样的会议。虽然也有刚愎自用、独断专行的国王，但这种御前会议已经形成常态。

2. 经济情况

史诗也对当时的经济状况有所反映。当时普通百姓主要从事农业、牧业和手工业生产，国王很重视这三个行业。当时衡量财富的主要标志仍然是牛的多少。国王以国家的名义给农民提供灌溉用水，同时因战时需要大量马和大象，国王也注意为牧民安排兽医防治牲畜疾病。《摩诃婆罗多》里，般度五子中的一对双胞胎偕天（Sahadeva）和无种（Nakula）在隐姓埋名流亡期间就曾在一个国王的宫廷从事这种工作，据说他们还写出了一些兽医学著作，其中由无种所著的《马医学》（*Shalihotra*）和《象医学》（*Hastyarveda*）流传至今[①]。

当时的手工业已经比较发达，印度棉花的种植很早，用棉花纺线织布已经比较普遍，而且克什米尔一带的毛织品已经著名。

3. 社会情况

从种种情况看，早期的种姓制度已经形成。有印度学者以为，当时的种姓制度并不是按照瓦尔那（varna，肤色）来划分的，而是按照“德行”（guna-karma）来划分的，也就是说，种姓不是与生俱来的，因为史诗《摩诃婆罗多》中有婆罗门从事刹帝利职业的例子，也有刹帝利从事婆罗门职业的例子[②]。但这个说法似乎站不住脚，因为史诗中的这种个别的例子是否属于“史诗时代”尚不能证明。也有印度学者认为，所谓史诗时代的社会状况，与吠陀后期的社会状况是一致的，各个种姓的人基本按照各自的种姓操持自己的行业[③]。

这一时期的婚姻情况和妇女地位也与吠陀后期相一致。但史诗中所表现的婚姻状况比较复杂。有一妇多夫的例子，如般度五子合娶黑公主为妻。也有一夫多妻的例子，如俱卢族瞎子国王持国和般度五子之一的阿周那都娶有多妻。有借种生子的隐晦表现，如般度王不能生子，其妻便与天神们分别生下5个儿子。还有婚前野合生子的例子，如般度王之妻婚前生有一个私生子。当时，在刹帝利王族中还有抢婚的做法，被称为“罗刹婚”（rakshas-vivah），等等。

---

① 拉吉基肖尔·辛格:《印度文化》，阿格拉，1989年印地文第四次修订版，第65页。

② 拉吉基肖尔·辛格:《印度文化》，阿格拉，1989年印地文第四次修订版，第63页。

③ Atreyi Biswas, *Political, Social and Cultural History of Ancient India,* New Delhi: Uppal Publishing House, 1982, p.99.（阿特雷伊·比斯瓦斯:《印度古代政治社会与文化史》，新德里：乌帕尔出版社，1982年版，第99页）

二、婆罗门教

学界通常把吠陀时代的印度宗教称为“吠陀教”，把吠陀时代后期开始形成的宗教称为“婆罗门教”，把8世纪以后，尤其在穆斯林入主印度以后的婆罗门教称为“印度教”。现在，人们总称这三个阶段的宗教为印度教。

（一）婆罗门教的形成

在吠陀时代后期，婆罗门教开始形成。其标志是婆罗门教的“三大纲领”已经出现。这三大纲领是吠陀天启、祭祀万能和婆罗门至上。也就是说，在吠陀文献中已经宣扬了这三大纲领。这显然是婆罗门或者祭司阶层的主张。他们为了垄断知识，把知识神秘化，把祭祀仪式复杂化，从而达到使本阶层利益最大化的目的。但是，在这个过程中，婆罗门的利益也不时受到挑战，也有刹帝利成为吠陀的学习者、解释者和传授者。同时，刹帝利和婆罗门之间既有共同利益，也有彼此的利益冲突。随着社会的发展，知识垄断已经越来越困难，而人们对于祭祀的作用也逐渐产生疑问。

在这种情况下，一场宗教变革已经不可避免，详见本章第二节。

（二）三大主神

婆罗门教形成的另一个主要标志是三大主神地位的确立。前面已经说过，在吠陀后期的文献中，婆罗门教的三大主神梵天、湿婆和毗湿奴都已被提到。而到了两大史诗中，他们几乎是一跃而成为婆罗门教的最高神。这种飞跃是如何完成的？具体何时完成的？由于资料的缺乏，谁也给不出准确的答案。人们只知道，在《罗摩衍那》中，罗摩是毗湿奴的化身，而在《摩诃婆罗多》中，黑天也是毗湿奴的化身。

从史诗神话传说中可知，梵天是宇宙的创造者，毗湿奴是宇宙的保护者，湿婆是宇宙的破坏者。但这仅仅是最浅显的说法。事实上，三大神的关系很复杂，这涉及婆罗门教的派别问题。从史诗文献已经可以看出，当时的婆罗门教已经出现了两个主要的派别，即毗湿奴派和湿婆派。前者以毗湿奴为主神，以另外两位大神为辅助，认为宇宙的根本原因是毗湿奴。而湿婆派则以湿婆为主神，以另外两位大神为辅助，认为湿婆是宇宙的本源。但这不是“史诗时代”发生的事情，而是后世逐渐发展出来的。关于三大神、往世书，以后还要谈到。

第二节　沙门思潮

到公元前6世纪，婆罗门教终于受到了严峻挑战。这就是耆那教和佛教先后成立，与婆罗门教形成鼎足之势。这个时期是印度历史上空前的思想活跃期，不仅有两大新宗教出现，而且还有许多新鲜的思潮兴起。耆那教和佛教的出家人称为沙门（shramana），这是与婆罗门教仙人（rishi）或牟尼（muni）相对的称呼，表示他们是离经叛道的新兴群体。于是，学界称这个由沙门兴起的思想运动为“沙门思潮”。

一、释迦牟尼与原始佛教

释迦牟尼（Shakyamuni）是我们非常熟悉的名字，但这实际上是一个称呼，他的本名是悉达多，姓乔答摩，出身于释迦族。但习惯上称他为乔答摩·悉达多（Gautama Siddhartha）。由于他曾经跟随婆罗门教仙人出家修炼苦行，因而被尊称为释迦牟尼，意思是释迦族的圣者。

（一）释迦牟尼的生平

关于释迦牟尼的生卒年有多种说法，南传佛教一般认为他生于公元前624年，卒于前544年，或以为其生卒年为前623年至前543年。但中国佛教界和学界一般根据汉译佛经的资料，推断其生年为公元前565年，卒于前485年。

相传，释迦牟尼出身王族，生在古印度北部一个叫迦毗罗卫（Kapilavastu，在今北印度与尼泊尔交界处）的小国，其父为净饭王（Shuddhadana），母亲为摩耶（Mahamaya）夫人。小王子出生后7天母亲病故，由其姨母抚养长大。他幼年受到传统的婆罗门教教育，长大后苦苦思索人生哲理，产生厌世情绪。其父王为了使他安于世俗生活，早早为他娶妻。但王子仍然为人生的目的和归宿而烦恼。一次，他出城游玩，因见到年迈、生病和死亡的人而坚定了他离家出走的决心。于是，在一天深夜，他离开妻儿，逾墙出城。净饭王得知消息，特派5名随从，伴随他一同修行。他来到摩揭陀国王舍城（Rajagriha）附近的山林中，先跟随两名婆罗门修炼禅定，无果，又进行六年苦行，仍未得道。最后，他决定放弃苦行，5名随从以为他怕苦，离他而去。他独自来到菩提伽耶（Buddhagaya，在今印度比哈尔邦伽耶市附近），在一株菩提树下苦思冥想七七四十九天，终于觉悟成佛。“佛”（Buddha），又译“佛陀”，意为“觉者”。在想出了一整套的人生哲理之后，他来到鹿野苑（Mrgadava，在今印度北方邦瓦拉纳西），找到先前的5名随从，首先为他们说法，史称“初转法轮”。五人信服皈依，成为释迦牟尼的首批弟子。后来的数十年间，释迦牟尼一直在北印度各地传法，得到众多的皈依者。80岁的时候，他北渡恒河，经过吠舍离（Vesali，在今印度比哈尔邦北部），来到拘尸那伽（Kushinagara，在今印度北方邦西北部），在一片娑罗树林中（一说在娑罗双树间）涅槃。

（二）佛教的创立

释迦牟尼成佛之后，到鹿野苑初转法轮，收了第一批5名弟子，标志着佛教的创立。因为，作为佛教的3个要素，即佛、法（dharma）、僧（samgha）三宝，已经具足。首先，释迦牟尼已经成为觉者，即佛；其次，他所创建的一整套佛教理论，第一次向外界公布，佛法已经成立；第三，最初听法的五人成为释迦牟尼的首批弟子，僧团的建立已经具备了组织基础。此后就是佛教的健全和发展的问题了。

当时，鹿野苑所在的地方称为波罗奈，佛陀在那里又度化了五十五人，加上此前的五人，合称“六十比丘”。比丘（bhikshu）是对佛教出家人的称呼。佛陀离开鹿野苑东行，又度化了千人，队伍壮大了许多。当佛陀来到摩揭陀国的首都王舍城的时候，国王频毗沙罗（Bimbisara，又译瓶沙王）热烈欢迎他，他为国王说法，使之皈依佛门。此时，佛陀居住于灵鹫山，附近的目犍连（Mahamaudgalyayana）、舍利弗（Shariputra）率250名弟子皈依佛门。

此后不久，佛陀回到故里迦毗罗卫，将从弟阿难（Ananda）和儿子罗睺罗（Rahula）度化为佛教徒，释迦族的子弟们都纷纷出家。佛陀的姨母也要求出家，得到佛陀的特殊批准，佛教从此有了女弟子，称作比丘尼（bhikshuni）。

佛陀29岁出家，35岁成道，巡游教化达45年，足迹遍布恒河中游地区。在他的弟子中，既有国王、贵族和婆罗门，也有富商大贾，还有社会下层的妓女和首陀罗等。佛陀建立起一个庞大的僧团，主张僧团内不分种姓高低，人人平等，而且还制定了一整套的修行戒律。在当时的情况下，佛教以全新面貌呈现于印度社会，与社会各个阶层保持着良好关系，对婆罗门教形成了严峻的挑战。

据说，在佛陀涅槃时，弟子大迦叶（Mahakasyapa）闻佛即将入灭，率令众弟子赶往拘尸那伽。当时，众比丘都悲痛不已，唯有一个叫须跋陀罗（Subhadra）的比丘拍手称快，说终于可以无人管束、为所欲为了。大迦叶有感于此，便召集僧团代表（号称五百罗汉）在王舍城外的七叶窟举行结集。所谓结集，就是在聚会上念诵出自己所记得的佛陀教诲，以便使大家的认识统一到佛陀的教导上来，规范教团，维护正法。这次结集史称“第一次结集”。此次结集的效果较好，使佛教在佛陀逝世后约一百年间未出现大的分裂。第一次结集正值雨季安居期，据说由阿阇世王赞助，历时数月之久。由佛陀十大弟子之一，以“多闻第一”著称的阿难诵出经藏（Sutrapitaka），即佛陀的言教。由同为十大弟子之一，以“持律第一”著称的优波离（Upali）诵出律藏（Vinayapitaka），即佛教团体共同遵守的仪轨和议事制度。佛教文献的另一组成部分——论藏（Abhidharmapitaka），即经义的阐释，在这次结集上尚未形成。经、律、论即所谓“三藏”（Trpitaka），即佛教经典的三大组成部分。由于当时印度重记诵轻书写，所以这次结集并未形成书面文献。现在见到的巴利语三藏编订的时间很晚，约在公元5世纪前后，显然已不可能完全是佛陀的原话了。

二、原始佛教哲学

佛陀生前提出了一系列哲学思想。有如下要点。

（一）缘起论

与婆罗门教认为神是宇宙的创造者不同，原始佛教主张宇宙万有是因缘和合而成的，并非神的创造。这个思想被佛学界称为“缘起论”。原始佛教认为，世间万物都是按照自身的规律存在和灭亡的，也是按照自身的规律发展变化的。

正如崔连仲先生所说：“什么是缘起论？缘起又称因缘。考察现象，必说明现象之生起及原因，这就是缘起论。用什么来说明万有现象之生起呢？在佛教看来，万有的生起，完全属于自己的因果律，而非神力。现在之果，起于过去之因；过去之因，则为其以前之果；如此向上推究，至于无始。反过来说，现在之果，为后来之因，其因又辗转传下，至于无终；无始无终，因果不断，就像花落结实，实又生花，如此花落花开，以至无穷。照这样的因果律，万有的现象则生住异灭，灭而复生，成住坏空，空而复成，如此循环，以至无穷。”①

应当说，缘起论是原始佛教的世界观，既带有朴素的唯物主义色彩，又带有朴素辩证法的思维方式；既是对婆罗门教思想的批判，又是对婆罗门教思想的发展与变革。缘起论在印度思想史上具有重要位置。

① 崔连仲：《从佛陀到阿育王》，沈阳：辽宁大学出版社，1991年版，第151页。

（二）四谛说

“四谛说”是原始佛教对人生的基本看法，是原始佛教最基本的教义。四谛，指人世间的四条真理，四项基本存在。概括起来，就是苦、集、灭、道4个字。

原始佛教认为，人生一切皆苦，生下来是苦，变老是苦，得病是苦，死亡也是苦。不仅如此，还有许多苦，如“爱别离苦”（即与所爱的人离别之苦）、“怨憎会苦”（即受恩怨情仇等各种不良情绪困扰之苦）、“求不得苦”（即渴望得到而得到不到时的痛苦）、“五蕴盛苦”（即因色、爱、想、行、识而引起的诸多苦恼），等等。这种种苦不仅伴随着人的一生，而且还会伴随着来生，只要不得解脱，就会生生世世一直伴随下去。

集，指聚集，指根由，说的是各种痛苦之所以会产生的根本原因。其根本原因为“爱欲”，即欲望。有了欲望，就必然在身（指行为）、口（指语言）、意（指思想）三个方面表现出来，这就是“三业”。人如果不能控制爱欲，就是在造业，必然引来恶劣的果报，从而陷于轮回而不得解脱。

灭，指的是消灭苦和苦的根源，即解脱。原始佛教的解脱有一个专词，涅槃。涅槃是指一个摆脱了轮回之苦、了无烦恼的最高境界，一种无法言喻的无限美好的境界。

道，指道路、方法、途径。就是达到解脱、进入涅槃境界的正确法门。具体来说，有八种法门，称为“八正道”。第一为“正见”，即树立正确的见解，正确认识人生。第二为“正思惟”，即要正确地思考人生，思考客观事物。第三为“正语”，即实事求是地讲话，讲文明话，不能胡言乱语。第四为“正业”，即行为要端正，不可为非作歹、违反戒律。第五为“正命”，即正确对待自己的生计、职业，敬业而不巧取豪夺。第六为“正精进”，即坚持不懈地努力。第七为“正念”，即随时随地坚持正确的信念，不受邪念蛊惑。第八为“正定”，或者叫“正禅定”，即专心一志地休习禅定，不受外界干扰。

（三）十二因缘

原始佛教的“十二因缘”是关于人生死轮回流程的12个范畴，这12个范畴又互为因果，相依相生。即：

1. “无明”，指对事物无正确认识，烦恼纠缠，愚钝无知。

2. “行”，即业行，造业。因无明而起。

3. “识”，即认识，心中的想法。

4. “名色”，这实际上是两个概念，名为精神，是对客观世界的看法；色为形体，指物体的外在表现。

5. “六入”，指具备眼、耳、鼻、舌、身、意六种感官。

6. “触”，指接触、触觉。

7. “受”，指感受。

8. “爱”，指内心的欲望。

9. “取”，指对欲望的追求。

10. “有”，指生存、存在。

11. “生”，即获得生命。

12. “老死”，即衰老和死亡。

正如黄心川先生所解释的：“佛陀认为上述十二个环节构成了生命的不断循环。它的次序可以从顺的方面，也可以从逆的方面来加以观察。如果从原因往结果上顺推，无明即与生俱来的盲目无知是根本的原因，由无明引起各种善和不善的意志和行为（行），由意志和行为引起个人精神统一体的识，由识引起构成身体的精神（名）和肉体（色），有了名、色，就有了眼、耳、鼻、舌、身、意等六种感觉器官（六入），有了六种感觉器官也就有了和外界事物的接触，由触引起苦和乐的感受，由受引起渴爱、贪爱、欲爱等等，有了渴爱就有了对外界事物的追求取着，由取着引起生存和生存环境（有），由有就有生，由生也就有了老死。总之，整个人生现象就是这12个环节所构成的流转过程。如果从结果往原因上倒推，即从老死推至无明，也可归结为无明是造成生死的根本原因。以上是阐明了苦、集二谛，如果消除无明，并按12个环节逐步消灭老死的现象，那也就和灭、道二谛结合起来了。”①

（四）无常论

原始佛教强调世界万物是不断变化的，这就是它的无常理论。所谓“诸法无常”，说的是世界万物是无常的，其变化可以概括为“成住坏空”四个字；所谓“众生无常”，说的是人是无常的，其变化可以概括为“生老病死”四个字；所谓“诸行无常”，说的是世间各种现象是无常的，可以概括为“生住异灭”四个字。

正如《佛说水沫所漂经》所说：

① 黄心川：《印度哲学史》，北京：商务印书馆，1989年版，第177页。

> 时有大聚沫为水所漂。世尊见已，告诸比丘：“汝等颇见此沫聚为恒水所漂不？”诸比丘对曰：“如是，世尊。”世尊告曰：“此沫聚，若有目士，谛观察之，思惟分别。”彼人见已，谛观察之，思惟分别。空无所有，无来无往，亦不坚固。此水聚沫，何可依怙。如是诸所有色，过去、当来、现在，若粗、若细、若远、若近。……譬如夏雨有泡现，或有生者，或有灭者。[①]

总之，原始佛教认为，万物生生灭灭，都是无常。而生与灭，都在转瞬之间，这就是所谓“刹那生灭”。从这个意义上讲，人生苦短，应皈依三宝，抓紧行善。正如《法句经·无常品》所说：

> 所行非常，谓兴衰法。夫生辄死，此灭为乐。譬如陶家，埏埴作器，一切要坏，人命亦然。如河驶流，往而不返，人命如是，逝者不还。……是日已过，命则随减，如少水鱼，斯有何乐？老则色衰，所病自坏，形败腐朽，命终自然。是身何用，恒漏臭处，为病所困，有老死患。嗜欲自恣，非法是增，不见闻变。寿命无常，非有子恃，亦非父兄，为死所迫，无亲可怙。昼夜慢惰，老不止淫，有财不施，不受佛言，有此四弊，为自侵欺。[②]

（五）五戒

早期佛教要求佛教徒实行五戒。

第一条，不杀生。即不杀害生灵，包括人和动物。这一条不仅对佛教，对整个印度社会都产生了深远影响。

第二条，不偷盗。即不侵占别人的财物。这是克服物质贪欲的重要规定。

第三条，不邪淫。指不乱搞男女关系，是克制性欲的重要规定。可见印度自古以来就存在这方面问题。

第四条，不妄语。指不能胡说八道，包括谣言、谎言和粗口，强调诚信。这也是做人的基本道德要求。

第五条，不饮酒。酒能迷性，容易惹是生非。可见古代印度饮酒成风，如吠陀时代饮用苏摩酒，佛教予以反对，故特别予以规定。

---

① CBETA, T02, no. 106, p. 501, c11–26。

② CBETA, T04, no. 210, p. 559, a11–b5。

佛教的戒律很多，比丘、比丘尼的戒律都在数百条，但这五条是最基本的。

三、佛教早期文学作品

学术界很早就把佛教典籍中的文学作品划分出若干类别。从体裁讲，既有故事，也有诗歌和戏剧。但以故事文学作品为大宗。而故事文学作品又可以大体划分为五大类：①佛传故事，即释迦牟尼的生平故事。②本生故事，即佛教徒采集、加工和整理改编的民间故事。③神话传说，指佛经记载的印度古代神话传说。④因缘故事，又叫譬喻故事，即佛经中解说义理和戒律时用来作为例证或打比方的故事。⑤神变故事，指诸佛及佛陀弟子们的神通变化故事，包括佛徒与外道斗法以及外道的神通故事。

这里，我们重点介绍佛教早期文学作品中的两部主要著作，一部是《佛本生经》，一部是《法句经》。此外，在一些早期佛经中还有不少文学性质的内容，也作简要介绍。

（一）《佛本生经》

《佛本生经》（*Jataka*），又称《佛本生故事》，简称《本生经》，是一部具有世界影响的寓言、故事集。它收藏在巴利文三藏的《小部》当中。据佛教传说，释迦牟尼成佛之前，曾经过五百次轮回转生，那时他的修行等级只是菩萨，离成佛还有一段距离。在佛陀去世以后，弟子们将他的言论回忆结集成经典，后来逐渐发展为“三藏”（即经、律、论三大部分）。一些佛教徒则采集民间故事，编成了《佛本生经》。

正如季羡林先生所说：“佛教徒制造的本生故事，数目十分巨大。现在的巴利文《佛本生故事》共收有547个故事，还有不少的本生故事没有收在这里面。这五百多个故事，长短悬殊，内容也十分驳杂。其中有寓言，有童话，有短篇奇闻轶事，有笑话，有滑稽故事，有短篇小说，有伦理故事，有箴言，有圣徒故事。思想性和艺术性也相差甚多。绝大部分的故事与佛教毫不相干，有的甚至尘俗十足。但是，佛教徒却不管这些，他们把现成的故事拿过来，只需按照固定的形式，把故事中的一个人、一个神仙或一个动物指定为菩萨，一篇本生故事就算是制造成了。”[①]

中国古代，没有人将《佛本生经》翻译为汉文。但其中的许多故事已经随

---

① 季羡林：《关于巴利文〈佛本生故事〉》，郭良鋆、黄宝生译：《佛本生故事选》，北京：人民文学出版社，1985年版，“代序”第2页。

其他佛教典籍，如《撰集百缘经》、《贤愚经》、《六度集经》、《杂宝藏经》等传入中国，在民间广泛流传，并产生了很多变体。有些故事也在中国古代石窟和寺院的壁画和雕刻中得以表现。例子很多，这里不作具体介绍。

西方学者于18世纪中叶开始关注印度的民间故事，到19世纪中叶，其译介研究已成风气，有人甚至提出了世界民间故事的“印度起源说”，其主要依据就是古老的《佛本生经》。

（二）《法句经》

《法句经》（*Dhammapada*）是一部宣传佛教道德观的诗歌集，也被编在巴利文三藏的《小部》当中。《法句经》流传也很广，后世发现了不少文本。据说其作者名叫法救。中国的三国时期（3世纪）即有了天竺沙门维祇难等的汉译本，后来又出现了3种汉译本。其巴利文本包含523节诗，而三国时的汉译本包括39品，译诗既有五字句也有四字句。但正如金克木先生所说，“佛教早期经典中的诗歌在汉译的五言（也有四言或七言的）无韵诗中失去了原诗的许多文学技巧特点”。尽管如此，“这些译文反映了汉语文体的时代特征，也或多或少保留了原作的主要风格，成为我国的文化遗产”。①

下面引其《慈仁品》中的一段，以供欣赏：

> 不杀为仁，慎言守心。是处不死，所适无患。
> 彼乱已整，守以慈仁。见怒能忍，是为梵行。
> 至诚安徐，口无粗言。不瞋彼所，是谓梵行。
> 垂拱无为，不害众生。无所娆恼，是应梵行。
> 常以慈哀，净如佛教。知足知止，是度生死。
> 少欲好学，不惑于利。仁而不犯，世上所称。②

从这些诗歌可以猜想，在它们被创作的那个年代，曾经是清新宜人、朗朗上口的。在中国的唐代，它们也许是民间诗人，如寒山、拾得、王梵志等学习的榜样。但现在，它们已经失去了曾经的魅力。

（三）其他文学内容

除了前面提到的两部作品，早期佛教文献当中还有许多文学性很强的内容，这在巴利文三藏中几乎随处可得，在相对应的汉译阿含类典籍中也比比皆是。

---

① 金克木：《梵语文学史》，北京：人民文学出版社，1982年版，第179页。

② CBETA, T04, no. 210, p. 561, b14–26。

现仅以《长阿含经》为例。《长阿含经》相当于巴利文三藏的《长部》，后秦罽宾三藏佛陀耶舍与汉地沙门竺佛念合译，弘始十五年（413）完成，凡22卷。其中就包含有许多神话传说，以及佛传故事、本生故事、神变故事、譬喻故事等。有些神话传说取自婆罗门教，与吠陀神话一脉相承，与史诗神话也密切相关，而佛教徒对它们有所加工，有所附会。有的则不见于其他婆罗门教典籍，当是佛教徒自创。下面仅举其卷一至卷五为例，略作说明。

《长阿含经》卷一，先讲述过去七佛的故事，继而重点讲述了释迦牟尼的生平故事（即通所说的佛传故事），充满神话色彩。如详细介绍了释迦牟尼与生俱来的“三十二相”，非常神奇。继而又讲述其成长过程与出家经过，包括“出四门”见生老病死现象，从而悟道。卷二和卷三也讲述了佛传故事，讲释迦牟尼如何游行传法，各色人物如何皈依，直至佛陀最后涅槃。卷四讲述释迦牟尼涅槃后火化的经过，以及“八王分舍利”的故事。整个佛传故事始终带有浓厚的神话色彩。这些，都应当是佛教徒们根据某些史实大加铺张而自创的神话。

《长阿含经》卷五以主要篇幅讲述了一个大臣出家的故事。大臣名典尊，婆罗门种姓，在梵天王的启示下，决心出家。国王试图以钱财和美女挽留他，但他矢志不渝，终于带动了国王、婆罗门等八万四千人皈依佛门。经中说，这位典尊就是世尊佛陀的前身，说明这是一个本生故事。

如此，直至卷二十二，在宣讲佛法、戒律的同时，随时讲述一些故事，令人读来决不枯燥乏味。

《长阿含经》如此，其余几部阿含经也是如此。

四、大雄与早期耆那教

耆那教（Jaina）的起源很早，大约在吠陀时代后期已经萌芽。是印度古代三大非婆罗门正统思想流派之一。“耆那”的意思是胜利者，指战胜自我者。一般认为，耆那教的创立时间约在公元前6世纪。耆那教在印度长期流行，自创立至今，一直没有中断。13世纪初佛教在印度本土消亡，但耆那教一直是印度社会的一个有影响的宗教派别。耆那教在古代随佛教传入中国，一度受到中国思想界重视。

（一）大雄其人

相传，耆那教有24位祖师，其初祖名为黎舍波（Rishabha）、第二祖名为阿耆达那陀（Adinatha）、第二十三祖名为巴湿伐那陀（Parshvanatha）、第二十四祖筏驮摩那（Vardhamana）等。如果真是这样，则耆那教的起源相当早，大约在公元前9世纪前后。但一般认为，这24祖中的大多数都是传说中的人物，仅第二十三祖和第二十四祖为历史上的真实人物。

耆那教的实际创始人是大致生活在公元前6世纪左右的筏驮摩那，即佛教文献中所说的“六师”之一尼乾陀·若提子（Nigantha Nataputta）。筏驮摩那是尼乾陀·若提子的原名。有学者认为，第二十三祖巴湿伐那陀时代，耆那教被称为“尼乾陀”。后来经过筏驮摩那的改革，耆那教成为印度社会上有较大影响的宗教派别。由于筏驮摩那在耆那教的建立和发展中的重要贡献，因而被信众尊称为“大雄”（Mahvira，即伟大的英雄）。关于筏驮摩那的具体生卒年，有各种说法。一般认为，他的生年为公元前599年，卒于前527年，是释迦牟尼的同时代人，出生在一个王族家庭，属刹帝利种姓，30岁出家，经过12年苦行得道，后四处传教，72岁时涅槃。

筏驮摩那的生平故事充满神话色彩，与释迦牟尼的出生故事有很多相似之处。相传，在大约2 500多年前，筏驮摩那出生在吠舍离（今印度比哈尔邦木扎法尔普尔市的巴斯贡德村）。当时，这里是甘蔗族国王悉达多的国土。悉达多国王是一个公正、宽厚而又知识渊博的人。其国家因他的贤明治理而呈现一派祥和与幸福的气氛。悉达多的王后也被传颂为智慧与慈悲的化身。一天，王后感梦怀孕，世尊大雄应运而生，取名筏驮摩那。他五岁接受宫廷的传统教育，长大后对社会现状不满，觉得世界上充满恶行，尤其不满于种姓欺压和杀生祭祀。筏驮摩那28岁时，父母双双过世，他协助哥哥管理国家。30岁那年，他决心离开王宫云游四方。他立下誓言：要在12年内承受肉体上的一切痛苦，全身心地去获得知识和智慧。于是，他开始了长达12年的苦修。他每到一处，从不住三天以上。只有在雨季，才停留下来。雨季过后，又开始云游。12年里，他遭到各种羞辱和折磨，表现出超凡的忍耐力和勇气。一天，他坐在一棵娑罗树下的巨石上禅思，获得了大彻大悟的大圆境智（又译独存智）。不久，他为婆罗门祭司出身的两兄弟因陀罗菩谛（Idrabhuti）和阿耆尼菩谛（Agnibhuti）说法，使他们各率弟子数百人前来皈依。继两兄弟之后，又有11位有名望的学者前来皈依，成为大雄的主要门徒。于是，大雄的弟子越来越多。弟子们可大致分为两种，出家的和在家的，前者称为牟尼，后者称为沙门。据说当时有沙门15万人，女沙门30万人。而且还有一个女僧团。后来，摩揭陀国国王室莱尼迦（Srenika）也皈依了耆那教。

自从世尊大雄得道，就坚定不移地朝着解脱的目标努力。一天，他和他的追随者们来到圣洁的巴瓦（Pava，旧译白婆）城，受到国王和臣民们的热烈欢迎。这时，大雄已经72岁，在印历八月的朔日，世尊大雄独自坐在湖边的花园中禅定，并获得涅槃。如今，巴瓦城已经成了耆那教的圣地，其涅槃日也成为耆那教的重要节日，这一天也是印度教的灯节。①

（二）耆那教的发展

公元前6世纪前后，古印度掀起了非婆罗门教或反婆罗门教的新思潮，涌现出一批思想家。其中影响较大的是所谓“六师”，即六位著名的思想家。尼乾陀·若提子为其中之一。耆那教与佛教及“顺世论”成为印度历史上三大非正统的思想派别，在印度文化的发展中占据重要的地位。

为叙述的方便，这里也简要地介绍一下耆那教的后世变迁。

约公元1世纪，耆那教分裂为天衣派（Digambara，又译空衣派）和白衣派（Shvetambara）。白衣派信徒穿白衣。天衣派以天为衣，即裸体。据说大雄当年即主张裸体修行，所以佛教文献中也称天衣派信徒为“露（裸）形外道”或“无惭外道”等。该派强调苦行，要求信徒不蓄私财，连衣服都不能有。白衣派也主张苦行，但可以穿着白衣。两派的主要分歧有二,一是对戒律的解释不同，二是对传统的典籍看法不同。这两派在后世又继续分裂，曾出现许多小的派别。

到中世纪，耆那教在印度各地广泛传播，不少国王都皈依为信徒和赞助者。但耆那教始终没有成为印度占主导地位的宗教，民间虽有很多追随者，但力量却远不能与印度教抗衡。尤其在8世纪前后，印度教得到振兴，“虔诚运动”已首先从南印度兴起，并逐步向北印度蔓延，耆那教遭到打压，势力衰弱。

然而作为一个宗教派别，耆那教一直坚持下来，绵绵不绝。在近现代，耆那教的教义影响了一些重要的政治家、思想家，如圣雄甘地就受到耆那教的影响。耆那教教徒在印度近现代社会亦具有较强的经济与政治实力，显得相当活跃。

（三）耆那教的典籍

耆那教的典籍在印度流传下来的很多，在中国的汉译佛经中也保存了不少资料。耆那教最早的典籍是“十四前”和“十二支”。“前”（Purva）指先前的

① 本小节据奥古斯丁·帕尼克:《耆那教：历史、社会、哲学和实践》，德里：摩迪拉尔私人出版有限公司，2010年印地文版，第142~156页。

根本文献。“支”（Anga）指构成根本文献的主要部分。但“十四前”已经失传，“十二支”也仅余“十一支”。

耆那教除了早期的“十一支”之外，还有大量文献。其中较重要的有：相传为康达康达（Kundakunda，约1世纪）所作的《五原理精要》（*Pancastikaya*）和《教义精要》（*Pravacanasara*），乌玛斯伐蒂（Umasvati,约5、6世纪）所作《谛义证得经》（*Tattvarthadhigama-sutra*，两派均认为是正统经典），以及悉檀舍那·迪伐伽罗（Siddhasena Divakara，约8世纪）所作《正理渡津论》（*Nyayavatara*），等等。此外，师子贤（Haribhadra Suri，约8世纪）、雪月（Hemacandra,又译金月，约11、12世纪）等人也有不少关于耆那教的著述。汉译佛典中有不少记载耆那教活动和理论的材料，如《长阿含经》、《中阿含经》、《杂阿含经》、《增一阿含经》、《大毗婆沙论》、《大智度论》、《瑜伽师地论》、《显扬圣教论》等，都有相关记述。

（四）耆那教的思想

耆那教的主要思想在《谛义证得经》等文献中有较为集中的论述。据此，耆那教理论体系中涉及的主要问题有：七谛、命我与非命我、五种智、七支论式、轮回解脱观念、社会伦理思想等。①

1. 七谛说

如佛教之有“四谛说”，耆那教则有“七谛说”，主旨在于探讨人生和世事的真理。“谛”即真理。在耆那教看来，获得解脱就是对这些“谛”的认识或证悟。《谛义证得经》中的“七谛”，指“命我”、“非命我”、“漏”、“缚”、“遮”、“灭”和“解脱”。

“命我”即生命中轮回及解脱的主体。有“不可解脱的命我”和“可解脱的命我”两种。“非命我”是对“命我”之外的其他事物的概括。“漏”的意思是漏入、流入，指造业的结果流入命我。业的结果来源于人的行为。“缚”指业的结果对命我的束缚。“遮”指对“漏”的阻挠、遮盖。“灭”指通过苦行等手段有效地灭除业果漏入命我。“解脱”指“命我”摆脱一切业果的束缚，即通过完美的正信、正智等达到的最高境界。

“七谛”成为耆那教的理论基石，诸多理论都是在此基础上展开或是在此基础上演绎而来。

① 以下关于耆那教哲学思想的内容，参见黄心川：《印度哲学史》（北京：商务印书馆，1989年版）和姚卫群《印度宗教哲学概论》（北京大学出版社，2006年版）的有关章节。

2. 命我与非命我

耆那教理论体系中的“命我”可以理解为生命体中永存的东西，与其他宗教派别中的“我”（小我或灵魂）既相似又相区别。据《谛义证得经》等文献，命我不仅在生命体中存在，亦在无生命的物体中存在。这实际上也是一种万物有灵论。耆那教的命我分为两种，一种是轮回中的命我，另一种是解脱了的命我。耆那教要追求的是解脱的命我，即追求摆脱各种物质的束缚。

“非命我”主要由四部分组成：法（dharma）、非法（adharma）、虚空（akasha）和补特伽罗（Pudgala）。它们是关于事物的存在形态的重要概念。

《谛义证得经》5.17中说：“法与非法的作用是分别支持运动和静止。”也就是说，有了法与非法，事物才会呈现出运动和静止的状态。关于虚空，《谛义证得经》5.18中说：“虚空的作用是为其他事物提供场所。”显然，这个虚空即空间，即事物存在的场所。补特伽罗是个很特殊的概念，因此只能音译。《谛义证得经》5.19–25中说：“补特伽罗的作用是构成身、语、意和呼吸的基础。”“补特伽罗的作用还在于使世间的乐、苦、生、死成为可能。”“补特伽罗有两种：极微和极微的复合体。”这实际上提出了事物基础的观念。“补特伽罗”即物质，是人身体存在的基础，它的基本形态是极微及其复合物。“极微”即事物的最小基本单位。印度古代有许多派别都有类似的表述和主张。除了上述关于空间和物质的论述以外，《谛义证得经》5.22中还谈论了时间问题：“时间的作用是解释现时的存在、变化、运动和长短持续。”

《谛义证得经》5.1–4中还说：“非命我的构成体是法、非法、空间和补特伽罗。”“这些被称为实体。”“命我亦是实体。”“以上五大实体在本质上是永恒的，它们与时间一起形成宇宙万有的组成部分。”也就是说，法、非法、虚空和补特伽罗及命我是五种永恒的实体，宇宙的根本要素就是这五种实体加上时间。

总之，从以上表述中，可以看到耆那教的宇宙观。其关于物质、“极微”的阐述，带有朴素唯物主义的性质。

3. 五种智

在认识论方面，耆那教强调唯心主义的直觉。这主要反映在《谛义证得经》中，即关于“五种智”的理论中。“五种智”指五种认识方式，即“感官智”、“圣典智”、“直观智”、“他心智”和“完全智”。

“感官智”是通过感官而获得的智慧（认识）。“感官”分内外，外感官指眼、耳、鼻、舌、身，内感官指意。内外感官的关系是，内感官控制外感官，使之向认识主体传送外部信息。

“圣典智”是指人可以通过文字和语言获得知识。如聆听教诲或阅读圣书。耆那教认为，圣典所言皆是真理，可以直接接受。这是指通过间接经验获得知识和智慧。

“直观智”是直接从外部事物那里获得知识和智慧。耆那教认为，人这种生命物具有先天的认识事物能力，可以不经过学习和实践而直接掌握真理。

“他心智”，看上去这是一种很玄妙的认识能力，像佛教的“他心通”一样，知道他人的想法和认识，并可以掌握这种知识。

“完全智”是认识的最高境界，即对世间所有事物都有正确认识，这不是普通人能够达到的境界，但这却是所有信徒都应该追求的。达到了这一境界即意味着获得解脱。

4. 七支论式

所谓“七支论式”既是认识论方面的问题，也是思维模式的问题，即逻辑问题。耆那教认为，对事物的判断可有7种形式：存在、不存在、存在又不存在、不可描述、存在并不可描述、不存在并不可描述、存在又不存在并不可描述。耆那教认为，事物是变化的，其在地点、时间、特性等存在形式上具有多样性，因而在上述每一判断形式前都应加上“或许”一词。

从理论上看，这种以“或许”为标记的认识论有折中主义倾向，是一种模棱两可的“或然论”，也具有不可知论的某些特点。不过，耆那教这种理论的提出是有针对性的，代表了印度古代中上等社会阶层的思想倾向，他们不满于婆罗门种姓的至上地位，不满于婆罗门教所宣称的“吠陀天启”论，试图打破吠陀圣典的神圣性和权威性。因此，耆那教提出了别具特色的判断理论。

5. 轮回解脱

如佛教的轮回观一样，耆那教的轮回解脱观也是从吠陀时代流传下来的，只不过耆那教信徒对它作了自己的解说而已，并无明显的创新。关于轮回产生的原因，《谛义证得经》中认为：身、语、意的活动产生业果，业果漏入命我并对命我造成束缚，即形成轮回。造善业得善果，可以使人在来生得到好的生活和高等地位。造恶业则得不到善报，会遭受痛苦。而只有解脱才能摆脱一切业果的束缚，达到一种圆满成就的状态。

《谛义证得经》1.1中说：“正信、正智、正行是达到解脱的途径。”所谓“正信”即正确的信仰，指信奉耆那教及“七谛”等基本理论。所谓“正智”，即正确的认识，主要指通过“五种智”获得知识和智慧。所谓“正行”，即正确的行为，指实行耆那教规定的“五戒”等行为规范或要求，包括实施苦行等。

6. 社会伦理思想

耆那教的社会伦理思想主要体现在他们的戒律中。《谛义证得经》7.1中说：“禁誓是不杀生、不妄语、不偷盗、不淫、不追求私财。”这就是耆那教的五戒。我们发现，这五戒和佛教的五戒大体相当，只是最后一项不同。其中“不杀生”一条最为重要，耆那教信徒必须奉行不苟。从理论上讲，这一戒律体现了众生（命我）平等的思想，不管人还是动物，都是生灵，都有同等的存在价值。从实践上讲，耆那教信徒在日常生活中非常严格地执行这条戒律，不仅反对战争、厮杀，也反对伤害动物，如鸡鸭猪羊牛等的生命，尤其是饮食时也要严格防止误将小虫吞入，行走时则严格防止踩踏生命物，甚至连一些植物也包括在不杀的范围内。

耆那教还注重苦行，生活极其俭朴，由于不蓄私财，几乎别无长物。

耆那教的不杀生和苦行的观念不仅在古代很有影响，在印度近现代也影响很大。圣雄甘地是最突出的例子。他一方面过着非常俭朴的生活，像苦行僧一样，另一方面又极力主张“非暴力”（即不杀生一词的另一译法），在印度人民中树立了光辉的榜样。

五、顺世论

“顺世论”（Lokayata）是印度古代沙门思潮中的一个唯物主义流派。在汉译佛经中又音译为“路迦耶陀”，或译为“顺世外道”等。由于这个思潮的有关资料在佛经中保留较多，因而很早就在中国佛学界产生了影响。近代以来，中国学者对顺世论的研究也卓有成就。①

（一）早期代表人物

顺世论思潮兴起于何时，已经无从考证。至少在奥义书中，已经提到了“自然因外道”。在两大史诗中，也提到了一位早期顺世论者伽波梨（Gabali）的名字及其言论。他从根本上否定了婆罗门教主张的祭祀、苦行和施舍，也否定了来世的观念，主张今生的享受。

根据早期佛经的记载，顺世论在佛陀时代有两位主要思想家，即阿耆

① 以下关于顺世论的内容据汤用彤《印度哲学史略》（北京：中华书局，1988年版，第36~39页）和黄心川《印度哲学史》（北京：商务印书馆，1989年版，第98~120页）撰写。

多·翅舍钦婆罗（Ajita Kesakambali）和他的弟子弊宿（Payaci）。阿耆多的名气很大，据《中阿含经·箭毛经》说，他是一代宗师，为众多人所敬重，有许多门徒。另外，约在公元前2世纪的印度文法书《大疏》（*Mahabhasya*）里，提到一位注释顺世论经典的顺世论者，名字叫婆古哩（Bhaguri）。

总之，不管是奥义书、史诗还是佛经，凡是提到顺世论者，都是作为异端加以攻讦的，这说明顺世论的思想与婆罗门教、佛教都格格不入。

（二）基本理论

黄心川先生总结顺世论的基本观点为八项："（1）承认世界的基础是物质，物质的元素是地、水、火、风，并承认物质具有内在的力量；（2）意识是从物质中产生出来的；（3）感觉是经验认识的唯一来源；（4）心和身是统一的，没有永恒的灵魂；（5）没有超自然的实体或神；（6）业（因果报应）的规律是不能证明的；（7）圣典、祭祀、宗教仪式等都是骗人的把戏；（8）禁欲主义是和生活的目的不符的。"[①]在这八项基本观点中，最重要的是下列数端。

1. 四大说

一般婆罗门教教义和佛教教义多采取"五大"说，即认为世界是由5种元素构成的，这5种元素为地、水、火、风、空。但顺世论者坚定地主张"四大"说，认为四大是物质的根本来源，并没有其他元素。世界万物都是由四大元素和合而成，人也一样。在"四大成身"这一点上，虽然各个宗教派别都基本一致，但婆罗门教和佛教都认为，四大汇聚而成的物体中是有灵魂存在的。灵魂既有，身体不过是其临时寓居之所，身灭而灵魂不灭，故有今生和来世之别。顺世论者不然，他们认为，四大之身乃自然形成，形成之后方有灵魂，身灭则四大分解，地归地，水归水，火归火，风归风，灵魂随之不存，故未有今生和来世之别。

佛教典籍《阿毗达磨毗婆沙论》卷199引顺世论的观点说：

> 我于彼时，本无而起。诸法如我，亦应一切，本无而生。由斯便执，我及世间，皆无有因，自然生起。[②]

在佛教看来，世间一切事物都是由因缘而生。也就是说，世间的一切命与非命物，虽然由四大或五大聚合而成，但其内里，都有一个根本——因。因才

① 黄心川：《印度哲学史》，北京：商务印书馆，1989年版，第102页。

② CBETA, T27, no. 1545, p. 997, b13–c3。

是一切物的根源，是一切物的规律和原动力。而顺世论只承认四大，强调由无而生，皆无有因，自然生起，即不承认有别的动因和来源。因此，佛教徒将顺世论称为“无因生论”，并予以痛批。

2. 无神论

《阿毗达磨毗婆沙论》卷199中还引用了顺世论的一段名言：

> 现见孔雀、鸾凤、鸡等，山石草木、花果刺等，色形差别，皆不由因，自然而有。彼作是说：谁铦诸刺？谁画禽兽？谁积山原？谁凿涧谷？谁复雕镂？草木花果，如是一切，皆不由因，于造世间，无自在者，由斯便执，我及世间，皆无因生，自然而有。①

这段话里，不仅强调了“自然而有”，还明确指出“无自在者”。也就是说，顺世论不承认世界上有一位超自然的自在实体，即不承认有造物主或者上帝。婆罗门教所宣扬的自在之神、万能之神、创世之神，在顺世论看来不过是子虚乌有。无论是有生命的飞鸟，或者是无生命的山石草木，尽管形态千差万别，但都是自然生成的，并不是上帝创造的。

顺世论者的这种无神论思想，在古代印度是独树一帜、难能可贵的。原始佛教虽然也有无神论的倾向，也批判婆罗门教，但佛教的“缘起论”强调的是一种看不见的力（动因），这个神秘的力与上帝有差别，但也有相似之处。

3. 认识论

由于顺世论坚持的是一条唯物主义的思想路线，所以其认识论也必然表现出唯物主义的色彩。

《阿毗达磨大毗婆沙论》卷199又有这样的引语：

> 若依彼生诸有情类，必还似彼。如酪中虫，还似于酪。牛粪中虫，还似牛粪。青叶中虫，还似青叶。父母生子，还似父母。非即酪等是虫等因，故知，一切身及诸根、觉慧等法，皆无因起。②

这段话中，顺世论推论说，如果说，生在奶酪中的虫子应该与奶酪一样，生在牛粪中的虫子应该与牛粪一样，生在青叶上的虫子应该与青叶一样，父母生的孩子应与父母一样，这就等于说奶酪等就是虫子产生的因，由此可知，人

① CBETA, T27, no. 1545, p. 997, b13–c3。

② 同上。

体及诸感官、感觉等都是无因而起的。

这最后一句话反映了顺世论的认识论。也就是说，他们认为，感觉和知识不是先天而有的，也不是靠无端推理获得的，而是亲眼所见，亲身体验，再通过思索获得的。对于正误的判断也是一样，如果没有看到神或者梵，只是靠想象和推理，是不能证明其存在的。

4. 伦理道德观

顺世论既然主张无神论，否认人生的轮回，否认人生有来世，就必然注重今世，肯定人生的意义。因此，他们反对婆罗门教的苦行，也批判佛教的禁欲。他们反对靠施舍生活，讥讽那些不劳而获的人不过是一些懒惰而没有能力的人。由于他们不承认来生，也不承认有天堂和地狱，因此他们主张今生的享受，认为生活的目的就是活着，就是幸福。用他们的话来说，“宁可此生为鸽子，不可死后成孔雀”。顺世论的这种享乐主义哲学，不仅受到婆罗门教的攻击，也受到佛教的激烈攻击。

在伦理方面，顺世论反对种姓制度，认为人是生而平等的。他们也反对婆罗门教的祭祀行为，而主张将那些祭祀品用来供养父母。他们也反对祭祖，认为人死后即不复存在，死者与生者并无关系，因为没有看到谁的祖先因为牵挂自己的亲属而重返人间。

（三）在中国的影响

顺世论这个出现于印度上古的思想流派，虽然一再受到打击和批判，但他们依然顽强地流传着。他们的理论和观点几乎与佛教同时传入中国，并在中国的思想界引起重视。

在汉译佛经当中，最早是三国吴时支谦于3世纪前半叶所译的《佛说梵网六十二见经》，此经属于阿含类佛经中的一个单本，其中较系统地介绍了顺世论的思想。大约一百年后，东晋时昙无兰又译出《寂志果经》，也是阿含类佛经的一个单本，其中对顺世论的介绍也比较详细。在这个过程中，西晋竺法护、僧伽提婆，东晋鸠摩罗什、僧伽跋澄等翻译的一些佛经（多属阿含类）中也都或多或少地保存有相关内容。可以说，在长达千年的时间里，中国翻译的佛经中，不时遇到顺世论方面的内容。黄心川先生将这些佛教记载的内容划分为六类：（1）对于顺世论的背景、活动情况等的记载。（2）对于顺世论世界观、认识论和社会思想的介绍。（3）记述佛教徒与顺世论者互相诘难的问题和情形。（4）中国僧侣对于顺世论字义的解释。（5）记录了个别顺世论者在中国活动的情况。

（6）根据佛经所载佛陀与“六师”斗争的内容，编写通俗的说唱文学或者以雕塑、彩画等艺术形式加以表现。[①]这最后3条无疑都是对顺世论在中国影响的总结。此外，黄先生还指出了顺世论在中国思想界所产生的影响，如隋唐时代一些高僧在批判儒家、墨家和道家的同时，也将顺世论拿来一起批判。

第三节　制度文明与物质文明

一、政治动荡

（一）佛陀时代的十六国

据早期佛教文献记载，在佛陀时代，印度北方主要有十六个国家，号称“十六大国”。其余还有不少小国。《长阿含经》卷五是这样记载的：

> 鸯伽国、摩竭国、迦尸国、居萨罗国、拔祇国、末罗国、支提国、拔沙国、居楼国、般阇罗国、颇漯波国、阿般提国、婆蹉国、苏罗婆国、乾陀罗国、剑洴沙国。彼十六大国有命终者，佛悉记之。[②]

这十六国的名单在不同文献中不尽相同，越晚出的文献与此差别越大。一般认为，上述名单比较符合佛陀时代早期印度的实际情况。

鸯伽国（Anga），在恒河下游，位于摩揭陀以东。摩竭国（Magadha，通常译为摩揭陀），约在今印度北方邦东部和比哈尔邦北部地区，为当时的四大强国之一。迦尸国（Kashi），在今印度北方邦东部地区，都城波罗奈，即玄奘译的波罗痆斯，今之瓦拉纳西。居萨罗国（Kosala，又译拘萨罗、憍萨罗等），大约是在后期吠陀时代兴起的国家，最早见于《百道梵书》。其在佛陀时代的地理位置应在今印度北方邦东部和比哈尔邦及其以南地区，为当时的四大强国之一。吠陀后期及史诗时代，其首都为阿逾陀。到了佛陀时代，其首都在舍卫城。拔祇国（Vajji，又作弗栗恃、跋耆，Vriji），在今比哈尔邦北端，以吠舍离为中心，南临恒河，北抵尼泊尔山区。末罗国（Malla）位于拔祇国西北部，喜马拉雅山南麓。支提国（Ceti，又译车底），在亚穆纳河南岸。拔沙国（Vatsa），位于亚穆纳河流域，为佛陀时代四大强国之一。居楼国（Kuru，

① 黄心川：《印度哲学史》，北京：商务印书馆，1989年版，第116~118页。

② CBETA, T01, no. 1, p. 34, b20–25。

又译俱卢），在今印度首都新德里以北的恒河流域。在史诗时代，此国名声很大，但在此后不久，该国部分人口因洪水而东迁至亚穆纳河流域，变成拔沙国，另一部分人留在原地，仍称居楼国。般阇罗国（Pancala），位于居楼以东，恒河的中上游地区，略当今印度北方邦东部。颇漯波国（Assaka，系阿湿波之误），是十六国中唯一的南印度国家，位于哥达瓦里河中游地区。阿般提国（Avanti），也是佛陀时代四强国之一，位于今印度中央邦乌贾因一带。婆蹉国（Maccha，系摩差之误），亚穆纳河上游西部的国家。苏罗婆国（Surasena），位于亚穆纳河上游，在今北方邦东部，首都摩头罗，即今之马图拉。乾陀罗国（Gandhara，又译犍陀罗等），位于今巴基斯坦印度河上游拉瓦尔品第和白沙瓦一带，首都为呾叉始罗，即今之塔克西拉。佛陀时代，呾叉始罗是著名的文化教育中心。剑洴沙国（Gamboja，系剑浮沙之误，又译甘谟惹等），在犍陀罗北侧，经常与犍陀罗并称。

这16个国家相互征战、并吞，纵横捭阖，演出了一幕幕人间悲喜剧。

（二）群雄争霸

1. 拘萨罗的征伐

在佛陀时代，拘萨罗的首都是舍卫城（Sravasti）。据佛教早期文献《佛本生经》等，拘萨罗国王波斯匿（Prasenajit）与佛陀同时，是佛教的信徒，早年曾在呾叉始罗接受教育。波斯匿王拥有一支庞大的军队，经常与其他国家作战。其最主要的对手是摩揭陀国。起初，波斯匿王的父亲将女儿（波斯匿王之妹）嫁给摩揭陀国王频毗沙罗（Bimbisara，又译瓶沙王，约前544~前493年在位），但频毗沙罗被儿子阿阇世（Ajatshatru，约前493~前462年在位）囚禁、杀害，波斯匿王之妹也抑郁而死。波斯匿王因此仇视阿阇世王，双方为争夺迦尸附近的土地而爆发战争。初战，阿阇世王获胜，波斯匿王逃回舍卫城。在经过谋划后，波斯匿王再战，一举将阿阇世王擒获。在囚禁了一段时间之后，波斯匿王释放了阿阇世，并将自己的女儿嫁给他。两国联姻，暂时相安无事。

所谓“十六大国”，其实都不算大，而且其中有强有弱。而在十六国之外，还有一些小国，其中最常见于佛经的是迦毗罗卫（Kapilavastu），因为那是释迦牟尼的故国。迦毗罗卫是一个城邦国家，在今印度北方邦与尼泊尔的交界处，其主要居民为释迦族。

释迦族与拘萨罗的王族之间有血缘关系。即他们同是印度上古太阳世系（汉译佛经中译为“日种”，即甘蔗族）的后裔。根据多种文字资料，尤其是南传上座部佛教经典，可以判定，《罗摩衍那》是在一定史实基础上经过历代吟游诗人不断加工扩充而成的，其主要人物罗摩在历史上实有其人。在史诗时代，罗摩为拘萨罗国的统治者，当时的首都在阿逾陀城。在罗摩之后数代，有一个释迦王，迁移至迦毗罗卫，又经数代，出现了悉达多太子，即释迦牟尼。南传佛教巴利语文献《大史》第二章讲到甘蔗王的名字叫奥迦迦（Okkaka），其子炬面（Okkamukha）继承王统，传许多代后，最后一王名胜军（Jayasena，即缅甸文献《琉璃宫史》所说的阇耶斯那），并说“他是迦毗罗卫极著名的释迦王”。胜军之子名狮子颊（Simhahanu），狮子颊生五子二女，其长子净饭王生释迦牟尼。这与《佛本行集经》和《大智度论》的说法稍异，但与《琉璃宫史》的说法相同。[①]尽管拘萨罗国王与释迦族有血缘关系，但后来他们之间发生的事情却是血腥的。

据《增一阿含经》，波斯匿王即位之初，曾经蛮横地向释迦族首领们提出要求，要他们把女儿嫁给他，并且以武力相威胁。释迦族首领们一起商量，有人提出，将一名女奴冒充公主嫁过去。这名女奴容貌姣好，聪明伶俐，赢得了波斯匿王的欢心，被立为第一夫人。第一夫人生子名毗流离（Vidudabha）。小王子毗流离到释迦族的姥姥家学习射箭，受到儿童们的歧视和殴打，他们还骂他是“女奴之子”。这件事让波斯匿王得知，感到受了欺骗，非常恼怒，想废掉第一夫人。经佛陀劝说，波斯匿王没有那样做。后来，在波斯匿王外出听佛陀讲授佛法时，毗流离在诸大臣拥戴下乘机登上王位。波斯匿王无奈，只得去王舍城投奔阿阇世王，但还没来得及进城，便在城外的树林中暴病身亡。毗流离即位后，将拘萨罗国的四兵（象兵、骑兵、车兵、步兵）集合起来，前去征伐迦毗罗卫。在屠城之后，他又放火烧了迦毗罗卫。据传说，当时有一批释迦族人逃走，进入喜马拉雅山中，并在那里建立了一座孔雀城，这些释迦人便自称为孔雀族，在那里居住下来。他们就是后来孔雀王朝创建者的先人。

2. 摩揭陀的振兴

摩揭陀一直是佛陀时代的强国，其与邻国的关系也经常处于紧张状态。在频毗沙罗王时期，曾兼并邻国鸯伽，占领其首都瞻婆，并委与毗流离掌管。后又与恒河北岸的拔祇国作战，吠舍离国王将自己的女儿嫁给频毗沙罗为妻。

如前所述，到了阿阇世王时期，摩揭陀国曾与拘萨罗作战，阿阇世王战败

---

① 参见拙文《佛陀与罗摩的血缘关系——读〈琉璃宫史〉之一得》，载2008年第1期《大连学报》。

被俘，后又被释放，并取波斯匿王之女为妻。摩揭陀与拘萨罗缓和了敌对关系之后，与拔祇国的战事又起。据《长阿含经》所说，阿阇世王深知拔祇国的强大，提前做了很多准备。他甚至让自己的大臣禹舍（Vassakara）在恒河南岸建立起一座新城，作为战时的基地。这座城叫作华氏城，在佛教典籍中经常提到。中国西行求法的先驱法显曾经到访华氏城，盛赞该城的富丽堂皇和鬼斧神工。阿阇世王又派大臣禹舍前往拔祇国，在其内部制造矛盾。据耆那教文献，由于拔祇国也是当时的强国，所以这次战争历时长达16年（约前484~前468）。《摩诃僧祇律》中简要讲述了其中的一次水上战役。说阿阇世王的军队不紧不慢，沿着恒河向上，渡河，但对方大将看准时机，乘其军阵未布置好，给以迎头痛击。摩揭陀的渡河军队完全覆没，仅阿阇世一人得免，匹马还国。战争虽各有胜负，但因拔祇国内部各方不团结，终被阿阇世击败。

约公元前462年，阿阇世之子优陀耶跋陀罗（Udayabhadra，简称优陀耶）杀父即位。此后，摩揭陀又时常与西方的阿般提国发生冲突。据《大史》所说，优陀耶在位16年，约于前446年被其子阿奴鲁陀（Anurudha）所杀。不久，阿奴鲁陀又被其子门陀所杀。据传，这二人共执政8年，门陀又被其子那迦达萨克杀死。杀父继位，似乎成了这个王室家族的宿命。那迦达萨克执政24年，由于残暴无度被市民推翻。约前414年，湿术那伽（Sisunaga，约前414~前396年在位）被拥戴为摩揭陀国王，开始了摩揭陀的湿术那伽王朝。湿术那伽出身军事将领，有谋略。他将自己的儿子派驻迦尸，又迁都回王舍城。终于，阿般提被打败。拔沙、拘萨罗均被并吞，摩揭陀盛极一时。

约公元前346年，出身首陀罗的大莲花·难陀（Mahapadma Nanda，音译摩诃波德摩·难陀）靠宫廷政变登上王位，建立了印度历史上的难陀王朝。大莲花王以华氏城为首都，对外实行领土扩张。他征服了俱卢、迦尸、般阇罗、阿湿波，也一度征服了羯陵伽（Kalinga，今印度奥里萨邦一带）等地。在印度历史上第一次统一了北方大部分地区。但难陀王朝为期不长。据往世书文献，大莲花王生有八子，共统治北印度100年，这个说法的特点是把时间拉长。而据佛教文献，大莲花王有8个兄弟，合称“九难陀”，他们统治摩揭陀达22年。这个说法比较接近事实。

二、制度文化

在佛陀时代的“十六大国”中有若干不同政体，大致可分为两种，一种为君主制，居多数，且比较强大；一种为共和制，占少数，多比较弱。但也有先是君主制后为共和制的国家。

（一）君主制国家

印度古代君主制的主要特点是王权世袭，国王的权力很大，容易形成独裁。但一般来说国王的权力不是绝对的，是要受到监督和制约的。每遇大事，通常需要召开御前会议决定，大臣和国王周围的人有权也有义务向国王提出自己的主张和建议。最后的决定权在国王。

佛陀时代，最主要的君主制国家有如下几个。

1. 阿般提

在佛教文献中，阿般提的国王波罗丢多·摩诃森那（Pradyota Mahasena）被认为是一位具有军事能力的首领。他大约是佛陀的同时代人。最初，他与拔沙国国王优填王（Udayana）关系紧张，传说他曾经诱骗优填王上当并囚禁了他。后来他又通过联姻与优填王改善了关系。与邻国摩揭陀也是一样，由于他暴躁的性格和军事能力，阿阇世王也不得不时刻防备其进攻。阿般提治下的乌贾因为当时南北印度的通衢、商业往来的要冲，佛教也在那里得到发展。在国王波罗丢多·摩诃森那之后，没有出现强有力的继承人，因此，若干年后，阿般提被归入摩揭陀帝国的版图。

2. 拔沙

拔沙国在佛陀时代比较强大，其地处亚穆纳河流域，国民富庶。国王优填无论在佛教文献还是在印度教文献中都很著名，古典梵文戏剧和民间故事中也有他的浪漫传奇。据传，优填王喜欢行猎捕象，邻国阿般提的波罗丢多·摩诃森那王造了一头木象放置在林中。木象如同特洛伊木马，内藏60名武士，优填王果然中计被俘。一种说法是波罗丢多·摩诃森那王释放了他，另一种说法是他设法逃了出来。但后来拔沙国的情况如何、优填王的继承人如何，史料阙如。①

3. 拘萨罗

拘萨罗人与释迦人长期有矛盾和摩擦，但进入公元前6世纪，迦尸国很快就变成了拘萨罗的一部分。与佛陀同时代的波斯匿王对佛教有好感，但对其他派别也怀有敬意。佛教文献中认为他是一个为佛教徒提供庇护、善良而智慧的

① 参见崔连仲：《从佛陀到阿育王》，沈阳：辽宁大学出版社，1991年版，第37、38页。

国王。据《五分律》卷九，有一名比丘拾到一个装有500枚金币的口袋，追赶丢失者，并奉还500枚金币。丢失者是一名外道，得到口袋后诬蔑比丘偷了他的金币，还说他的口袋里原有1 000枚金币。官司打到一名断事人那里。断事人听了一面之词，判比丘游街示众，还要处以死刑。波斯匿王知晓，亲自来断此案。他先让外道确认口袋是否是他的，外道确认那口袋是他的。于是国王又拿来500枚金币往口袋里装，结果口袋装不下1 000枚金币。外道不得不承认自己是故意诬陷比丘。①

如前所述，波斯匿王曾与阿阇世王作战，并俘获之，后通过联姻而使两国关系得到和平稳定。其子毗流离即位后对释迦族实行屠杀，吞并了迦毗罗卫。

还有一个传说：毗流离和他的军队对释迦族屠杀后在拉普提河边休息，这时被突如其来的洪水卷走。结果是摩揭陀国的阿阇世王不费吹灰之力登上了拘萨罗的宝座。②这个说法的可靠性如何，有待研究。

4. 迦尸

这个地方在吠陀后期非常著名，有很多文献提到它。在《佛本生经》中也多次提到它同邻国之间的恩恩怨怨。它一度很强大，但到了佛陀时代已经明显衰落，拘萨罗成为它的宗主国。耆那教文献中曾提到东印度的一个联盟，这个联盟中除了9个末罗部族和9个离车部族外，有18个迦尸和拘萨罗部族。有印度学者认为，这个迹象表明，迦尸曾经是君主制国家，后来又因为对外作战的需要而加入了一个更强大的部落联盟，成为共和制国家。③

此外，属于君主制的国家还有犍陀罗、剑浮沙、鸯伽、居楼、般阇罗、婆蹉、苏罗婆和阿湿波等。这里不一一叙述。

（二）共和制国家

所谓共和制国家，梵文为ganarajya，与现代共和国的概念很不相同。它实际上是指部族联盟，而这种联盟被称为“僧伽”，梵文为sangha；部落联盟被称为gana-sangha。印度史学家罗米拉·塔帕则认为，这个gana-sanghas翻译成英文应该是Chiefdoms（酋长联盟）和Oligarchies（寡头联盟），而僧伽

---

① CBETA, T22, no. 1421, p. 64, c28–p. 65, a29。

② Atreyi Biswas, *Political, Social and cultural History of Ancient India*, New Delhi: Uppal Publishing House, 1982, p109.（阿特雷伊·比斯瓦斯:《印度古代政治社会与文化史》，新德里：乌帕尔出版社，1982年版，第109页）

③ S·N·米什拉:《古代印度的共和国》，勒克瑙，1976年印地文版，第146页。

的意思是assembly（集会）。[1]在这个联盟中，并非所有人都像今天的人们一样拥有自己的权利和义务，也并非由百姓选举出的代表去行使国家权力和掌管国家机器的运转。当时的共和制国家有会议制度，有规模大、小两种会议，而会议参加者的数量常常被夸张为数千和数百。大会是通常由贵族长者和青年参加的议事大会，共同讨论决定日常事务和国家大事。但在多数情况下，尤其是在紧急情况下，只能召集由少数主要部落首领出席的临时会议。当时的部落不论大小，其酋长都被称为罗阇，梵文raja，通常翻译为王、国王。

佛陀时代，最主要的共和制国家有下列几个。

1. 拔祇国

这是由8个部族联合组成的共和国。8个部落中，以离车族最有实力。离车，梵文为Licchavi，即今尼泊尔望族李查维家族的祖先。通常被认为属于刹帝利种姓。佛陀时代，该族的主要聚居地在今印度比哈尔邦恒河北侧的吠舍离。当年，摩揭陀国阿阇世王打算进攻拔祇国，特派婆罗门大臣禹舍到灵鹫山去拜会佛陀，请教是否可以攻打拔祇国，佛陀向禹舍讲述了拔祇国人所具有的7项高贵品格，认为这样人民是不会被损害的。这被称为“七不退法”，即7条保持不退损的品德风貌。佛典中多处提到这七不退法，如《增一阿含经》、两种《泥洹经》和《大般涅槃经》等，今仅举《长阿含经》中的说法如下：

> 佛告诸比丘：七不退法者，一曰数相集会，讲论正义。则长幼和顺，法不可坏。二曰上下和同，敬顺无违。则长幼和顺，法不可坏。三曰奉法晓忌，不违制度。则长幼和顺，法不可坏。四曰若有比丘，力能护众，多诸知识，宜敬事之。则长幼和顺，法不可坏。五曰念护心意，孝敬为首。则长幼和顺，法不可坏。六曰净修梵行，不随欲态。则长幼和顺，法不可坏。七曰先人后己，不贪名利。则长幼和顺，法不可坏。[2]

从“七不退法”可知，当年的拔祇国的确是个共和制联盟，而且治理有方。不过，尽管佛陀给拔祇国人的评价很高，但阿阇世王似乎并没有听从佛的教诲，反而更加重视对手，变本加厉地备战。如上文所述，拔祇国最终为阿阇世王所灭。

---

① Romila Thapar, *Early India*, New Delhi: the Penguin History, 2002, p146,147.（罗米拉·塔帕:《古代印度》，新德里：企鹅历史丛书，2002年版，第146、147页）

② CBETA, T01, no. 1, p. 11, a8–p. 12, a16。

2. 末罗国

位于拔祇国西北，佛经中时常提到其两个主要城市。一个是佛的涅槃地拘尸那伽（Kusinagara），另一个是白婆（Pava），都在今印度北方邦东北靠近尼泊尔的地方。末罗人，其后代曾在尼泊尔建立过马拉王朝，是今天尼泊尔望族马拉家族的祖先。末罗国原为君主政体，后改为共和国。其大的部落有9个，故有“九末罗”之称。但佛经中还有“五百末罗”之说，“五百”是佛经中的常用词，言多，说明除了9个大的部落，还有很多小部落。而“五百末罗”参加的会议应是所有酋长出席的最高会议。《长阿含经》卷四记载：

> 尔时，世尊在拘尸那竭城本所生处，娑罗园中双树间，临将灭度。告阿难曰：“汝入拘尸那竭城，告诸末罗：‘诸贤当知，如来夜半于娑罗园双树间，当般涅槃。汝等可往谘问所疑，面受教诫。宜及是时，无从后悔。’”是时，阿难受佛教已，即从座起，礼佛而去，与一比丘垂泪而行。入拘尸城，见五百末罗，以少因缘，集在一处。时，诸末罗见阿难来，即起作礼，于一面立。①

五百末罗闻讯，悲痛异常，当即率家属于夜半前赶往娑罗园。不过，末罗共和国在佛陀圆寂后不久即被摩揭陀并吞。

3. 释迦国

释迦国不在“十六大国”之内，但因是佛陀的故国，佛经多有涉及。同末罗国一样，释迦国也属于共和制国家，也有“五百释种”参加的会议。释迦国的土地面积不大，其首都迦毗罗卫后来被居萨罗王毗流离焚毁，国土并入拘萨罗，一部分释迦族人逃亡山区。

二、社会生产力与物质文明

（一）城市的兴起

以上我们在提到各个国家时同时提到了这些国家的首都。这些首都和较大的城市就是当时人口密集的地区。当时的国家大多是以城市为中心的所谓“国家”，附带周边的乡村，面积一般都不大。有的国家甚至就是一个村镇（佛经中通常称为“聚落”），也有自己的罗阇，有一套行政机构。所以，时常有以城名

① CBETA, T01, no. 1, p. 24, b26–c9。

为国名的情况。只有上述十六国号称大国，面积稍大，城市和乡村有所区别。

据《长阿含经》卷三记载，在佛陀时代，恒河流域有七大城市，它们是：瞻婆、呋舍离、王舍城、沙祇、舍卫城、迦毗罗卫和波罗奈。有的文献还把阿逾陀、憍赏弥和印度河上游的呾叉始罗列出。这一时期出现了一些新的城市。城市的增加和繁荣，带动了手工业和商业的发达。

（二）手工业

佛陀时代，印度的手工业较前一时期得到很大发展。这一点，从当时的行会组织就可见一斑。有外国学者根据《佛本生经》提供的资料归纳出18个行会的工种：木工、金属匠、石匠、织工、皮匠、陶工、象牙工、染匠、宝石匠、渔民、屠夫、猎人、厨师、理发按摩师、花冠制作者和卖花人、水手、灯芯草匠就编篮者、画匠。每个行业都有自己的行会，而且这些行业的人聚集在一定的街区或村镇，形成了群体效应。

下面根据佛经中的资料，介绍其中几项主要手工业的状况。

1. 纺织业

佛陀时期，印度的纺织业非常发达。佛经中记载，佛曾允许弟子们穿6种布料缝制的袈裟，这6种布料是：棉布、大麻布、亚麻布、毛织布、丝布和粗布。其中，棉、亚麻、大麻和毛是印度自古就有的传统物产，粗布应当也是棉布的一种。唯独这个丝，很值得研究。印度人缫丝，应当说是很古老的。当西方还以为丝是一种树上产出物时，印度人已经知道丝是由虫子产出的。早期的佛教文献提到“野蚕丝”的地方很多，这就充分证明，印度从很古的时候起就能够利用野蚕丝制作布料了。中国利用家蚕缫丝的技术传到印度后，印度人很快就掌握了这门技术。而中国丝和丝织品，似乎在佛陀时代已经传到了印度，所以《佛本生经》中就提到了“支那布”（Cinapattam）。[1]

2. 木工

这在印度是一个古老的行当。根据佛经传说，在波罗奈市，有个街区住着上千家木匠。这个说法可能有些夸张，但至少可以说明，当时印度的木工业是相当繁荣的。

3. 酿酒

根据《四分律》卷十六的记载，印度当时已经能酿造出很多种类的酒。有

① 本段参见崔连仲:《从佛陀到阿育王》，沈阳：辽宁大学出版社，1991年版，第79、80页。

所谓大麦酒、粳米酒，还有一大类“木酒”（即水果酿造的酒），其中包括梨汁酒、阎浮果酒、甘蔗酒、舍楼伽果酒、蕤汁酒和蒲桃酒。“不饮酒”是佛教五戒之一，但当时饮酒成风，佛陀不得不将这些酒都一一点出来，列入戒律的条款。这从另一侧面说明了当时酿酒业的发达。

此外，制陶、制糖、印染、金银珠宝首饰加工、制革等都是印度手工业的传统强项。佛经中也提供了很多这些方面的信息。

（三）商业

印度佛陀时代的商业贸易也很发达。佛经中时常提到“五百商人”，也经常提到“商主”这样的人物。当时有不少大城市都在恒河流域，沿河而建，具有通航漕运的便利。而在一些大城市，有专门经营某种货物的市场，如《十诵律》就提到“金肆、银肆、客座肆、铜肆、珠肆”等，有经营店铺的坐商，也有许多从事贩运的行商。从内陆看，贸易的货物五花八门，有纺织品、油料、谷物、香料、金银珠宝，以及各种蔬菜、水果、食品等。从海上看，佛经中动不动就提到“五百商人”出海，所到之处主要有斯里兰卡、缅甸，以及西亚的一些地区，有的是去经商运货，有的则是入海采宝。

当时商业的发达，使货币也进入了广泛的交换领域。据《四分律》卷八，当时有8种不同质地的钱币：金钱、银钱、铁钱、铜钱、白镴钱、铅锡钱、木钱、胡胶钱。此外，有的地方还提到“皮钱”。伴随而来的是高利贷的盛行，《中阿含经》卷三甚至提到，有借贷者将自身和妻子作为抵押的情况。[1]

[1] 本小节参见崔连仲:《从佛陀到阿育王》，沈阳：辽宁大学出版社，1991年版，第83~87页。

第四章

孔雀王朝时期的文化

第一节　孔雀王朝的建立与兴盛

约公元前324年（一说前322年）至前187年是印度历史上的孔雀王朝时期。这一时期，南亚次大陆上出现了印度有史以来第一个大一统帝国——孔雀帝国。尤其是到其第三代统治者阿育王（Asoka）时代（约前272~前232），孔雀帝国空前强盛，成为印度文化史上一个辉煌的时期。

一、西北印度的入侵者

在恒河流域的列国处于纷争的时候，西北印度却迎来一批批不速之客。这些不速之客中最主要的是波斯人和马其顿人。

（一）波斯人的占领

如前文提到的，公元前6世纪初期，西北印度的印度河流域有两个主要国家，即犍陀罗和剑浮沙。但到了公元前6世纪中期，波斯帝国兴起，一个叫作居鲁士（前558~前530）的人建立了波斯帝国，据希腊历史学家希罗多德（约前484~约前425）记载，居鲁士曾经出兵印度河流域，一度攻打过犍陀罗地区。这次进攻并不成功，他退而占据了喀布尔河谷地区。但是，没过多久，到大流士一世（前522~前486年在位）统治时期，波斯帝国的版图得到扩大。犍陀罗大约于前519至前513年间被大流士征服，并被划归波斯帝国的版图。大流士的军队还进一步向东推进，占领了五河流域（旁遮普）。这种局面维持了100多年。到大流士三世（前335~前330年在位）时，波斯帝国衰落，终于被马其顿国王亚历山大吞并。此时，印度西北地区小国林立，如一盘散沙。

（二）亚历山大入侵

公元前327年，亚历山大挥军越过兴都库什山，进入印度河流域，印度西北地区的一些小国纷纷投降，但也有一些国家奋起抵抗。据说，最激烈的战斗发生在杰卢姆河上。那里原先是剑浮沙人的国度，居住着普鲁（Puru）族人，希腊人误以为这是国王的名字，把他称为波鲁斯（Porus）或波拉斯（Poras）。普鲁人为了迎击亚历山大的军队，在河的东岸上布置了守卫军队。但亚历山大的部队利用夜间偷渡杰卢姆河，击溃了在那里守卫的普鲁人部队。于是，普鲁人动员起来，与亚历山大展开了决战。据希腊方面的记载，当时普鲁人有200头大象、30 000名步兵、4 000骑兵和300辆战车在严阵以待。而亚历山大的部队还有一些没有渡过杰卢姆河，过河的步兵有6 000人，骑兵有4 000人。亚历山大的骑兵猛冲过去，搅乱了普鲁人的阵形。普鲁人的大象虽然训练有素，但遭到马其顿士兵投掷标枪围攻，都如同发了疯一般横冲直撞，分不清敌我，使双方都受到损失。由于马其顿人占据了有利的地形，加上其骑兵勇猛善战，西岸的士兵也渡过河来参与战斗，印度的普鲁人很快就抵挡不住，溃不成军了。普鲁人士兵大约有20 000人战死，骑兵损失3 000人，战车全部被毁。大象所剩无几，均被马其顿人俘获。普鲁人的国王因伤被俘，亚历山大对他的英勇表示欣赏，在他表示归顺以后，保留了他的王位。

亚历山大本打算向印度内地进攻，但由于士兵厌战，只好罢兵。公元前325年，他率军沿印度河而下，所到之处每有战事。至印度河口，他将军队分成两路返回波斯。前323年，亚历山大在巴比伦去世。在亚历山大离开印度之前，他将被征服的区域划分为6个省份，西边的3个省份任命3个总督管理，东边的3个省份则交由当地王公掌管。亚历山大征服西北印度的时间虽短，却给后世留下了巨大影响。据记载，当时马其顿人在那里建立了一些移民城市，仅叫作“亚历山大里亚”的城市就有3座。当时的移民被印度人称为“耶婆那”或“耶槃那”人（Yavana），实指希腊人。这些城市存在了很长时间，至少到中国的南北朝时还有关于这些地方的记载。如《史记》、《汉书》、《后汉书》、《晋书》、《魏书》、《北史》等，都提到过，有的称“乌弋山离国”或“乌弋国”，有的称“犁靬”或“黎轩”等。

在总结亚历山大东侵的历史意义时，林承节先生指出：“马其顿入侵给次大陆带来了损害，不过在客观上也带来了某些积极因素。印度与西亚、欧洲的联系通道加宽了，希腊人记载印度的书籍出现，印度开始为西方知识界所知晓。希腊人有许多留在印度西北部，希腊文明开始对印度发生影响，包括雕刻艺术风格的影响，希腊艺术与印度艺术结合形成犍陀罗艺术流派；天文学知识方面也受到希腊的影响；史学方面的影响更大。”①

二、帝国的建立

（一）旃陀罗笈多

在西北印度呈混乱局面的时候，一个印度人出现了，他就是旃陀罗笈多·毛利耶（Candragupta Maurya，又称月护孔雀，约前324~前300年在位）。关于他的出身和生平，有各种说法。既有往世书提供的材料，也有佛教、耆那教文献提供的材料，还有希腊人提供的材料。学界多采取南传佛教文献《大史》的说法，说他出身于毛利耶家族，属于刹帝利种姓，但也有人认为他出身于首陀罗或吠舍。他在谋士考底利耶（Kautilya，约前4世纪）的拥戴下夺取王位。据佛教文献，月护王一生比较坎坷，其父是毛利耶族的一个首领，早亡，月护之母流落到华氏城生下他。他曾经得到牧人和猎人的抚养。后来被考底利耶发现，将他送往呾叉始罗学习，那里是考底利耶的故乡。月护孔雀适逢乱世，一呼百应，揭竿而起，先是击败了西北地区的马其顿首领，后又东进至摩揭陀，经过艰苦卓绝的战斗，攻取华氏城，推翻难陀王朝。于是他以华氏城为首都，于公元前324年（或说前322年）自立为王。他继续征战，统一了恒河和印度河流域的广大地区。他还向南印度推进，将纳巴达河以北地区均纳入自己帝国的版图。据耆那教文献，月护王最后皈依了耆那教，并于晚年禅位给儿子宾头沙罗（Bindusara，约前300~前273年在位），自己去林中过隐居生活。

宾头沙罗维持了月护王打下的江山，还继续向南方扩展势力。他约于公元前273年病死，传位给自己的儿子阿育王（Asoka，前273~232年在位）。

（二）阿育王

关于阿育王的资料，主要来自4个方面：一是南传佛教文献《大史》、《大史注》和《岛史》；二是北传佛教文献《阿育王传》及其异译《阿育王经》等；三是中国西行求法僧法显、玄奘的有关记载；四是在印度各地发现的阿育王铭文。阿育王的生平事迹之所以在佛教文献中保存较多，原因是阿育王生前皈依

① 林承节：《印度古代史纲》，北京：光明日报出版社，2000年版，第62页。

了佛教，并大力弘扬佛教。

作为印度历史上最伟大的国王之一，阿育王不仅是印度人民的骄傲，也为中国人所熟悉。在中国，随着佛教的传入，关于阿育王的故事也在中国传播。从很早的时候起，中国就在一些地方建有阿育王塔、阿育王寺等。在西晋的时候就翻译了《阿育王传》，南朝的梁代又再次译出了《阿育王经》。根据这两个版本，我们知道了阿育王的生平故事。

据《阿育王经》，阿育王的母亲出自名门，为东印度瞻波（Camppa）城的婆罗门女，容貌端正美丽，深受国王宾头沙罗的宠爱，立为正妻。他为国王生了个儿子，国王说："我现在无忧了。"于是，这个小王子就被命名为"无忧"（Asoka，音译阿育，又译阿恕伽、阿输迦等）。不久，阿育又有了一个同母弟弟，起名"除忧"（Vitasoka，音译毗多输柯）。阿育长大，曾被父王先后任命为呾叉始罗和优禅尼（阿般提的首府）两地的总督。后宾头沙罗王病死，阿育被大臣们拥立为王。当时，其同父异母兄长修私摩（Susima）身为长子，也想继承王位，但因在外地而错失良机。于是他带兵来到华氏城向阿育王挑战，结果兵败身死。据南传佛教文献，阿育王有一百个弟兄，其中99个被阿育王杀死，只留下一个他的同母兄弟。在佛教文献中，阿育王在信佛之前非常残暴，曾为争夺王位而杀死五百大臣、五百宫女，而且曾设置人间地狱，以刀山剑树杀害生灵。

阿育王从他的祖父和父亲那里继承了一个庞大的帝国，但他觉得还不够，还要继续扩张。于是，在他即位后的第八年，他向羯陵伽（今奥里萨邦一带）进军。羯陵伽本来是一个富庶的强国，享有渔盐之利，据稍早的希腊人记载，其王曾拥有6万步兵，1 000骑兵和700战象。阿育王对羯陵伽的战争注定会十分残酷。

据阿育王的13号铭文诏书，在这场战争中，有15万人被俘，10万人战死，还有数倍于此的人死于战乱。这是阿育王登基后的唯一一场战争，虽然以胜利告终，但也付出了惨重的代价。至此，孔雀帝国的版图几乎囊括了整个南亚次大陆。这是印度历史上空前统一的强大帝国。在羯陵伽战争之后，阿育王深感悔恨，据说他从此皈依了佛教，并开始宣扬"正法"。

在阿育王逝世之后，帝国迅速衰落，西北地区诸国先后独立，大夏希腊人入侵。约于公元前187年（或说前180、前185年），孔雀王朝末代国王被其将领补沙耶蜜多罗·巽伽（Pushyamitra Sunga）杀害，巽伽王朝建立。

第二节 政治、经济与社会

一、政治制度

关于孔雀王朝的政治制度，主要有4种资料可供考察。一是阿育王铭文，二是旃陀罗笈多时期大臣考底利耶的《政事论》（*Arthasastra*，又译《利论》），三是麦伽斯提尼[①]（Megasthenes，约前350~前280）的《印度记》（*Indica*），四是相关的佛教典籍。

（一）行政管理

1. 行政区划

据记载，为管理的方便，孔雀帝国的统治者将国家划分为5个大的行政区块，它们是①北方路（Uttarapatha），首府为呾叉始罗；②西部轮（Pascimicakra），首府为优禅尼（Ujjayini）；③南方路（Daksinapatha），首府为苏婆那吉里（Suvarnagiri，意译金山）；④羯陵伽，首府为多萨利（Tosali）；⑤中央省（Madhyapradesa），首府为华氏城（Pataliputra）。在这五大区以下，还划分出一些中等地区，称为曼荼罗（Mandala）；中区以下划分聚落（Janapada）；聚落以下为村（Grama）。

一般来说，这5个大区的最高长官，通常称为摩诃摩底耶（Mahamatya），意思是总督。总督都是国王任命的，都是由其儿子，即王子们来担任。

2. 王权

孔雀王朝的最高统治者为国王，拥有绝对的权力。据考底利耶的《政事论》，国王有权任免大臣、祭司等朝廷官员；官员、国库、民众中出了事情，均由国王做主予以应对。而作为国王，则要战胜色欲、嗔怒、醉酒、贪欲、痴迷和享乐这“六敌”。考底利耶强调国王要勤勉躬行，不能贪图享乐，不能因为大权在握而恣意妄为。国王是民众的庇护者，《政事论》中写道：“在人民的快乐中包含着他（国王）的快乐。在人民的利益中包含着他的利益。他认为美和善的东西不一定就是美和善的，民众认为美和善的才应该是美和善的。”就像阿育王诏书中所说的那样：“所有人都是我的子民，如同我希望我的孩子能得到全部

---

① 麦伽斯提尼，印度西北希腊人国王塞琉古一世（Saleucos Nikator，前312~前280年在位）派往华氏城的使节。约前305年，月护王与塞琉古签订合约，麦伽斯提尼即被派出，任期约至前292年。在任期间，他注意观察和记录印度的见闻，写有《印度记》一书。此书已佚，在其他人的征引中留下很多片断，被认为是研究那个时期印度历史文化的宝贵资料。

幸福、兴旺和快乐一样，也希望他们都能得到。”①

3. 大臣会议

孔雀王朝时期，虽然国王拥有最高权力，但他仍然需要听取大臣们的建议和意见。为拾遗补阙，设置了大臣会议（御前会议）制度。所有的大臣都是由国王任命的，其官位不得世袭。这种会议究竟有多少人参加，文献中并无确切记载，只是说要根据需要任命大臣。这种大臣会议都是秘密举行的，其内容不得向外界透露。大臣有权提出自己的意见，如果国王不采纳他的意见，他也只能无条件服从国王的意愿，不得从中作梗。

4. 城乡管理

孔雀王朝任命城市管理官员，叫“斯陀尼迦”（Sthanika），相当于市长。市长必须了解本辖区的人口。如果有谁家来了外地客人，家长必须报告，否则将受到惩罚。如果有市民受了伤，或者生了病，也必须报告。市长及有关官员对城市的供水、街道的布置、广场的情况等要适时观察，要为市民提供便利。

对于城市卫生，也有若干规定。如，不许在庙堂、水库、王宫等地大小便，不许乱扔垃圾，否则将给予惩罚。不许随便丢弃猫、狗、蛇等的尸体，否则将予以罚款。如果丢弃大动物的尸体，如牛、马、驴、骡等，则给予两倍的罚款。对于民居建设也有一些要求：市民家里要有厕所、水井、水道。如果家里喂养牲畜，要修好厩圈，草料也要放置于家中合适的地方。其他如磨、储粮器、炉灶等也要位置合适。墙上要有通风的窗户。如果达不到这些要求，一样要受到惩罚。

在乡下，设有村长（Gramika）一职。村长由村民推举，政府认定。村长在村子里主要人物（即通常所说的五老会，Pancayat，音译潘查耶特）的协助下开展工作。他有惩罚罪犯和将某人驱逐出村的权力。他有责任组织村民集体参加村里的公益事业，对于逃避者要予以罚款。他要把有过失者所缴纳的罚金集中起来用于村里的公共事业。村民之间发生纠纷，村长组织五老会成员或者全村居民来共同解决。

（二）司法、密探

1. 司法

孔雀王朝有一套完备的司法体系。国王拥有最高司法权。据考底利耶的

---

① 转引自拉吉基肖尔·辛格：《印度文化》，阿格拉，1989年印地文第四次修订版，第88、89页。

《政事论》，那时在国王的司法权之下，设置有两种法庭。一种叫作“达磨斯底耶”（Dharmasthiya），负责审理人与人之间的纠纷案件，具有今天民事法庭的裁判和调节功能。另一种叫作“坎多迦苏达那”（Kantakasodhana），负责审理诸如抢劫、偷盗、谋杀、强奸，以及主仆争端、夫妻争端等案件，具有今天刑事法庭和民事法庭的双重功能。对于小的违法行为，往往处以罚金。但对于重罪，则给予“残体”（anga-bhanga）乃至死刑的惩治。所谓“残体”，指割掉身体的某个部分，如割鼻、断指、截肢等。

2. 密探

孔雀王朝时期的政治密探非常著名。可以说是监控犹如网络，密探遍于国中。密探要对国王负责，直接或间接向国王汇报情况。《政事论》第一卷第十一和十二章集中讲密探问题。说密探有坐探和行探两种，前者在某个固定的岗位，假扮成学生、僧人、家长、商贩和苦行者等，监视周围的官员和平民。后者则流动于各个场所，主要负责对大臣、高官、王室祭司、军事统帅、王子、宫廷总管、税务官、司库、法官等的监视任务，他们需要有专业技能，如擅长暗杀、投毒、密写、化装等。同时，对于邻国、敌国、属国等境外地区，也要派遣密探，收集情报或直接从事破坏活动。

（三）军事

1. 兵种

据麦伽斯提尼记载，月护王当年拥有一支强大的军队。其中80万步兵，3万骑兵，6 000战象，8 000战车。在国王之下，最高司令官为军事统帅（senapati），其下设有一个由30人组成的作战部。作战部下设6个分部，每5人分管一个分部。这6个分部是陆军、骑军、车军、象军、后勤和水军。

另据《政事论》第九卷第二章记载，孔雀王朝的军队有六种来源：当地居民组成的正规世袭士兵、雇佣军、城市手工业者出身的军人、藩王和同盟者提供的军队、外国来的军队、森林部落的蛮族军队。《政事论》对传统的“四兵”（步、骑、车、象）的职能作了详细分析。

2. 战术

考底利耶对军阵、战法、谋略等也提出了具体而生动的见解。指出，在进攻的时候，要注意阵形，正面进攻宜采取“鳄鱼阵”（Makara），从后面进攻宜采取“巨车阵”（Sakata），从两翼进攻宜采取“金刚杵阵”（Vajra），从四面合击，宜采取“一切吉祥阵”（Sarvato-bhadra）等。对于军队如何涉水渡河，考底利耶提出了若干方法，如乘船、骑象、乘坐木竹排，以及靠木箱、皮囊、葫芦的浮力渡河等。对于攻城之法，他提出利用水攻、利用机械强攻等战术。尤其有趣的是他说到火攻的具体做法时，认为除了射箭投送火种外，甚至还可以利用动物在敌城引起火灾。如在鸟类尾羽上捆扎火种，在猴子、狗等动物尾巴上捆扎火种，然后将它们放入城中。另外，对于敌情的侦查和掌握，以及如何使用离间计，如何破坏敌人设施、动摇敌人军心等，都有许多具体做法。

3. 武器

当时的主要武器为刀剑、长矛和弓箭。此外尚有斧、杵、标枪等。《政事论》将各种兵器分为固定的和活动的两大类，不仅罗列出许多名称，也对其性能做出详细解说。还列出多种铠甲、头盔和盾牌等防护装备。

4. 后勤和待遇

《政事论》中强调了后勤工作的重要性。认为除了直接参战的“四兵”，后勤保障不能忽视。后勤人员是雇佣来的，他们的主要任务是：打扫营地，包括营盘、道路、桥梁、水井等；清理战场，包括收拾丢弃的兵器、铠甲，转移伤员等；运输物资，包括一切装备、武器、工具和粮草等。

《政事论》还具体地介绍了各级军官和士兵的军饷。如，最高司令官的年薪为48 000波那（pana），与大臣、王室祭司、太子同一等级。次级司令官年薪为24 000波那，再次级12 000波那。象兵、骑兵、车兵司令的年薪为8 000波那，其下面的队长年薪4 000波那，军医、车手、驯象师等年薪2 000波那，而训练有素的士兵为500波那。

二、经济状况

（一）农业

由于铁制农具的普遍使用和灌溉系统的形成，孔雀王朝时期的农业空前发展。耕地面积扩大，产量有所提高。

当时，国王是土地的主人，但具体使用权却多种多样。林承节先生将当时的土地占有和使用情况分为三种。第一种情况，名义上土地属于国家，但由村长占有，由村民世袭使用。尤其是在偏远一些的地方，情况更是如此。由于国王无法直接管理土地，等于委托村社头头代管。即便是王室直接管辖的土地，也有相应的官员进行管理，由农民、雇工、囚犯等耕种。第二种情况，由国王赠送、赏赐给婆罗门、寺院、贵族、功臣的土地，这种土地的所有权不属于受赏者，但他们大多有世袭的使用权，不用纳税。他们将土地转包给农民，而承包者则成为佃户，需要向土地的领主缴纳租金。第三种情况，私人开荒所得的土地，这也只是获得了使用权，也必须上缴税收。①

（二）工商业

农村往往有手工业者，或者农民自己兼营手工业。如陶匠、木匠、铁匠、理发匠等。而城市手工业则在孔雀王朝期间得到进一步发展。王室有自己的手工作坊，主要制作纺织品、金银珠宝首饰等，主要供王室、贵族享用，有时也对外出口。《政事论》中对一些行业作了介绍，其中多数属于手工业，还有一些属于自由职业。例如：纺织业，主要有棉纺和毛纺两种，但此时中国的丝和丝制品已经传入印度，印度已经能够生产丝绸制品；矿业，主要有金、银、铜、铁、锡等矿的开采；海上采宝业，主要是从海中打捞蚌类和珊瑚等，从蚌类中寻找珍珠；珠宝首饰业；医生，指传统的印医，当时分为4种，即常见病医生、解毒医生、妇科医生和不孕症医生；盐业，主要用海水煮盐；酿酒业，《政事论》中提到了6种酒；屠宰业，当时的肉食者相当多，因而这个行业的人不少；皮革业，即用动物皮制作各种日用品，也制作军用品；造船业，当时是一个发达的行业，印度人能造大大小小的船只；制陶业，这是一个与百姓生活密切相关的古老行业；烹调与食品加工业，制作各种荤素食物。

在一些大城市，手工业产品已经很精美，畅销各地，远近闻名。如呾叉始罗的毛毯、波罗奈的黑陶、瞻波地方的绒布、羯陵伽的铜器、南方沿海的珍珠等。同时，造船、采矿、冶金等产业都有较大发展。

孔雀王朝时期，不仅国内形成了庞大的商贸网络，水陆交通便利，而且在海外贸易方面也有较大进步。与斯里兰卡、缅甸、西亚等地均有贸易往来。贸易的货物主要是铁器、纺织品、珠宝、香料等。

（三）税收

国家税收的主要来源是土地税。一般来说，国家收取土地上产出物的1/5至1/4作为税收。国家收入的第二个来源是边境税，即进出口的关税。另外，经营商业、在国内出售货物也要交纳营业税，税率可能是1/10。除了商人，国家还对赌局开设者、妓女、演员、洗衣工、金匠等人物开征营业税。

---

① 参见林承节：《印度古代史纲》，北京：光明日报出版社，2000年版，第91~93页。

三、社会

（一）奴隶制

印度上古是存在奴隶制的，但孔雀王朝时期是否存在奴隶制，在古希腊人的记载中有两种说法。麦伽斯提尼说无，也有人说有。这引起了后世学者的争论。但从许多记载看，当时是存在奴隶制的。最典型的是考底利耶《政事论》中的记载。有印度学者根据《政事论》的记载总结出当时奴隶制的十个方面：

（1）按照出身，奴隶是存在的，奴隶买卖现象也存在。

（2）非雅利安人有买卖自己孩子和亲属的现象，但在雅利安人中，这种买卖是非法的。

（3）一般来说，雅利安人是不会变成奴隶的，但也有例外，如家庭经济困难、不能缴纳罚金、战争中被俘等。

（4）奴隶能受到良好对待，一般不从事下贱的工作，打奴隶是要受惩罚的。

（5）除了给奴隶主劳动，奴隶还有机会自己做点小买卖。

（6）在一定条件下，奴隶可以获得自由。

（7）不经过法律程序，不得囚禁奴隶。

（8）主人如果侮辱和损害了奴隶的女人和女儿，奴隶可获得自由。

（9）雅利安人的后代不应成为奴隶。

（10）奴隶可以通过其他收益缴纳赎金以获得自由。①

也许是印度奴隶制与希腊的奴隶制很不相同，给麦伽斯提尼造成了印度没有奴隶的印象。在他看来，与希腊的奴隶相比，印度的奴隶根本算不上真正的奴隶。

（二）种姓制度

1. 希腊人眼中的种姓

考底利耶在《政事论》中提到婆罗门、刹帝利、吠舍、首陀罗4个种姓。这与麦伽斯提尼所说的7种人不同。

麦伽斯提尼对孔雀王朝时期的印度社会有很细致的观察。他把印度社会的人群分为7个类型。

---

① 参见拉吉基肖尔·辛格：《印度文化》，阿格拉，1989年印地文第四次修订版，第80页。

（1）哲人，包括学者和预言家（实际上是通过占卜预示吉凶），很受尊重。他们要在每年的年初预言一年的年景和国家的命运。即便预言错了，也不会遭到很严厉的惩罚。

（2）农民，全国人数最多，也最受政府重视。他们种地，上缴税收。他们不用服兵役，但战争来袭时也会参战。

（3）牧人，他们放牧牛羊，设帐篷居住，四处游荡，被特许可以打猎。

（4）工匠与商人，他们主要为国王的军队制造船只、铠甲、武器等，同时可以贩卖自己的一部分产品。

（5）武士，从数量看他们位居第二，他们要始终保持警惕，准备打仗，但和平时期他们过着享乐的生活。

（6）密探，分布于全国各个角落，收集各种情报。

（7）国家的公务人员，包括大臣、法官、议员、司库、军官等。麦伽斯提尼的记载与印度传统的四种姓制不大相符，但也有一定道理。如崔连仲先生说："麦伽斯提尼所提出来的七个等级说，并非荒唐。尽管它不能把古代印度的整个等级制度加以完整地、有条理地归纳分类，但它总是从实际出发，至少较为现实地、具体地反映了当时等级关系的几个主要方面。"①也就是说，麦伽斯提尼的记载虽然有夸张的成分，有猎奇的色彩，但对于了解当时的印度社会状况还是很有帮助的，因为那毕竟是第一手的资料。

2. 阇提制的形成

这一时期的一个重要现象是，"阇提"（jati）制形成。在吠陀时代，所谓种姓制指的是"瓦尔那"（varna）制，瓦尔那的本意是颜色，指的是肤色。而阇提一词则是从词根jat演变来的，其原意为"出生"，则阇提指的是出生于某个家族或族群。雅利安人进入次大陆已逾千年，经过不断的融合，人们的肤色已经变得深浅不一。原先的婆罗门、刹帝利等雅利安人是白种人，但由于人种的长期混杂，到孔雀王朝时代婆罗门、刹帝利的肤色可能已经变深，有的甚至与首陀罗的肤色相同了。在这种情况下，再要分清谁是婆罗门，谁是刹帝利，就不能看肤色了，而是要看他出身于哪个家庭或家族。而且，经过逾千年的社会变迁，各个种姓的人所从事的职业也变得多样了，婆罗门去种地，刹帝利去放羊，吠舍去当兵，首陀罗当土邦王公，都不是什么新鲜事了。在这种社会大变

① 崔连仲：《从佛陀到阿育王》，沈阳：辽宁大学出版社，1991年版，第236页。

动时期，种姓制度由瓦尔那制演变出阇提制，就成为一种必然。

林承节先生指出，为了应对这种形势，“婆罗门上层为维护种姓制采取的对策是顺应形势，在顺应中求加强控制，努力保持瓦尔那制的根本秩序。这清楚地表现在这一时期由婆罗门法学家编纂的法论中。最典型的是《摩奴法论》。”[①]

3.《摩奴法论》的种姓论述

《摩奴法论》的编纂时间，一般认为是在公元前2世纪到公元后2世纪。也有人认为其编纂时间更早。季羡林先生曾经指出：“在《摩奴法论》之前，已经有不少法论了；在它之后又出现了一大批。这些法论所宣传的内容基本相同，这就是以婆罗门为中心的社会秩序。法论作者都是婆罗门。他们为了维护本种姓的特权，挖空心思，捏造神话，创造律条，规定风习，表面看来虽然头头是道，但实则有一半是一厢情愿。他们所讲的与当时的社会情况并不完全吻合，有一些只能说是他们的主观愿望。《摩奴法论》也不能是例外。”[②]《摩奴法论》虽然说是法学著作，但涉及的内容十分丰富，有神话传说（下文还将谈到）、宗教戒规（下文也将谈到）、政治问题、法律问题及社会问题（下文将涉及）等。其中对种姓问题有专章（第十章）论述，在其他章节也有相关内容。

《摩奴法论》第十章第四、五两颂中强调说：“婆罗门、刹帝利和吠舍是3个再生种姓；第四个则是一生的首陀罗；第五个则不存在。在各个种姓中，顺生自同种姓的贞洁的有夫之妇者应该被认为是纯血统的。”[③]显然，这是在重申婆罗门阶层的一贯主张，即只有4个种姓。但同时，作者也不能回避现实社会的种姓问题的复杂，即各个种姓间杂交现象很多，繁衍出许多亚种姓。所以，《摩奴法论》第十章第6至39颂，均谈论各种由杂交而出现的亚种姓。这些亚种姓的名目繁多，以致有许多名目在后世并不流行。

尤其值得注意的是，其第12颂说，男首陀罗与其他种姓的女子杂交能生出最低贱的旃陀罗（candala）。第37颂说：“旃陀罗与韦代赫（vaideha，吠舍与婆罗门女所生）女子生出班度索巴格（pandusopaka）——他们是竹匠。”第38颂说：“旃陀罗与布格瑟（pukkasa，尼沙陀男子与首陀罗女子所生）生出罪过的索巴格（sopaka）——他们以充当刽子手为生，永远受善人鄙视。”第39

① 林承节：《印度古代史纲》，北京：光明日报出版社，2000年版，第111页。

② 季羡林：《〈摩奴法论〉汉译本序》，蒋忠新译《摩奴法论》，北京：中国社会科学出版社，1986年版，序言第2页。

③ 蒋忠新译：《摩奴法论》，北京：中国社会科学出版社，1986年版，第202页。

颂说："旃陀罗与尼沙陀（nisada，婆罗门与首陀罗女所生）女子生出儿子是安迪弗萨因（antyavasayin）——他们以焚尸为生，甚至受外层人（指混血后的低种姓人）鄙视。"[①]后世，人们通常不管旃陀罗与什么人生的后代，一概都称为旃陀罗。就是这个旃陀罗，被婆罗门视为万劫不复的罪人，在后世的2 000年时间里，一直负责处理尸体、干最脏最低贱的活，是印度社会的最下层，被视为典型的"不可接触者"。

一个有趣的现象是，《摩奴法论》第十章第四十四颂提到"支那人"（cini，即中国人），是和南印度的朱罗人、达罗毗荼人，西印度的希腊人、波斯人、塞种人列在一起的。其第四十三颂说这些人本来是刹帝利出身，但由于藐视婆罗门而逐渐沦为贱民。

（三）婚姻与妇女地位

当时的石刻铭文、希腊人的纪录和考底利耶的《政事论》为后人提供了这方面的资料。

据麦伽斯提尼记载，孔雀王朝时期的男人可以娶很多女人为妻，除了这些正式婚娶的妻子，他还可以把其他女人放置于家中，一起取乐；有的是一心一意要娶一个妻子，有的则是为了生更多的儿子而娶妻。考底利耶的《政事论》也证实了这一点。他说，男人可以和多名妇女结婚，女人就是要生儿育女、传宗接代。这就是说，当时流行一夫多妻制。不过，那些能够娶很多妻子的人，显然不属于平民阶层。大多数人还是实行一夫一妻制。

据《政事论》，当时的男人女人都有再婚的权利。如果结婚后的妇女没有生育能力，那么，丈夫可以等她8年再与别的女人结婚；如果妻子生下的孩子夭折，那么，丈夫可以等她10年；如果妻子只生女孩不生男孩，丈夫可以等她12年。经过等待和观察，男人有权再婚。如果妻子死了丈夫，或者丈夫死了妻子，活着的一方都可以再婚。不过女子再婚要麻烦一些，她必须征求丈夫家里人的同意。如果夫家不同意，则她必须放弃从夫家所得的全部财产才能另嫁。在丈夫没死的情况下，如果没有后代，而丈夫去了外国，她应该等待一年；如果丈夫走前为她安排了生活物资，她应该等待两年；如果丈夫到外地去学习技能和知识，她应该等待10年；如果有孩子，她应该等待12年。

当时还有借种生子（niyoga）的习俗。其目的在于保持家族能够延续。此

① 蒋忠新译：《摩奴法论》，北京：中国社会科学出版社，1986年版，第206、207页。

外，当时还有离婚的现象。考底利耶把当时的离婚叫作“脱离”（moksa，音译木叉，即宗教名词解脱）。男女双方都有这种权利。尤其是女子，如果丈夫是一个恣意妄为者，或者移居国外者，或过世者，或仇视国家者，或杀人者，或阳痿者，妻子都有权利离开。如果妻子给丈夫带来痛苦，丈夫在归还了她从娘家带来的财产后，可以离婚。考底利耶认为，女孩子12岁、男孩子16岁是结婚的合适年龄。

从这些记载看，当时的婚姻情况似乎还相对公平，似乎妇女的处境还不算太糟。但事实上，妇女的地位明显低于男性，对妇女的规定显然要苛刻很多。考底利耶提到对妇女犯有过失的惩罚就十分严苛。据麦伽斯提尼记载，当时有买卖妇女的现象。尤其令人震惊的是，当时流行着“萨蒂”（sati，即寡妇随夫殉葬）制度。希腊的旅行家们就不止一次提到这件事。这说明当时的妇女地位是相当低下的，尤其对统治阶级来说，她们不过是可供发泄淫欲和传宗接代的工具而已。

《摩奴法论》第三章第二十二颂讲到8种结婚方式。有梵式（把女儿嫁给一个德才兼备的男子）、天神式（把女儿嫁给祭司）、仙人式（接受男子的牛以后嫁女）、生主式（嫁女儿时让二人表示共同奉法）、阿修罗式（按能力给亲属赠送财物后娶姑娘）、乾达婆式（男女自愿结合）、罗刹式（抢婚）和毕舍遮式（趁姑娘昏睡或沉醉或昏迷占有之）。这八种婚姻的说法在《摩奴法论》之前已经有了，《摩奴法论》不过是重申而已。

在《摩奴法论》第五章讲到妇女地位和义务问题，第九章涉及婚姻家庭等问题，其他章也有提到妇女问题的地方。林承节先生将《摩奴法论》第五、九章中有关妇女的条款总结为7条：（1）女子不得享有自主地位。（2）忠于丈夫是妇女的最高美德。（3）寡妇改嫁是不允许的。（4）妇女参加宗教活动受到限制。（5）女子生性邪恶，丈夫和家人必须严格管束。（6）鼓励童婚。（7）妻子在家庭中只是生育工具。[①]

与上述麦伽斯提尼和考底利耶的《政事论》中谈论的内容相比，《摩奴法论》中的规定显然更为严厉。而更严重的是，《摩奴法论》在印度流传时间很长，影响远远超过了佛教，成为后世统治阶级虐待和欺凌妇女的理论依据。可以说，《摩奴法论》在这方面的流毒甚广，直至今日也没有完全肃清。

① 林承节：《印度古代史纲》，北京：光明日报出版社，2000年版，第120页。

第三节 宗 教

一、概 况

（一）婆罗门教

在旃陀罗笈多时期，婆罗门教还在很大程度上传播于全印各地。吠陀时代的神明，如因陀罗、伐楼那、阿耆尼等，仍然是人们的崇拜对象。但由于两大史诗的出现，民间对罗摩、黑天的崇拜增加，这两位神明因其传奇故事为民众喜闻乐见。因他们被认为是大神毗湿奴的化身，因此印度学界便有一部分学者称毗湿奴崇拜的一派为“薄伽梵教”（Bhagavata–dharma）。同时，信仰湿婆的一派也在民间传播。只不过声势没有佛教那么大而已。

正如林承节先生所说，这个时期印度宗教的特点是：“多种宗教并存，同时发展。帝国统治者兼容并蓄政策为共存提供了条件。总的趋势是佛教发展猛烈，婆罗门教走下坡路，耆那教小有增长。”他认为：“婆罗门走下坡路表现在婆罗门地位下降，杀生祭祀大大减少；最主要的是阿育王皈依佛教，使婆罗门不可能像过去王室信奉婆罗门教那样受宠和得到丰厚赏赐。大量居民如今转而信奉佛教，使婆罗门教在群众中的阵地缩小。”[①]据麦伽斯提尼记载，在当时的苏罗森那国（Surasena），黑天崇拜很流行。在今印度拉贾斯坦邦的契托尔市附近曾经出土过一块石刻，属于孔雀王朝时期，从上面的铭文可知，当年那一带的民众就崇拜伐苏提婆（Vasudeva，即黑天大神）。尽管当时杀生祭祀的情况减少，但这一现象并没有断绝。麦伽斯提尼就曾写道，在杀生祭祀的时候，不是用刀子刺进牺牲动物的脖子，而是将它勒死，以保留其身体的完整性，这样可以取悦于神明。但普通人家，杀生祭祀是受限制的。

在《摩奴法论》中，对婆罗门教的一系列行为规范都有细致的规定，从中可以看出其对抗佛教的明显意图。《摩奴法论》第二章讲人生礼仪，成年后有4个时期，即人生的4个阶段：第二章讲到“梵行期”的有关规定，即结婚前的学习期，要学习各种知识和技能。第三至第五章讲“家居期”的有关规定，即在家过家庭生活，包括娶妻、祭祀、谋生、念诵吠陀、施舍、交友等。第六章讲“林居期”和“遁世期”的规则。林居期是年老以后远离人群，到林中生活。遁世期同样远离人群，寻求解脱之道，实际上就是等死。这一套说教中特别强调

---

① 林承节：《印度古代史纲》，北京：光明日报出版社，2000年版，第107、109页。

宗教行为的规范。从中可以看出，婆罗门教与佛教不同，它没有僧团组织，又与现实生活紧密结合，基本上是主张入世的，只有年老之后才主张出世修行。年老进入森林修行，不失为解决老龄社会问题的一个方法。

（二）耆那教和生活派

耆那教在这个时期也得到一定发展。据耆那教文献记载，旃陀罗笈多曾经接受过耆那教长老跋陀罗巴忽（Bhadrabahu，意译贤臂）的教诲。由于耆那教的一些清规戒律不够平民化，所以在当时发展缓慢。

当时除了婆罗门教、佛教和耆那教以外，还有一些小的宗教派别存在。如生活派（Ajivaka）、瑜伽修行者（youji）、厌世出家人（vairagi）等。生活派是印度古代的宗教哲学派别，大约形成于公元前6世纪，是佛陀时代的“六师”之一，后随佛教传入中国，佛经中又将它译为“邪命派”、“邪命外道”等。该派在阿育王时期仍比较活跃。阿育王对各个教派采取怀柔政策，故曾赠送给生活派两孔洞窟供其徒众起居修炼。这件事在当时的铭文中提到不止一次。

二、部派佛教

在佛陀涅槃后百余年，印度佛教逐渐分裂，形成了多个派别。学界称这一时期的佛教为“部派佛教”。

（一）分裂的原因

首先，从理论上讲，任何一个观点、一种理论都存在不同看法，存在对立面。所以，佛陀传教的当时，且不说外道如何与佛教作对，就是在佛教内部，也有他的对立面。提婆达多（Devadatta）虽是佛陀的近亲，但在观点上却与佛陀相抵牾，以致佛陀的信徒们将其视为佛教的死敌。这是很明显的例子。还有，佛陀去世的当时，当绝大多数信徒都陷入一片悲痛中的时候，其弟子中也有人认为佛陀去世使他得以从严格的管束中解放出来，从而拍手称快。也就是说，任何一个宗教，一种信仰，在失去权威以后，最后发展的结果都是要分裂的，这是一种规律，世界上各大宗教都是如此，没有例外。

其次，发展的本身即孕育着分裂。佛陀去世的时候，佛教流传的区域主要在恒河中游地区。据考证，当时佛陀传教，最西边不过到迦毗罗卫，最东边不过在比哈尔邦。而在佛陀去世后的百余年间，摩揭陀国不断扩张，佛教也在国王们的支持下随之向西方和南方迅速扩展，佛教在这些地区逐渐赢得民众的尊崇，声势日益隆盛。但也正是因为地域的扩大、人员的混杂，又由于信息不通，各个僧团无法始终保持一致，加上各地异俗的影响，当时的僧团又缺乏权威，没有统一的号令，出现分裂已不可避免。

第三，由于各地的僧团秉持的戒律逐渐发生差异，再加上对佛法的见解不同，各持己见，互不让步，这就必然要走上分裂的道路。如几个大的佛教部派，从出家受戒到安居布萨，都有自己的一套仪轨制度，其经、律、论三藏也自成体系。

（二）分裂的经过

1. 第二次结集与分裂

在上一章，我们已经介绍过第一次结集的情况，下面说另外两次大的结集。

据佛教典籍记载，佛教僧团的第一次重大分裂，也叫“根本分裂”，发生于摩揭陀国尸修那伽王朝的最后一代国王迦罗输迦王（Kalasoka，约前396~前360年在位）时期，即佛灭后110年（一说100年）。当时，在吠舍离，有些比丘违背戒律而接受金钱布施，据说从摩头罗（今印度北方邦马图拉）来了一位名叫耶舍（Yasa）的比丘，他对此表示坚决反对，双方争执不下。耶舍只好邀请各地有威望的长老（上座）前来仲裁。当地的反对派也请来许多帮手。双方对接受金银布施等10件事（史称“十事”）作了议论，最后上座长老们禁止当地比丘放宽戒律，认定“十事非法”。随后，为了统一认识，在王室的赞助下，僧众举行了结集，据说当时有七百人参加这次吠舍离集会，所以也称这次结集为“七百人结集”，或者叫“吠舍离结集”。集会上，僧众背诵佛陀当年的教诲和制定的戒律，加以确认。这是佛教史上的第二次结集。据巴利文《岛史》记载，吠舍离一带占多数的比丘并不接受上座长老们的裁决，也不接受这次结集的成果，尤其不承认其中关于律的部分。他们另外举行了僧团大众的结集，形成自己的戒律。他们的集会据说有万人参加，称为“大结集”（mahasamgiti）。从此，佛教僧团分为“上座部”与“大众部”两大派别。

2. 第三次结集与分裂

在第二次结集的大分裂之后，还有两次比较重要的僧团分裂。

到阿育王时期，由于阿育王本人敬信佛教，并大力弘扬佛教，佛教在这一时期获得很大发展，传播的范围更为广大，僧团人数也大大增加。但同时，带来的问题也不少。僧团中就难免混进许多外道沙门，他们并不真正接受佛教的思想和仪轨，反而把佛教以外的思想，如婆罗门教的思想等，带进僧团。于是，僧团内部的思想混乱，行为失范。据南传巴利语文献记述，阿育王曾派遣官员去皇家寺院阿育王寺（又称鸡园寺）管理僧务，结果反使矛盾更加激化。这时，僧众们开始寻找新的权威，众人一致认为，当时在山林中隐居修行的目犍连子帝须长老（Maudgaliputra Tisya）德高望重，可以主持阿育王寺，使佛法的真谛在阿育王寺重现光辉。这次活动得到了阿育王的大力支持，由目犍连子帝须主讲佛法的要义，清理门户，驱逐外道，使阿育王寺的正常秩序得以恢复。

约公元前250年前后，在阿育王的支持和赞助下，目犍连子帝须召集高僧千人，举行了一次盛大的集会，这就是佛教史上的第三次结集。据传，在这次结集过程中编辑出一部《论事》。该书主要记载了当时不同派别的观点和意见。据《论事》记载，在这次结集中，由于观点不同，犊子部与上座部发生严重对立。以目犍连子帝须为首的上座部坚决反对犊子部的观点，二者争执不下。也就是说，目犍连子帝须虽然德高望重，能够掌管好一个寺院，使上座部团结一致，但已经不可能挽回整个佛教的分裂局面了。

（三）部派佛教的形成

第三次结集后，上座部内部也开始分裂。阿育王在第三次结集后不久即派遣上座部长老们去印度各地弘扬佛教，所到之处，皆自成一派。上座昙无德（Dharmaguptaka）到了西南印度的摩诃剌陀（今印度的马哈拉施特拉邦一带）传教，后来在那里形成了“法藏部”。上座大天（Mahadeva）到东南印度的案达罗（今印度安得拉邦一带）东部地区传教，后来在那里形成了“制多山部”（又称支提山部）。大天曾提出自己的观点，认为阿罗汉有5点不如佛，史称为“大天五事”，对此，法藏部表示反对，又导致分裂。这次分裂既是上座部的内部分裂，也是上座部与大众部之间的争论。制多山部表面上看是从上座部分出，但其学说实际上却属大众部一系，所谓“大天五事”即大众部的观点。同时，这也是后来大乘佛教形成的理论前兆。

上座部分裂后，西北印度的迦湿弥罗（今克什米尔）及犍陀罗地区又形成了一个影响较大的部派，即“说一切有部”（简称有部）。该派主张“三世实有”，意思是过去、现在和未来都是真实存在的。该派不再像早期佛教那样抵制梵语，而是使用梵语重新编辑经典。后来，从说一切有部又分裂出“经量部”（简称经部）。经量部反对说一切有部以论藏为中心的原则，而主张注重经藏。经量部是最晚分出的部派。后来，有部和经部都相当活跃，曾被大乘贬称为小乘佛教。那已是后话了。

有关部派佛教的形成问题，佛经中资料很多，但说法各不相同，因而在当今的佛教界也有很不相同的看法。总之，这些部派的名称有因主要理论而得名的，有因区域而得名的，也有因主要人物的名字命名的。据《异部宗轮论》记载，当时的派别多达二十部，其中从大众部中分出来的有八部，即“一说部”、“出世部”、“鸡胤部”、“多闻部”、“说假部”、“制多山部”、“西山住部”、“北山住部”。从上座部分出的有十一部，即“说一切有部”、“雪山部”、“犊子部”、“法上部”、“贤胄部”、“正量部”、“密林山住部”、“化地部”、“法藏部”、“饮光部”、“经量部”，加上本部，共十二部。

（四）阿育王与佛教

阿育王是否佛教信徒？阿育王的“法”（dharma）是否佛法？这曾是学界长时间热烈讨论的话题。

1. 阿育王是佛教信徒

起初，学界对阿育王是否是佛教信徒问题有过激烈争论。主要有3种论点：（1）阿育王是佛教信徒，主要依据是佛教典籍。（2）认为佛教的典籍记载并非历史事实，不足为信。根据阿育王铭文等相关史料，阿育王并非佛教信徒，只不过对佛教有所偏向而已。有人认为阿育王是婆罗门教信徒，还有人认为他是耆那教信徒。（3）根据已出土的阿育王铭文，证明阿育王并非某个教派的信徒，他的宗教政策是包容的，是对各宗各派一视同仁的。[①]但是，随着阿育王铭文不断被发现，人们终于从中发现了确证。

编号为第1号小石刻诏书中写道：“天爱王是这样说的。自从我公开宣布做一个佛陀的世俗信徒以来，已经过去了两年半以上的时间。但是在头一年，我并未满怀热忱地投身于达磨的事业。后来，我虔诚地归附了僧伽，满怀热忱，尽心竭力，如此至今又过了一年多。”[②]文中，“天爱王”是阿育王的自称。“达磨”指佛法，“僧伽”即僧团。也就是说，此时的阿育王对佛、法、僧三宝已经彻底皈依，即佛教所说的“三皈依”。据考，这个诏书发布的时间应在其灌顶即位后的第11年，即公元前263年。而其宣布为佛教居士的时间在此前两年半，即在其即位后的第8或第9年，即公元前266或前265年。

2. 阿育王对佛的尊崇

据《阿育王传》卷一，阿育王敬信三宝，曾在尊者优波掘多（Upagupta）陪同和指点下，到蓝毗尼园礼拜佛陀出生地，叙述甚详：

---

① 林承节：《印度古代史纲》，北京：光明日报出版社，2000年版，第107、109页。

② 转引自崔连仲：《从佛陀到阿育王》，沈阳：辽宁大学出版社，1991年版，第331页。

我以土施得转轮王，以是义故，宜当勤心供养三宝。王白尊者言："佛所游方行住之处，悉欲起塔。所以者何，为将来众生生信敬故。"尊者赞言："善哉，善哉！大王，我今当往，尽示王处，王以香花、缨络、杂香、涂香，种种供养。"尊者掘多即集四兵，便共发引，至林牟尼园。尊者举手指示王言："此佛生处，此中起塔最为初塔。佛之上眼，始生之日，行七步处。遍观四方，举手唱言：此是我之最后生也，末后胞胎。"王闻是语，五体投地，恭敬作礼，合掌涕泣。[①]

这段记载，基本真实，得到阿育王铭文的印证。在树立于蓝毗尼的石柱上，有编号为第1号石柱铭文，其中写道："天爱喜见王在灌顶二十年后亲自访问此地，并在此进行了礼拜，因为佛陀，释迦牟尼，诞生在这里。他命人在该地周围建造一道石墙，并立此石柱以纪念他的朝拜。由于世尊佛陀诞生在这里，所以他下令豁免蓝毗尼村的土地税，并废除通常的税率，厘定只交收成的八分之一。"[②]文中，"天爱喜见王"也是阿育王的自称。这个石柱的发现和上面铭文的解读，是现代印度历史学界的一件大事。它不仅证明了佛陀释迦牟尼是历史上真实存在的人物，他的出生地就在蓝毗尼（今尼泊尔境内），他的故国迦毗罗卫与此相去不远，还证明阿育王对佛陀的崇拜。在阿育王看来，蓝毗尼村的后世居民应该享受到佛的遗泽，得到免除土地税和税收减半的恩惠。

同样，阿育王还巡视和礼拜了其他一些著名的佛教圣地，如其初转法轮地菩提伽耶、最后的夏安居地吠舍离、涅槃地拘尸那伽等，并都留有纪念物。这些都能证明，阿育王对佛陀的尊崇是真诚的。

3. 阿育王以佛法治国

阿育王的铭文中每每提到"正法"。于是有人以为，这个正法就是婆罗门教中宣扬的达磨（dharma），与佛法是两回事。也有人认为，阿育王既然是佛教徒，那么他所宣扬的正法就是佛法，就是佛教。这两者都有偏颇。

在阿育王铭文的第4号石刻诏书中，这样写道：

不杀生命，不欺生灵，礼遇亲族，礼遇婆罗门和沙门，顺从母亲和父亲，顺从老年人，这种风气因有天爱喜见王的正法教诲而步步深入人心。

① CBETA, T50, no. 2042, p. 103, a20–b18。

② 转引自崔连仲：《从佛陀到阿育王》，沈阳：辽宁大学出版社，1991年版，第335页。

第2号石柱诏书中写道：

遵行正法就是做了功德。然而，正法都包括哪些内容呢？它包括少作恶，多行善，慈悲，慷慨，真诚，纯洁。

第9号石刻诏书中写道：

诚然，祈福的仪式还是不妨举行的，只是上面各种仪式实际上收效甚微。反之，这些仪式一旦能与正法联系起来，就可以产生巨大的效果。它们包括如下内容：应善待奴隶和仆人，尊敬年长者，对待众生要克制，对沙门和婆罗门要慷慨。这些以及其他一些类似的善行，可以说就是正法的仪式。①

从这三段引文可见，阿育王自己对其正法已作了解说。他鼓吹孝道，鼓吹慈悲善良，鼓吹不杀生，鼓吹一视同仁地善待沙门和婆罗门等。应当明确的是，这个正法，既是一种原则，又是一种社会义务和规范，同时兼有法规的意思。作为一代帝王，阿育王所推广的正法，是其治国安邦的需要，如果仅仅局限于佛法，则未免显得狭隘，不足以安抚其他的各个宗派。事实上，阿育王对其他宗派也予以支持和扶植，这是他治国的需要。同时还应看到，他的正法中也包含有佛法的某些要素。如宣扬和平、不杀生、宽宏大量等。而且，其对待奴隶和仆人的态度，也体现了佛教主张社会平等的思想，这就与《摩奴法论》中对待下层社会民众的态度截然不同。

4. 阿育王对佛教的推广

阿育王在传播佛教方面的确做了大量工作。他除了在铭文中宣称自己皈依三宝外，还亲自到佛教圣地礼佛参拜，借此达到推广佛教的目的。此外，如前文提到，他曾亲自过问首都皇家寺院鸡园寺的整饬，召请目犍连子帝须主持寺务，清理门户，还曾在此后不久赞助了佛教的第三次结集。而在第三次结集之后，又在他的支持下，数名高僧大德到各地传播佛教。有的去了西北印度，有的去了西南印度，有的去了南印度，有的去了北方的喜马拉雅山区，有的去了东边的孟加拉和缅甸。而去斯里兰卡的一支特别受到重视。

去斯里兰卡的一支以摩哂陀（Mahinda）为首，还有4名同伴。据南传佛

① 以上三段引文转引自崔连仲：《从佛陀到阿育王》，沈阳：辽宁大学出版社，1991年版，第321页。

教文献《岛史》等记载，这位摩哂陀是阿育王之子。当阿育王还是王子的时候，其父王差遣他去优禅尼担任总督，赴任途中，他与一位长者的女儿结婚，后生有一子一女。儿子名摩哂陀，女儿名僧伽蜜多（Sanghamitta）。在阿育王皈依佛教后，这兄妹俩也出家修行。摩哂陀从目犍连子帝须受戒。据说摩哂陀被派往斯里兰卡的时候是32岁。他得到当地国王的大力支持，传教活动进行顺利，受戒皈依的人很多。为了让女性信徒有加入僧团的机会，摩哂陀球请求阿育王将僧伽蜜多派来。阿育王于是派女儿前往斯里兰卡为女性信徒授戒。斯里兰卡的佛教从此日益繁荣。

阿育王推广佛教的效果十分明显。佛教从恒河流域迅速扩大到印度各地，而且还远播海外。但同时，随着佛教的大规模传播，佛教内部也不可避免地发生着大大小小的分裂，尽管阿育王一直呼吁佛教内部的团结，但最终未能阻止部派佛教的形成。

第四节　文学艺术

一、文学

“孔雀王朝时期的印度文学”，这是一个空洞的命题。因为人们虽然在理论上可以推导出这个时期肯定是有文学作品的，但却无法确认哪些作品是属于这个时期的。例如，一般认为，两大史诗的编订时间在公元前4世纪至公元后4世纪，虽然孔雀王朝就包括于这个时间段，但还是不能确切知道当时的两大史诗是个什么样子。再如佛教文学作品，有些应当就创作或编订于这个时期，但仍不能断定具体有哪些佛经、哪些内容属于这个时期。在这种情况下，我们只能谨慎地选择两种著作作为代表，略加说明。

（一）《摩奴法论》中的神话传说

《摩奴法论》第一章讲述的是神话传说。其开头部分（第5至16颂）即讲述了一个创世神话：

> 这宇宙原是一个暗的本体，不可感觉，没有特征，不可推理，不可认识，一如完全处于昏睡状态。后来，自身不显现而使这宇宙显现的世尊自在出现了，他驱除黑暗，具有转变诸粗大元素等等的力量。他自照独存，不可感觉，细不可见，不显现，无始终，化入万物，不可想象。怀着创造

种种生物的愿望，他通过禅思，首先从自己的身体创造出水，又把自己的种子投入那水中。那种子变成一枚金卵，像太阳那样光辉灿烂；他自己作为一切世界之祖梵天出生在那金卵中。水叫做“拿拉”，因为水是“那拉”生的；既然水是他的最初居所，所以他就叫做“拿拉衍那”。由那个不显现的、无始终的、既实在又不实在的因所产生的那个人，在人间被称为“梵天”。在那枚金卵中住满一年之后，那世尊通过自身的禅思亲自把金卵分成两半。他用那两半金卵造成天和地，以及其间的空界、八方和水的永恒所在地。（第5~13颂）①

从这段引文可知，这个时期的创世神话与吠陀时代前期的创世神话已经有了明显不同。最显著的差别在于，这里的造物主虽然仍然具有不可描述、不显现的特征，但他已经不是那个“原人”，也不是那个抽象的“梵”了。其中提到的“自在”明显是对婆罗门教大神湿婆的暗示，湿婆在佛经中又称大自在天。而文中的“拿扛衍那”，指的是大神毗湿奴，佛经中又译那罗延天、遍入天。自在天、那罗延天，再加上梵天，就组成了婆罗门教的三大主神。这则神话把这三大神都认定为造物主。说明这则神话是晚于吠陀教的婆罗门教神话。《摩奴法论》第一章还讲述了其他内容，都属于婆罗门教的神话传说。

（二）阿育王的故事

佛经中关于阿育王的故事不少。有的是他的生平故事，有的是他身后继承人的故事，还有的是借他之名编辑成的譬喻故事等。应该说，这些故事大多数的编订时间都在阿育王去世后不久或更晚。关于阿育王的故事现存不少版本，南传佛教典籍中有之，汉传佛教典籍和藏传佛教典籍中亦有之。有的版本在后世还有陆续发现。下面罗列出阿育王故事的一些主要典籍②。

1. 梵文本

梵文本主要有《阿育王譬喻经》（*Asokavadana-sutra*）、《阿育王譬喻鬘》（*Asokavadana-mala*）、《天譬喻经》（*Divyavadana*）。此外尚有发现于阿富汗、尼泊尔，以及1931年发现于吉尔吉特（在今克什米尔巴基斯坦实际控制区境内）的梵语佛经残卷等。

---

① 蒋忠新译:《摩奴法论》，北京：中国社会科学出版社，1986年版，第3、4页。

② 据张文奕硕士学位论文《〈阿育王传〉的文学解读》（北京大学外国语学院，2010年5月通过）列出。

2. 巴利文本

主要保存于《岛史》、《大史》，以及斯里兰卡民间传说中。

3. 汉文本

《阿育王传》7卷、《阿育王经》10卷、《天尊说阿育王譬喻经》1卷、《阿育王息怀目因缘经》1卷、《善见律毗婆娑》卷一《阿育王品》。此外，《杂阿含经》、《杂譬喻经》、《分别功德论》、《旧杂譬喻经》、《出曜经》、《大般若波罗蜜多经》、《大庄严论经》、《大唐西域记》、《释迦谱》等都有收有阿育王故事。可惜的是，在南北朝及其之前还翻译过至少7种有关阿育王的佛经，均佚。

4. 藏文本

藏文本主要包括《驹那罗本缘》（*Kumaravadana*）、《无忧斗龙调伏品》（*Asokamukhanagavinayapariccheda*）、多罗那他《印度佛教史》的第一至第八章等。

5. 于阗文本

敦煌藏经洞曾出土两件于阗文的《阿育王譬喻经》写本残卷，编号为P. 2798和P. 2958。

总之，在佛教典籍中，阿育王的故事流传很广，影响深远。汉译本《阿育王传》约译于西晋太康二年（281）至光熙元年（306），为现存最早传入中国的阿育王故事集。说它是故事集，因为其书名虽然叫作“传”，但其中除阿育王的传说外，还包含着很多与阿育王基本无关的故事，明显是佛教徒的传教读本，其故事带有浓烈的文学夸张。至于大约译于东晋（317~420）的《天尊说阿育王譬喻经》，则更是借阿育王之名讲述若干小故事，说这些小故事发生于阿育王时代，但有的故事明显属于本生故事。因此，这部经只是一部宣扬佛教观念和戒律的通俗文学读本。

二、艺 术

孔雀王朝时期的艺术，主要是建筑艺术和雕刻艺术，达到了空前的高度。而且，由于其西北部地区曾受到波斯人和希腊人的入侵，长期有希腊移民居住，所以不管其宫殿建筑还是寺庙建筑，都明显受到古代波斯和希腊建筑与雕刻的影响。下面分别来谈。

（一）建筑艺术

孔雀王朝的建筑非常宏大豪华。特别是在阿育王时期，艺术家和工匠们大胆借鉴西方的艺术风格和表现手法，创造了印度艺术史上的辉煌。

1. 城市建筑

在旃陀罗笈多时期，由于他羡慕大流士一世和亚历山大的威势和气派，在建筑上也模仿他们的宫殿模式。当时的使节麦伽斯提尼在他的《印度记》中就记载了华氏城的雄伟。该城“沿恒河河岸绵延长达约15公里。城堡呈平行四边形，环城围以宽阔的壕沟和高大的木墙，墙上设置570座塔楼，辟有64座城门。华氏城王宫内外的列柱缠绕着黄金浮雕藤蔓，装饰着金银鸟雀簇叶图案，比波斯帝国都城苏萨和埃克巴塔纳的王宫更为壮丽”。[①]

阿育王时期，华氏城又得到进一步修缮和扩建。东晋高僧法显于399年出发去印度，402年在印度游历，约404年到达华氏城。后又在那里居住3年（约405~407），学习梵语，抄写佛经。他在《佛国记》中记载了华氏城的雄伟宏丽：“渡河南下一由延，到摩竭提国（即摩揭陀国）巴连弗邑（即华氏城）。巴连弗邑是阿育王所治城。城中王宫殿，皆使鬼神作，累石起墙阙，雕文刻镂，非世所造。今故现在。”[②]法显亲眼见到了华氏城，以致相信了当地的传说，认为华氏城的宫殿为鬼神所造。和法显同行西域取经的僧人先后有10人，中途有人回国，有人留在西北印度，也有人得病去世。当法显到达华氏城的时候，只有一个伙伴——道整和他在一起，当道整来到华氏城以后，认为自己找到了最后的归宿，留居华氏城。可见当时华氏城还十分繁荣，佛事活动很多，利于修行。

但是，等到玄奘去华氏城的时候，那里已经一片废墟。玄奘写到：“（恒河）河南有故城，周七十余里，荒芜虽久，基址尚存。”[③]1912年，人们在今比哈尔邦首府巴特那附近的库拉哈尔“发现了一座列柱会堂遗址，令人联想起波斯波利斯王宫的百柱大殿”。[④]波斯波利斯是当年波斯帝国的古都，在今伊朗设拉子市东北。其王宫承袭了亚述和希腊艺术元素。因波斯人在西北印度统治200余年，故使华氏城建筑深受影响。

2. 塔

塔，音译窣堵波（stupa），是印度佛教、耆那教特有的纪念性建筑。早在佛陀时代之后（佛去世时）已经有了这种建筑形式。相传，佛祖释迦牟尼去世

① 王镛：《印度美术》，北京：中国人民大学出版社，2004年版，第24、25页。

② CBETA, T51, no. 2085, p. 862, a20–23。

③ 玄奘、辩机：《大唐西域记》卷八。

④ 王镛：《印度美术》，北京：中国人民大学出版社，2004年版，第25页。

时，就有8个国王去争抢佛舍利，险些爆发一场战争。后来，八王平分舍利。阿阇世王当年曾获得一份，起塔供养。阿育王时，又将阿阇世王佛塔中的舍利取出，再分为八万四千份，差使夜叉神在各地一夜之间建造了八万四千座塔。而另一种说法是，阿育王打开了7个佛塔，修建了八万四千塔。

如《阿育王传》卷一所说："将来佛灭百年后，王华氏城，号阿恕伽（即阿育王），转轮圣王，王四分之一（指四大部洲之一——南瞻部洲），为正法王，广分舍利，而起八万四千宝塔。"[①]阿育王起八万四千塔的说法流传很广。这个数量固然可疑，但阿育王修建许多佛塔的事实已被近代以来的考古发掘所证实。现存的阿育王塔遗迹很多，多呈圆丘式（史称覆钵式），红砖砌成，已非其本来面貌。

关于阿育王的塔，王镛先生说："中国唐代高僧玄奘（约600~664）赴印取经，在所撰《大唐西域记》中记载，他在印度各地目睹阿育王所建窣堵波尚有一百余座，高者达二百余尺，有的'宝物厕饰，石作栏槛'，有的'崇基已陷，覆钵犹存'。1794年，在萨尔纳特发现的达摩拉吉卡窣堵波（Dharmarajika Stupa）遗址，据考证便是玄奘记载的阿育王所建的石窣堵波。印度现存最完整的佛塔桑奇大塔（Great Stupa at Sanchi），居推测其覆钵的核心始建于阿育王时代。"[②]

3. 石窟

从很早的时候起，石窟就是印度教、佛教和耆那教修行的场所。佛教徒修行的较大型石窟主要有两种：一种叫作支提（caitya）窟，即礼拜场所，后世称为佛殿窟。释迦牟尼去世后，最早的石窟里未有佛像，但有象征其存在的窣堵波。另一种叫作毗诃罗（vihara）窟，后世称为僧房窟，即僧人们的起居场所。目前，印度尚未发现孔雀王朝时期的佛教石窟，而只发现了耆那教的石窟。

仍据王镛先生所说："阿育王时代开凿的石窟，幸存于比哈尔邦的巴拉巴尔丘陵（Barabar Hills）。尽管巴拉巴尔石窟是阿育王捐赠给邪命外道苦行者的，但提供了后世佛教支提窟、毗诃罗窟形制的原型。其中的洛摩斯·里希石窟（Lomas Rishi Cave），内部是带有仿木结构的圆筒形拱顶的长方形厅堂，厅堂尽头凿有一间隔开的圆形石室（可能曾安置礼拜对象），磨光的石壁镜面般光滑。石窟正面亦属仿木结构，门口雕凿的两根立柱上端由弯曲的扁带椽子

① CBETA, T50, no. 2042, p. 101, c21–24。

② 王镛：《印度美术》，北京：中国人民大学出版社，2004年版，第27页。

连接成两扇狭长弧面窗，上窗镂刻着透雕的仿竹编花格窗孔，下窗饰有浮雕的一排向三座窣堵波礼拜的大象。弯曲的拱梁和椽子支撑着仿草庐顶的拱形顶，顶端冠以一个尖叶饰，构成了典型的马蹄形支提拱（chaitya rach）或支提窗（chaitya window），为后世佛教、耆那教甚至印度教建筑所沿用。”①

（二）雕刻艺术

孔雀王朝时期的雕刻艺术达到一个顶峰，既有皇家气魄，又有民间气息。其皇家气魄以阿育王石柱为代表，其民间气息以药叉和药叉女雕像为代表。

1. 阿育王石柱

阿育王石柱是印度古代最负盛名的雕刻艺术品。中国西行求法的僧人中，最早见到阿育王石柱的是法显。他在《佛国记》中只记载了6根石柱，有些地方明明有石柱，他也到过，但却没有记。200多年后，玄奘到印度，也看到阿育王石柱，他在《大唐西域记》中记载了16根。目前印度和尼泊尔境内已发现的阿育王石柱15根，多已折损。其中10根上有铭文，有的虽曾有铭文，因后世严重磨损而不能辨读。圆柱体高一般在10米左右，根部稍肥，柱顶稍瘦，周身打磨抛光。柱头往往另外雕凿，安置于柱头上。“柱头由三部分组成：下方是倒垂莲花形或钟形托座，被称作‘波斯波利斯钟形’（Persepolitan bell）；中间通常是圆形鼓状顶板，顶板周边装饰着浅浮雕图案；顶端是一个或一组圆雕的狮子、大象、瘤牛或马等动物形象，偶尔雕有轮形的象征标志。”②

现存石柱中，保存完整的有两个。一个在今比哈尔邦恒河以北吠舍离附近的巴基拉（Bakhira）。其年代在公元前257年之后不久。法显和玄奘都记载了这根石柱。石柱上方的倒垂莲花座顶有一块方形顶板，顶板上蹲踞着一头雄狮。另一个在比哈尔邦北部靠近尼泊尔边界的劳里亚·南丹加尔（Lauriya Nandangarh），约作于公元前242年。柱身10米，根部直径90厘米，柱顶直径57厘米。柱头高2米，圆形顶板上蹲踞雄狮。

阿育王石柱最有名的柱头是发现于北方邦瓦腊纳西市萨尔纳特的由四尊背对背蹲踞雄狮组成的柱头。其制作精美，构思新奇，已被采用为印度共和国的国徽图案。该柱头保存基本完好，现藏萨尔纳特博物馆。柱头上的狮子以写实手法表现，逼真而生动，其威猛的气势使观者感到震撼，这正是佛教所追求的佛法的威力。钟形托座上方为鼓形圆盘，圆盘周围雕有四个法轮，法轮之间雕

---

① 王镛：《印度美术》，北京：中国人民大学出版社，2004年版，第27页。

② 王镛：《印度美术》，北京：中国人民大学出版社，2004年版，第28页。

有四兽：狮子、大象、瘤牛、奔马，代表四个方位。

2. 药叉和药叉女雕像

根据王镛先生的意见，药叉和药叉女是印度民间信仰当中的自然界精灵，也是生殖的精灵。其起源可以追溯到前雅利安时代印度原住民——达罗毗荼人对生殖的崇拜。药叉往往居住在山林中间，守护着宝藏，因而被视为财神；药叉女往往在花果树木之间，代表着滋生繁茂，被视为树神。[①]在印度教神话中，药叉的首领是俱比罗（Kubera），即财神。而药叉（女）们是他的随从，是一群可爱的小神灵。但在佛教神话中，药叉又被汉译为夜叉，多数与罗刹一样，属于妖魔之属。因被佛力感化，被收编为“天龙八部”之一，成为护法神。

孔雀王朝时期在雕刻艺术中表现的药叉和药叉女都呈现出可爱的样子，尚未被妖魔化。这一时期的人物雕像主要是药叉和药叉女。仍如王镛先生所说：“孔雀王朝时代的药叉雕像，具有典型的古风式艺术的特征，造型古拙、质朴、生硬、粗壮，严格保持正面直立的姿势。药叉一般上身袒裸，凸显便便大腹（表示瑜伽调息或财神的体态）；下半身裹着围腰布，腰带两端垂在双腿之间。巴特那出土的楚纳尔砂石雕像《巴特那药叉》（Patna Yaksha），约作于公元前240年至前185年间，高165厘米，现藏新德里国立博物馆。这尊药叉雕像上半身磨光，正面直立，体魄强壮，头部和前臂残缺，右手曾持有一柄拂尘（尊贵的标志）。”“孔雀王朝时代的药叉女雕像，也呈现古风式风格，而造型的夸张与装饰的富丽，又属于印度艺术独具的特征。药叉女一般上半身袒裸，半球形乳房浑圆高耸，臀部异常丰满，腰系透明纱裙，全身佩戴着各种珠宝首饰。巴特那附近狄大甘吉（Didarganj）出土的楚纳尔砂石雕像《狄大甘吉药叉女》（Didarganj Yakshi），约作于公元前3世纪（据近年考证，此像年代略晚，甚至可能属于公元1、2世纪），高212厘米，现藏巴特那博物馆，被认为是孔雀王朝时代人物雕刻的珍品，可能曾用做宫殿门口的守护神像。”[②]

从以上情况看，孔雀王朝时期的艺术，无论是建筑艺术还是雕刻艺术，都达到了一个空前的高峰。这个高峰的到来，与孔雀王朝的强大国力是分不开的，也与当时的文化氛围紧密相关：一方面，印度的本土传统在不断延续，另一方面，又吸收了中亚、西亚甚至欧洲的艺术手法。

① 参见王镛：《印度美术》，北京：中国人民大学出版社，2004年版，第36页。

② 王镛：《印度美术》，北京：中国人民大学出版社，2004年版，第37页。

第五章

巽伽至贵霜时代的文化

公元前187年前后至公元3世纪末，印度次大陆处于分裂状态，经历了很多争斗、动荡和政权更迭。其中，以华氏城为中心的摩揭陀国曾出现巽伽王朝和甘婆王朝的统治，但不久就四分五裂。而西北印度在外来势力不断入侵之后，大月氏人建立的贵霜帝国一度十分强大。中南印度（纳巴达河与克里希纳河之间地区），萨他瓦哈那王朝曾经与摩揭陀、贵霜帝国鼎立而三，后来经过多次兴衰，维持了长达数百年的统治。印度最南部，则由潘地亚（最南端）、朱罗（东南沿海）和基拉罗普特拉（西南沿海）三国维持了较长时间的统治。

这一时期的印度文化呈现出多元统一的特点。

第一节　政治变迁

一、巽伽王朝

（一）巽伽王朝的兴亡

阿育王去世以后，孔雀王朝便逐渐衰落下去。人们对阿育王继承者们的情况不很清楚，只能根据往世书的传说和零星的出土碑铭加以推测。有三部往世书，即《风神往世书》、《鱼往世书》和《梵卵往世书》，提到孔雀王朝的最后一任国王，其名字叫作巨车（Brhadratha）。其时，大夏希腊人不断东侵，但国王巨车无能、残暴而不得民心，被其军队司令补沙耶蜜多罗・巽伽（Pusyamitra Shunga）杀死，巽伽王朝（前187~前75）建立。

一般认为，补沙耶蜜多罗出身于婆罗门，大约在位36年（前187~前151）。其在位期间，南方诸国早已脱离摩揭陀自立，而西北方向又有外来势力——大夏希腊人的进犯。他虽然能征惯战，举行过“马祭”[①]，但所能掌控的地盘也仅限于恒河中下游地区。他是婆罗门教的支持者，恢复了杀生祭祀的吠陀传统，而且摧毁佛教寺庙，屠杀佛教僧侣。

补沙耶蜜多罗死后，由其子火友王（Agnimitra）继承王位。后世的伟大剧作家和诗人迦梨陀娑（Kalidasa）在年轻的时候写了一部五幕诗剧《摩罗维迦和火友王》，讲的就是火友王在宫廷中的艳情故事。而关于火友王的其他事迹，人们所知不多，只知他的继承者之一是世友（Vasumitra）。据《摩罗维迦和火友王》的说法，世友王在为太子时，曾帮助其祖父补沙耶蜜多罗管控马祭的祭马。据说祭马跑到印度河流域时遭到希腊人的阻碍，世友打败了希腊人，阻止了希腊人的进一步东进。总之，火友王以后的一段时间，摩揭陀的历史模糊不清。根据往世书的传说，巽伽王朝共经历了10个国王的统治，到公元前75年左右灭亡。

（二）巽伽王朝文化的特点

巽伽王朝为时不长，只有112年，但其在文化方面却有自己的特点。

首先表现在宗教方面。如前文所说，其首位国王补沙耶蜜多罗是婆罗门教的支持者和信徒。据佛教文献《诸天传》[②]记载，补沙耶蜜多罗王在位期间曾经宣布，如果有谁能提来一颗佛教比丘的头颅，可以获得一件金首饰的奖赏。而多罗那他的《印度佛教史》中也曾记载说：“婆罗门国王胜友（即普舍密多罗）等外道发兵烧毁了从中印度到阇兰陀罗（Jalandhara）之间的许多佛教庙宇，一些多闻比丘也被杀害，大部分逃往他国。他（胜友）五年以后死在北方。”[③]但是，补沙耶蜜多罗在多大程度上迫害了佛教徒，在学者们中间存在着不同看法。印度有学者以为，尽管补沙耶蜜多罗信仰婆罗门教并反对佛教，但他的行为是有限的。在他执政时期，佛教还是得到了发展，有那个时期的佛教建筑桑

① 马祭（asvamedha），印度古代帝王为炫耀实力而举行的大型祭祀。具体做法是先将马放出，凡马跑过的土地便被认为是该帝王的统治范围。此马如被阻挡或扣留，则表示同该帝王为敌，极有可能开战。如马能顺利回归，则帝王杀马祭祀天神。

② 《诸天传》（*Divyavadana*），约成书于3世纪或稍后的佛教典籍，记载有阿育王以下至巽伽王朝诸王的故事，对了解印度古代史和宗教史具有重要价值。

③ 多罗那他著、张建木译：《印度佛教史》，成都：四川民族出版社，1988年版，第94页。

奇大塔和巴尔胡特大塔为证①。无论如何，这说明当时的宗教竞争是激烈的。佛教虽然在阿育王的赞助和推广下得到很大发展，但婆罗门教的反扑也是强劲有力的。

其次表现在不同文化的融合方面。尤其在西北地区，大夏希腊人的一次次进攻，不同民族逐渐在西北地区融合。当时有不同民族国王之间的联姻，也有一些外来民族的首领开始信仰佛教和婆罗门教毗湿奴派。例如，在公元前2世纪，一些大夏希腊人的军队攻占了兴都库什山以南的五河流域和信德地区，建立起一些小国。其中有一位叫作米兰德（旧译弥兰陀、弥兰王等）的国王，就听取了佛教徒的说教。这件事被记载在佛经里，即《弥兰王问经》，其汉译名为《那先比丘经》。米兰德于公元前2世纪在位（一说前165~前145，另说前155~前130），其国土一度很大，包括今巴基斯坦旁遮普省和信德省，以及今印度的旁遮普、古吉拉特和拉贾斯坦地区，甚至还扩张到恒河上游地区。米兰德接受了佛教高僧那先比丘的教诲，改信佛教。

约公元前75年（一说前73年），一名叫伐苏提婆（Vasuveva，又译伐苏迪跋）的人杀死巽伽王朝最后一位国王提婆补弥（Devabhumi），自立为王。因伐苏提婆出身于甘婆（Kanva）家族，因而史称其王朝为甘婆王朝。该王朝为期短暂，仅维持了约45年，就被中南印度的萨他瓦哈那王朝军队推翻。据往世书的记载，这个王朝传承四代，分别在位统治9、14、12和10年。在没有别的证据的情况下，往世书的传说可备一说。

二、希腊人、塞种人和安息人东扩

（一）希腊人

在孔雀王朝崩溃以后，大夏的希腊人就开始向东南方进攻。他们首先征服了今阿富汗地区，然后进入旁遮普地区。上面提到的米兰德国王是其中较强大的一位希腊人统治者。他的首都设在旁遮普的奢羯罗（Shakala），有学者考证，认为奢羯罗在今巴基斯坦旁遮普省东部的锡亚尔科特。他在位期间曾发行大量钱币，这些钱币在今印度北方邦亦有大量发现。由于他皈依了佛教，所以有许多在巽伽王朝遭到迫害的佛教徒都到他的国家避难。但在米兰德之后，希

① Atreyi Biswas, *Political, Social and Cultural History of Ancient India*, New Delhi: Uppal Publishing House, 1982, p.258.（阿特雷伊·比斯瓦斯:《印度古代政治经济文化史》，新德里：乌帕尔出版社，1982年版，第258页）

腊人的国家很快就衰落了，逐渐被其他外来民族的势力所取代。

正如印度学者所说，“在印度西北部取代希腊人的外国征服者属于3个主要集团，即：塞种人、帕拉维人（安息人）和月氏人（贵霜人）。塞种人被月氏人逐出他们在中亚的老家，被迫南移。”[①]这里说的是公元前2至前1世纪的情况。

（二）塞种人

关于塞种人（或称塞人）的起源和早期迁徙，余太山先生研究认为，早在公元前7世纪末叶，一些被称为Asii的塞种人已出现于伊犁河、楚河流域；公元前6世纪20年代末，他们又向西扩张至锡尔河，此后，他们被波斯人称为萨迦（即塞种）。“约公元前177/前176年，由于大月氏人西迁，塞种被迫放弃伊犁河、楚河流域，一部分南下，散处帕米尔各地，后亦东向进入塔里木盆地诸绿洲。公元前140年左右，大批塞人渡锡尔河南下，一支进入费尔干纳（Ferghana），一支进入巴克特里亚（Bactria）。后者灭亡了希腊巴克特利亚。他们各自建立的政权（可能均以Tochari人为主），《史记·大宛列传》分别称之为大宛国和大夏国。”[②]

中国的《汉书》记载了塞种人的迁徙：“昔匈奴破大月氏，大月氏西君大夏，而塞王南君罽宾。塞种分散，往往为数国。自疏勒以西北，休循、捐毒之属，皆故塞种也。”[③]这就告诉我们，塞种人南下占领罽宾以后，分散为一些小国。其主要政治中心在罽宾。罽宾（Kipin），通常解释为今克什米尔一带，而当时可能主要指喀布尔河的支流地区。引文中的休循，大约在今阿富汗瓦罕地区，捐毒则是印度的异译。也就是说，塞种人曾经分散于印度的西北地区。塞种人的罽宾曾经是一个比较强大的国家，且一度与中国汉朝关系密切。从呾叉始罗发现的铜版书可知，约在公元前后的40年间（约前20~公元20），有一位强大的塞种人统治者，叫毛伊斯（Mauos），他的势力不仅覆盖了呾叉始罗地区，而且已经延伸到今印度北方邦的马图拉一带。当时的希腊航海家和地理学家称他们的统治地域为西徐亚。

塞种人在印度的影响一直持续很久。在他们的名义下，有一个纪年系统，即从公元78年算起的沙迦（Shaka，塞种）纪元，至今印度还有人使用这个纪

① R. C. 马宗达等：《高级印度史》（张澍霖等译），北京：商务印书馆，1986年版，第127页。

② 余太山：《塞种史研究》，北京：商务印书馆，2012年版，第12、13页。

③ 《汉书》卷九十六《西域传上》。

元。但是，也有不少学者认为这个纪元是贵霜统治者迦腻色迦（Kaniska）建立的，因为他是当时印度最有影响力的统治者，所以这个纪元又被一些学者称为“迦腻色迦纪元”。

（三）安息人

关于安息，《后汉书·西域传》亦有记载，说它在大月氏的西面，民俗与罽宾同，也与乌弋山离国同。乌弋山离国即亚历山大城（Alexandria）的对音，指当初亚历山大东征时留下的殖民地之一，据学界研究，这里的乌弋山离可能在今阿富汗赫拉特（Herat）。当时的大月氏占领了大夏，《汉书·西域传》说它的国都在监氏城，学界一般认为，监氏城在今阿富汗巴尔黑地区。

安息人不断向南扩张，逐步将一些原属于塞种人的地盘据为己有。他们和塞种人已经混合在一起。史学界称之为“塞种—安息人”。他们也大量发行钱币，从这些钱币可知，当时他们的势力已经在今巴基斯坦呾叉始罗地区扎下了根。但据希腊航海家的记叙，在公元1世纪后半，安息人内部并不团结。也许正因为如此，给了大月氏人以可乘之机，安息被大月氏人灭掉。

三、萨他瓦哈那王朝

（一）政治变迁

往世书文献中称萨他瓦哈那王朝的创建者为案达罗人（Andhara），所以印度历史学界也常称萨他瓦哈那人为“案达罗—萨他瓦哈那人”。据说这个家族属于婆罗门种姓。案达罗（位于今安得拉邦）是一个十分古老的国家，在《爱达罗氏梵书》中记提到这个地方。往世书中提到过30个案达罗统治者的名字。《风神往世书》中提到14个，《毗湿奴往世书》中提到25个。至于其统治时间，《鱼往世书》中说是460年，而《风神往世书》中说是300年。他们的统治地区曾经很大，大约北起纳巴达河流域，南至克里希纳河流域，还有人说他们曾经统治了印度的最南端，一直到南海之滨。正是他们的军队曾经北伐摩揭陀，灭掉了甘婆王朝（时间约在公元前28年）。

印度史学界认为，萨他瓦哈那王朝的奠基人叫西牟迦（Simuka），其活动时间大约在公元前1世纪。根据有关石刻铭文，他的继承者名字叫作萨多迦尼（Satakarni），史称萨多迦尼一世。在今奥里萨邦一个叫“象窟”的地方发现羯陵伽国王迦罗维罗（Kharavela）的石刻铭文中提到他的名字。他与迦罗维罗为同时代人，即活动于公元前20年左右。在桑奇大塔的拱门上也刻有萨多迦尼的名字，学界一致认为这就是他。据说他登基的时候举行过马祭，与西部的摩诃剌咤（今马哈拉施特拉地区）保持着同盟关系。在他去世以后，据说由其妻子当政，而此时西北印度的塞种人南下，萨他瓦哈那王朝的历史也变得模糊了。

使萨他瓦哈那王朝重现光辉的是乔答弥补多罗·萨多迦尼（Gautamiputra Satakarni），他曾宣称自己是塞种人、希腊人和安息人的消灭者。其势力范围北达马尔瓦地区，南抵卡纳塔克地区。他在位时间约为公元1世纪后半。而他之后的继承者们没有太大的作为，萨他瓦哈那王朝逐渐衰落。到公元225年前后，萨他瓦哈那最终分裂为5个小国。

（二）社会文化

案达罗—萨他瓦哈那王朝的统治者们信仰婆罗门教，但他们并不敌视和排挤其他宗教。一些有钱人也为佛教和耆那教僧侣修建庙宇。在萨他瓦哈那王朝时期，一些石刻铭文证实，除了一些婆罗门遵循古老的吠陀传统进行祭祀活动外，还有许多信仰毗湿奴的信徒存在。铭文中经常出现毗湿奴、克里希纳等字样，说明这一时期的毗湿奴信仰流传很广。同时，湿婆信仰也很流行，铭文中也经常提到湿婆的儿子——战神室建陀（Skanda），以及湿婆的坐骑白牛南迪（Nandi）。在一个石窟中甚至有铭文记载，有两个希腊族裔的人将自己的名字改为狮子幢（Simhadhvaja）和达摩（Dharma）。这些事实表明，萨他瓦哈那王朝的统治者们实行的是宗教宽容政策，这不仅促进了不同宗教的融合，也为印度教的传播和发展准备了条件。

这一时期，印度社会的民族融合也有很多体现。不同民族间虽然争斗，但也有联姻的例子。乔答弥补多罗·萨多迦尼有一个儿子叫伐西室底补多罗·萨多迦尼（Vasishthiputra Satakarni），就曾娶一位塞种人首领的女儿为妻。这种现象并不罕见。

在萨他瓦哈那时代，妇女受到尊重，不仅有妇女掌权的纪录，对于妇女参与宗教活动也没有明显的限制，人们对寡妇的生活没有过多的干预和限制。

四、贵霜王朝

到公元1世纪中，印度西北部出现了一个由贵霜人建立的庞大帝国——贵霜帝国。

（一）大月氏人的迁徙

关于大月氏人的早期历史，见于中国的典籍《史记》和《汉书》。据《史记·大宛列传》:“大月氏在大宛西可二三千里，据妫水北。其南则大夏，西则安息，北则康居。行国也，随畜移徙，与匈奴同俗。控弦者可一二十万。故时强，轻匈奴，及冒顿立，攻破月氏，至匈奴老上单于，杀月氏王，以其头为饮器。始，月氏居敦煌、祁连间，为匈奴所败，乃远去，过宛，西击大夏而臣之，遂都妫水北，为王庭。其余小众不能去者，保南山羌，号小月氏。”从这段记载可知，月氏人本是游牧民族，逐水草而居。最初在中国敦煌和祁连山之间游牧，在强盛的时候有弓箭手一二十万。但由于他们没有重视匈奴，在冒顿单于的时候（？ ~前174）被击败。大约在公元前165年，又被老上单于（约活动于公元前2世纪后半）彻底击败，国王被杀，才向西远逃。又经过大宛向西，征服了大夏，定居于妫水（阿姆河）之北。

又据《汉书·西域传上》:“大夏本无大君长，城邑往往置小长，民弱畏战，故月氏徙来，皆臣畜之，共禀汉使者。有五翖侯：一曰休密翖侯，治和墨城，去都护二千八百四十一里，去阳关七千八百二里；二曰双靡翖侯，治双靡城，去都护三千七百四十一里，去阳关七千七百八十二里；三曰贵霜翖侯，治护澡城，去都护五千九百四十里，去阳关七千九百八十二里；四曰肸顿翖侯，治薄茅城，去都护五千九百六十二里，去阳关八千二百二里；五曰高附翖侯，治高附城，去都护六千四十一里，去阳关九千二百八十三里。凡五翖侯，皆属大月氏。”余太山先生指出:“从《汉书·西域传上》载五翖侯治地均位于原大夏所领东部山区这一点来看，不妨认为大月氏入侵巴克特里亚后，将西部特别是Bactra周围地区置于自己直接控制之下，而通过五翖侯对东部山区实行间接统治。”①

（二）贵霜人

《后汉书·西域传》记载:“初，月氏为匈奴所灭，遂迁于大夏，分其国为休密、双靡、贵霜、肸顿、都密，凡五部翖侯。后百余岁，贵霜翖侯丘就却攻灭四翖侯，自立为王，国号贵霜王。侵安息，取高附地。又灭濮达、罽宾，悉有其国。丘就却年八十余死，子阎膏珍代为王。复灭天竺，置将一人监领之。月氏自此之后，最为富盛，诸国称之皆曰贵霜王。汉本其故号，言大月氏云。”从这段记载看，容易给人们造成一种假象，似乎贵霜人即大月氏人，或者说是大月氏人的一支。其实，这是一种误解。这里所说的五部翖侯，应为在月氏人

① 余太山:《塞种史研究》，北京：商务印书馆，2012年版，第56页。

之前占领大夏之地的民族，他们被大月氏人统治，被中国史家称为大夏[①]。后来汉文史料一直称贵霜为大月氏，只是习惯性的称呼。关于《史记·大宛列传》所记大夏人的族属，曾引起国际学术界的激烈争论。余太山先生认为，"'大夏'[dat-hea]可以视为Tochari的确切对译。"而Tochari即吐火罗，是塞种诸部之一，即公元前140年左右推翻巴克特利亚希腊人政权的Tochari人。[②]

五部翎侯中，贵霜翎侯渐渐强大，首领丘就却先取高附（Kabur），又灭濮达（Bactria）和罽宾，建立起强大的贵霜帝国。此时，印度西北地区的一大部分已归贵霜所有。

《后汉书》所记丘就却之子阎膏珍灭天竺，应指其把整个西北印度纳入自己的统治范围。据学者们研究，丘就却即库久拉·卡德菲赛斯（Kujula Kadphises），其统治时间大约在公元15~65年。他在自己发行的钱币上自称为"王中之王"。阎膏珍即维马·卡德菲赛斯（Vima Kadphises），其在位时间约为公元65~75年（一说45~78年）。他将贵霜王朝的统治范围进一步扩大，达到恒河上游地区。他发行过大量金币，在今巴基斯坦的白沙瓦、塔克西拉等地，以及今印度的马图拉、瓦拉纳西、哥拉克普尔、印多尔等地均有发现。他除了曾在金币上自称"王中王"外，还自称"天子"（Devaputra）和"所有世界之神"（Sarvalokeshvara）。有的钱币上说他是"大自在天"（Maheshvara），有湿婆及其坐骑南迪的像，说明他已经皈依了婆罗门教湿婆派。

（三）迦腻色迦

1. 迦腻色迦的族属

贵霜王朝到迦腻色迦时期（78~101年在位，一说约129~152年在位）达到鼎盛。迦腻色迦也成为印度古代最著名的伟大帝王之一。但是，迦腻色迦并非出自丘就却和阎膏珍家族，而是另外的家族。从他后代的名字看，如胡毗色迦（Huvaska）、伐西色家（Vasiska）、伐苏提婆（Vasudeva）、迦腻色迦二世等，显然与丘就却、阎膏珍不是一个族系。于是有学者认为，阎膏珍可能没有子嗣，迦腻色迦是阎膏珍手下的将领，以其军事实力获得了贵霜帝国的政权。这个推测得到很多人的赞同，虽然也有人不同意这个说法，但又没有确凿的证

---

① 《汉书》和《后汉书》关于贵霜人的记载并不矛盾，都说明他们不是月氏人，但归月氏人统治。印度有学者认为他们是波斯人，显然是不可靠的；还有人认为他们属于突厥人，就更不可靠。

② 余太山:《古族新考》，北京：商务印书馆，2012年版，第60页。

据。不管迦腻色迦是否出自丘就却的家族，但正如印度学者马宗达所说："迦腻色迦无疑是贵霜人，严格说来不是塞种人，但是后一名称在印度国内广义地用来包括所有类似的部落。"①

2. 迦腻色迦的统治

迦腻色迦的文治武功在印度历史上留下辉煌的一页。他继承了前两位贵霜王的基业，又向印度内地扩张，征服了今印度北方邦、中央邦、古吉拉特邦和拉贾斯坦邦，一度攻占了今比哈尔邦首府巴特那（华氏城）。

在中国的史料中，还有一段迦腻色迦征服南印度萨他瓦哈那王朝的传说，历来未受到史学界的重视，很少有人提起。那就是唐代段成式《酉阳杂俎》中的一段传说：

迦色迦王神勇多谋，讨袭诸国，所向悉降，至五天竺，得上好细麻布衣二条，一自留，一与妃，妃穿此细麻布衣去见王，王见其胸前有郁金香手印，因问妃："你忽然穿着这带手印的衣服来见我是怎么回事？"妃答："这是大王赐给我的。"王又问藏臣，藏臣说本来就有手印，不关他的事。又找到商人追问，商人说，这东西出自南天竺，南天竺娑陀婆恨王有夙愿，每年所赋细麻布衣都重叠放于一处，用手染郁金香印上，手印可透千万重，男人穿它，手印在背，女人穿它，手印当乳。王令左右披之，果如所言。王发誓要割掉娑陀婆恨王手足。派人前去，其国王与群臣谎报说国内无君，并无娑陀婆恨王。迦色迦王发兵进攻，其国以金人迎之，而匿王于地窟中。迦色迦王断金人手足，窟中娑婆陀恨王手足自落。②

因这条材料带有浓厚的神话传说性质，故不大为史家注意。其实，这里所说的"乾陀国"，即犍陀罗国（即当时的行政中心区），"迦色迦王"即迦腻色迦，"娑陀婆恨"即萨他瓦哈那。这条材料可以作为研究印度贵霜王朝历史的一个佐证，证明迦腻色迦曾征服过南印度的萨他瓦哈那王朝。

在行政上，迦腻色迦把所管辖的地区划分为若干省，首都设在富楼沙，即今巴基斯坦的白沙瓦附近。各省由国王派王族成员管辖。

3. 迦腻色迦的宗教

迦腻色迦信奉佛教，在他发行的钱币上铸有佛像。但他并非狭隘的佛教

---

① R.C.马宗达等:《高级印度史》（张澍霖等译），北京：商务印书馆，1986年版，第130页。

② 段成式:《酉阳杂俎》卷十四《诺皋记》"乾陀国"条。

信徒，其他宗教也在他的统治时期得到发展。他的金币背面往往有不同民族的神像。不仅有印度神像，如佛像、湿婆像等，还有希腊和伊朗等民族的神像。例如，有的金币背面有希腊火神赫斐斯塔斯（Hephaestus）的像，有的背面有伊朗火神阿特修（Athsho）的像，还有的有伊朗吉祥女神阿尔多修（Ardoksho）的像，等等。这说明，当时的贵霜帝国是一个多民族混合在一起的国家，是一个各种文化相互融合的国家。同时也说明迦腻色迦的宗教政策从总体上看是宽容的，其信仰也许是兼收并蓄的。

相传，在迦腻色迦的赞助下，佛教的第四次结集得以在克什米尔举行。他还在富楼沙等地建设了宏伟的佛塔等佛教建筑，中国东晋高僧法显、北魏高僧惠生和使者宋云、唐代高僧玄奘等，都曾到那里巡礼遗迹，并留下记载。例如，法显在《佛国记》中说，迦腻色迦王起塔："高三十余丈，众宝挍饰。凡所经见塔庙，壮丽威严，都无此比。传云：阎浮提塔，唯此塔为上。"[①]玄奘《大唐西域记》卷二说："卑钵罗树南有窣堵波，迦腻色迦王之所建也。"然后讲述了迦腻色迦王皈信佛教并起佛塔的故事。继而记述了大窣堵波周边的建筑、雕刻和绘画。又说："大窣堵波西有故伽蓝，迦腻色迦王之所建也。重阁累榭，层台洞户，旌召高僧，式昭景福。虽则圮毁，尚曰奇工。"[②]

4. 迦腻色迦的继承者们

前面已经提到迦腻色迦的几位继承人。其中，伐西色迦（Vasiska）是迦腻色迦的直接继承人，在位时间不长，王位由胡毗色迦（Huviska）继承。他大约维持了迦腻色迦的基业，并将首都迁至了孔雀城（Mathura，今马图拉）。迦腻色迦二世可能是伐西色迦的儿子，他的名字出现于铭文中，他除了继承前辈们的"王中之王"、"天子"等称号外，还为自己增加了一个称号"凯撒"。

伐苏提婆（Vasudeva）是贵霜王朝中最后一个有影响的国王。有铭文记载，他的统治时间约为塞种纪元67~98年，即公元145~186年。他的钱币上铸有湿婆像，说明他是湿婆派信徒。此时，贵霜帝国已经衰落，他的势力范围大约只有恒河上游地区。其余地区都已独立。

① 法显撰、章巽校注：《法显传校注》，上海：上海古籍出版社，1985版，第39页。

② 玄奘、辩机原著，季羡林等校注：《大唐西域记校注》，北京：中华书局，1985年版，238、244页。

第二节　经济生活

一、农　业

（一）土地问题

这一时期，土地仍归国王所有。耕种者只是享有使用权，并以缴纳税收的方式向地方官缴税。如《弥兰王问经》所说，获得土地的方式有7种，即学识、购买、抵押、勇敢、嫁妆、直系继承和亲属继承。所谓学识，是指国王、贵族、富商等向婆罗门和佛教、耆那教僧侣捐赠布施的土地。这种捐赠和布施的土地往往具有传承性，即便在改朝换代的情况下也仍保有使用权。例如，在一块2世纪初的石窟铭文中说，当萨他瓦哈那国王乔答弥补多罗·萨多迦尼征服一地时，将僧侣原先受赠的土地重新以自己的名义赠予僧侣，既宣示了自己的土地所有者权利，同时也保持了僧侣们原有的使用权。所谓购买，指当时有土地买卖的许可，当然仅是使用权的转让。所谓抵押，与买卖一样，是一种商业行为，也只是使用权的抵押。所谓勇敢，是指作战有功的将士得到国王的土地赏赐。所谓嫁妆，指王公贵族给女儿的陪嫁土地，这是王公贵族们封地的一部分，理论上也只有使用权。所谓继承，同陪嫁相似，说明当时的土地使用权可以继承，带有一定世袭的意义。总之，这一时期的土地关系基本如旧。

（二）农业生产力

有考古发掘证明，这一时期广泛使用铁器农具，其形制较以前有所进步，因而农业生产力也会得到提高。当时人们很重视水利建设。如羯陵伽国发现的铭文证实，国王曾自豪地让人记录下他在自己国土内修建了渠道和水库。对于耕作的细化，也有文献讲述某种土地适宜种植某种作物，介绍有关收获与储藏的方法等。文献中还有关于蔬菜、瓜果的种植技术等。在南方，水稻栽培技术得到普及，甚至有大米出口的记载。其时，饲养家畜、家禽，以及养鱼等已经很普遍。①

二、手工业、商业

据成书于2世纪的《大事》（*Mahavastu*）记载，王舍城里有36种以上的工

---

① 参见林承节:《印度古代史纲》，北京：光明日报出版社，2000年版，第137、138页。

匠。《弥兰王问经》中则提到了60种与手工业有关的职业。这都说明当时的手工业分工已经十分精细了。印度的珠宝首饰畅销国外，钢铁制品出口埃及等地。西北印度是传统的毛织品产地，产品销往全印度。玻璃制造业兴起，其产品销往中国。象牙制品销往罗马。

（一）贸易路线

印度史学家R.C.马宗达说:“早在公元前1世纪，印度与罗马帝国已有了接触。碑文和文学作品告诉我们，在耶稣纪元的最初几个世纪，印度同中国、希腊化各国、锡兰和‘远方的印度’（引按，指东南亚各国）有往来，这些情况都载在龙树穴铭文和《弥兰陀问经》中。”①林承节先生则把印度的贸易活动总结为3条线路:“北路是丝绸之路穿过贵霜帝国的干线及在印度的从咀叉始罗到乌贾因的支线。”“中路贸易干线主要是从东海岸港口耽摩栗底（塔姆卢克）经华氏城、乌贾因到西海岸布罗奇等港口。”“布罗奇是印度对外贸易的主要吞吐港，西方商船大量停泊于此，在这里可以直接与外商往来。南路贸易干线主要是沿哥达瓦里河、克里希那河、科佛里河沟通半岛东西两海岸的商路以及海岸贸易、海外贸易航线。”②

（二）货币

在孔雀王朝和巽伽王朝时期，印度内地使用的货币主要是银币、铜币和贝币。而西北地区则主要使用金币、银币。如《汉书·西域传上》记载，罽宾国“以金银为钱，文为骑马，幕为人面。”而乌弋山离（亚历山大城）的货币与罽宾同，但其钱“文为人头，幕为骑马”。这种细致的观察说明中国当时与当地有贸易关系，而且以金银币为主要交换媒介。

《后汉书·西域传》中记载大秦国（此处指罗马）时说:“以金银为钱，银钱十当金钱一。与安息、天竺交市于海中，利有十倍。”这说明，罗马帝国喜欢使用金币和银币，印度西北地区受了西方的影响才流行金币的。正如马宗达所说:“学者认为，贵霜帝国政府从阎膏珍时代起采用金币制是由于罗马帝国的金子流入的缘故。甚至在孔雀王朝之前，印度人已经有本国固有的银、铜货币。金质的尼什伽虽然往往用来作为交换的媒介，但在初期大概并不具备正式货币

① R.C.马宗达等:《高级印度史》（张澍霖等译），北京：商务印书馆，1986年版，第147页。

② 林承节:《印度古代史纲》，北京：光明日报出版社，2000年版，第140、141页。

的各种特性。”①

到贵霜王朝时期，金币在印度内地多有普及。近代以来，在孟加拉、奥里萨、比哈尔等邦都发现了很多贵霜钱币，主要有金币和铜币两种，另外还有当地的仿币。其中，金币在比哈尔地区的加尔普尔市、穆代尔、菩提伽耶、兰奇等地均有发现。铜币在巴特那、穆扎法普尔、占普兰、兰奇，以及孟加拉的米德那普尔、奥里萨的普里和孔雀城等地均有发现。这说明，这些地区与贵霜帝国的经贸联系非常密切。

（三）对中国的贸易

据《后汉书·西域传》记载，当时天竺国的物产有大象、犀牛、玳瑁、金、银、铜、铁、铅、锡等，又有细布、毛织品、香料、石蜜（成块的糖）、胡椒、姜、黑盐等。说明在公元一二世纪时，印度的这些物产已经为中国所熟悉，是贸易的主要商品。而当时，由于中国没学会生产玻璃的技术，所以印度的玻璃在中国更驰名，史籍中有关于“身毒国宝镜”的神秘记载。这一时期，中国与印度间仍存在丝绸贸易活动。公元80~89年间，旅居埃及的希腊人曾记载说，中国的丝和丝制品以印度为转运站，经大夏销往西方。印度虽为转运站，但当地也有丝和丝织品的消费。同时，印度人已经学会养蚕缫丝的技术。

第三节　六派哲学

古印度婆罗门教哲学有6个主要派别，它们是数论派、瑜伽派、胜论派、正理派、弥曼差派、吠檀多派。它们被视为印度古代哲学的正统。六派哲学的起源非常悠久，最早由吠陀和奥义书的一些思想发展而来。也就是说，早在公元前1 000多年至前600多年间就有了六派哲学的思想萌芽。它们形成独立派别的时间不一，一般认为，大多形成于公元前300年至公元初。为叙述的方便，将它们集中在这里叙述。

一、数论派和瑜伽派

（一）数论派

数论派（Samkhya）是六派哲学中形成独立派别较早的一派，约在公元前

① R.C.马宗达等:《高级印度史》（张澍霖等译），北京：商务印书馆，1986年版，第149页。

4世纪形成。后随佛教传入中国。汉译佛经既称之为数论，又称之为“迦毗罗论”、“雨众外道”、“僧佉”等。

据汉文佛典等记载，该派创始人为迦毗罗（Kapila），约生活于公元前4世纪。而其实际的代表人物是生活于4世纪的自在黑（Isvarakrsna）。现存该派最早的系统经典即自在黑的《数论颂》（*Samkhya-karika*）。之后，数论派的主要著作是对《数论颂》的注释。目前保存下来最早的是《金七十论》，保存在中国的佛教典籍中，该书于6世纪由真谛译为汉文，不知作者。此外尚有4种注释比较重要，即《道理之光》（约6世纪）、《乔荼波陀注》（约7至8世纪）、《摩特罗评注》（约8世纪）、《明谛论》（9世纪）。数论派在印度哲学史上具有重要意义，其影响深远。

据《数论颂》及其注释，其基本思想即所谓“二元二十五谛”。“二元”指宇宙间一切人和事物产生与转变的两个根本原因；“二十五谛”是包括二元在内的25个基本范畴。其主要理论有“因中有果论”、“三德说”、“三分法量论”及“轮回解脱论”等。

“二元”指“自性”（物质性的实体）和“神我”（精神性的实体）。“二十五谛”即自性、觉、我慢（自我意识）、十一根（即人体的11个有感觉的功能器官：眼、耳、鼻、舌、皮、发声器官、手、足、排泄器官、生殖器官、心）、五唯（即外界可被感知的5种基本事物或现象：香、味、色、触、声）、五大（即构成宇宙的5种要素：地、水、火、风、空）和神我。

数论派认为，由自性生出“觉”，由觉生出“我慢”，从我慢一方面生出“十一根”，又生“五唯”，五唯又生“五大”。人和世间万物按照这个程序生成。

数论派认为，世界上的事物都是由三种不固定的成分构成的，即三德：“萨埵”（sattva），具有喜的本质和照明作用；“罗阇”（rajas），具有忧的本质和冲动作用；“多磨”（tamas），具有暗的本质和抑制作用。数论派认为，三德相依相生又相互抑制。

数论派主张“因中有果论”。认为，一切事物的原因中就包含着结果。如种子和果实，种子是因，果实是果。

在认识论方面，数论派认为有3种量，即“现量”（指感官与事物接触而产生的知觉）、“比量”（指推理得出的正确认识）、“圣言量”（指已经被证实的正确认识，即圣人之言或圣书之言）。

数论派认为，宇宙间的一切都处于不断的轮回当中。轮回中充满痛苦，需要获得解脱。而解脱之道即获得“二元二十五谛”的智慧。

（二）瑜伽派

瑜伽派（Yoga）的渊源十分古老，但作为一个哲学派别，它大约形成于公元前2世纪中期。瑜伽的思想与实践历来受到各个宗教派别的重视，不仅印度教将它作为修行的手段，佛教和耆那教也将它吸收进自己的修行体系。

在印度河文明的出土印章中，就有瑜伽坐法的图像。印度许多古老的典籍，如奥义书、《政事论》、史诗《摩诃婆罗多》等，都提到或论述过瑜伽。

一般认为，瑜伽派的创立者是钵颠阇利（Patanjali），他是公元前2世纪人。他所作的《瑜伽经》（*Yoga-sutra*）为该派哲学的根本经典。此经大约在3~5世纪定型。瑜伽派的主要理论包括“心作用”、“三昧”、“能观和所观”、“八支行法”和“神通力”等。

所谓“心作用”，指的是心的活动，而瑜伽则是对心作用的抑制。

所谓“三昧”，主要指心专注一处的精神状态。三昧分两种，一是“有想三昧”，二是“无想三昧”。前者指带有某些思虑情感的状态，属于不够纯粹的入定状态。后者则指去除一切思虑和杂念，达到高度的入定状态。达到“无想三昧”状态的基本方法是依靠信（信仰）、力（力量）、念（忆念）、定（禅定）、慧（智慧）。

瑜伽派认为，为了进入三昧状态，应修习“当为瑜伽”，即苦行（用以净化心灵）、诵读（集中精神来念诵圣洁的语言或发出圣音）和敬神（将自己的一切奉献给神）。

瑜伽派也认为轮回是宇宙的基本运动，轮回中充满痛苦。瑜伽派吸收了数论派的理论，用“能观和所观”的理论来解释“自性”和“神我”。数论派和瑜伽派认为，神我是精神性或阳性的实体，而自性是物质性或阴性的实体。当神我作用于自性时，二者结合，即产生出世间事物，包括种种生命现象，这就产生了轮回。神我作用于自性也就是神我对自性进行“观照”。因而，神我被称为“能观”，自性被称为“所观”。能观和所观之所以结合是由于有无明。消除了无明，能观和所观便不得结合，轮回与轮回之苦便可避免。而要消除无明，需依靠具体的瑜伽实践，即所谓“八支行法”。

八支行法是瑜伽修炼的8个步骤：禁制、劝制、坐法、调息、制感、执持、静虑、等持。

“禁制”是瑜伽行者必须遵守的规定（戒律）：不杀生、不妄语、不偷盗、净行（不淫或梵行）和不贪。

“劝制”是瑜伽行者必须奉行的道德准则：清净、满足、苦行、学习与诵读、敬神。

“坐法”是修炼瑜伽时保持身体的姿态端正、轻松自如。

“调息”指对呼吸的调节和控制。

“制感”指对身体的感官的控制，避免外界干扰。

“执持”指修行时心注一处。

“静虑”指将心思持续集中于禅定对象上。

“等持”即三昧，是瑜伽行者修持的最高阶段——心与客观世界合一。

瑜伽派认为，通过上述八支行法可以获得一种超自然力，即“神通力”。如隐身、懂动物的语言、知道别人的想法、了解前生和来生、了解生死等，以至完全摆脱轮回，根除痛苦，获得解脱。

二、胜论派与正理派

（一）胜论派

胜论派（Vaisesika）大致形成于公元前2世纪。胜论派曾随佛教传入中国，受到中国古代一些思想家的重视。在中国古代还被音译为“吠世史迦”、“毗世师”等。汉文佛典中常称该派为“胜宗”或“胜论外道”等。胜论派的特点是将谈论的重点放置于自然现象方面，对传统印度哲学的道德、轮回等学说虽然也有涉及，但不是其理论体系的重点。

胜论派的创立者相传是迦那陀（Kanada），约公元前2世纪人，在汉译佛典中也被译为“优楼迦”等。他的《胜论经》（*Vaisesika-sutra*）大约产生在公元前2世纪,约在2世纪被编定，是该派的主要经典。

约6世纪，胜论派中出现了一部较为重要的文献，即钵罗奢思多波陀（Prasastapada）著的《摄句义法论》（*Padartha-dharma-samgraha*）。这是印度保存的最系统论述该派理论的著作。这个时期的另一部重要文献，即慧月的《胜宗十句义论》，原文失传，现仅存玄奘译的汉文本。

胜论派的理论核心是“句义论”。所谓“句义”，指“与概念相对应的实在物”。其中的“句”（Pada）指“概念”，“义”（artha）指“事物”。胜论派认为，世间万象都可以概括为各种“句义”。胜论派中影响较大的句义论是“六句义论”和“十句义论”。前者为《胜论经》和《摄句义法论》所主张，后者为

《胜宗十句义论》所主张。

“六句义”是：实句义、德句义、业句义、同句义、异句义、和合句义。

“实句义”（dravya,实体）指事物的自体，有9种，即地、水、火、风、空、时、方、我、意。地、水、火、风、空为物质元素，由“极微”构成；时指时间；方指空间或方位；我指个人灵魂或意识主体；意是我（灵魂）与外界的联络者。“德句义”（guna，性质）指事物的静态特征，有17或24种。“业句义”（karman，运动）指事物的动态特征，有5种。“同句义”（samanya，普遍性）主要指事物间相对的同的关系。“异句义”（visesa，特殊性）主要指事物间相对的异的关系。“和合句义”（samavaya，内在联系）指事物所具有的属性等的因果关系。各个句义的区分主要是在概念上，而实际上它们都要统一在事物自身，即“实”上面。产生这种自体与属性等不可分的关系的就是和合句义。

“十句义论”主张有10个句义，即在六句义基础上增加了“有能句义”、“无能句义”、“俱分句义”和“无说句义”。有能句义指与实、德、业三句义有内在联系。无能句义指与实、德、业三句义无内在联系。俱分句义指事物间相对的同异关系。这是对六句义的细化。

胜论派的句义论体系涉及的哲学问题较多，其中较重要的有：极微论、因中无果论、现量与比量理论。“极微”（anu）指物质的最小单位，现代常翻译为原子。胜论派还认为，极微存在于地、水、火、风的元素中，能分能合，能够毁灭。胜论派主张因中无果论，并加以烦琐论证。认为因和果有着根本不同，如线，既可制衣，又可搓绳，结果是不一样的。这一独特的观点曾受到其他派别激烈攻击。“现量”与“比量”的理论是其认识论思想的一部分，研究的是逻辑推理的问题。

（二）正理派

正理派（Nyaya）大约形成于1世纪，是印度最早系统探讨逻辑与辩论规则的思想流派。曾随佛教传入中国，对中国佛教因明学产生过重要影响。

正理派的创始人为乔答摩（Gautama或Gotama），约1世纪人。其《正理经》（*Nyaya-sutra*），在三四世纪定型。该派的主要理论保存在《正理经》以及后世的注疏当中。其基本思想体系是“十六谛”学说。十六谛包括：量、所量、疑、动机、实例、宗义、论式、思择、决了、论议、论诤、坏义、似因、曲解、倒难、堕负。“量”指获得正确认识的方式方法。“所量”指认识对象。“疑”指怀疑的心理状态，这是引起推理和论辩的前提。“动机”指人进行推理和辩论的目的。“实例”指客观真理活实事。“宗义”指论点。“论式”推论的程序或模式。“思择”是一种假定推理过程。“决了”指判断。“论议”指正确的论式。“论诤”指辩论时的取胜方法。“坏义”指破坏对方议论。“似因”指推理中似是而非的理由。“曲解”是发挥对方言语中的漏洞。“倒难”指反驳和驳倒对方。“堕负”指在辩论中失败。

正理派在“十六谛”的理论体系中论及的问题较多，主要有：四种量的分类、五支作法的基本推论式、推理与辩论失败的表现和原因。

正理派主张在逻辑推理时使用“五支论式”。其“五支”即：宗（命题）、因（理由）、喻（实例或例证，分同喻和异喻两种）、合（应用）、结（结论）。具体实例为：

宗：声是非常住的，

因：因为是被造出来的，

同喻：凡是被造出来的都是非常住的，如盘、碟等，

合：声是这样，是被造出来的，

结：所以声是非常住的。

包含异喻的五支论式的实例为：

宗：声是非常住的，

因：因为是被造出来的，

异喻：凡不是被造出来的都是常住的，如阿特曼等，

合：声不是这样，不属于不是被造出来的，

结：所以声是非常住的。

这个五支论式与形式逻辑的推论方式本质上相同。虽显重复，但其目的在强调和展示己方观点的正确性。

三、弥曼差派和吠檀多派

（一）弥曼差派

“弥曼差”（Mimamsa）的原义为审察、仔细考虑等。汉译佛经中又译为“弥息伽”等。该派的创始人相传是阇弥尼（Jaimini），约公元前2世纪人，其所作《弥曼差经》（*Mimamsa-sutra*）为该派根本经典，约定型于1世纪。后世对《弥曼差经》多有注疏。

弥曼差派的精髓在于它所提出的认识论。其主要特色理论是“声常住论”和“量论”。

“声常住论”强调的“声”。这个“声”与现代汉语中的“声”含义不同，指的是言语、概念或知识，特别指吠陀的言语或知识。弥曼差派认为，这种概念和知识是先天就有的，它常住不灭，绝对正确。如“牛”的“声”是常住的，具体的牛死了，但人们记住了“牛”这个词的发音，这个词的概念常留人间。这就是所谓“声是常”。弥曼差派认为，如果声不常住，人们就无法沟通，听者就无法理解说者的意思。所以，他们认为声这种知识是先天的。其实，任何一个事物的指称，都是上古人强加给这个事物的，并不是事物本身所固有的。命名可以被认为是一种发明，但也不是一成不变的。如牛，上古人最先把这种动物叫作牛，后世就延续下来，但并非所有民族的发音都一样。弥曼差派之所以认为声是先天的知识，是误把文化传承当成了先天的东西。

“量论”属认识论范畴。所谓“量”，就是获得正确认识的方法。印度古代各派哲学大多都有自己的“量论”。而弥曼差派则提出了自己与众不同的量论。他们认为，量有6种：现量、比量、譬喻量、圣教量、义准量、无体量。

“现量”指感官与外部事物接触后所产生的知觉。“比量”即推理。“譬喻量”指对同类事物的认知。“圣教量”指权威者给予的认识。“义准量”指对同类事物的联想获得正确认识。“无体量”指通过观察知道某物的不存在。

（二）吠檀多派

吠檀多派（Vedanta）是印度古代婆罗门教哲学最主要的派别，其理论是印度教思想体系的基础。它发展了吠陀奥义书以来的婆罗门教思想，在印度思想史上占主导地位，影响至今不衰。

“吠檀多”的字面意思是“吠陀的末尾”，指奥义书。因此，吠檀多哲学即奥义书哲学。但作为一个独立的哲学派别，其形成时间较晚，在1世纪左右。其创立者是跋达罗衍那（Badarayana）。他的《梵经》（*Brahma-sutra*）总结了吠陀和奥义书的哲学思想，因而被认为是该派的根本经典。

吠檀多哲学的后继者很多，可以说是大师辈出。如乔荼波陀（Gaudapada，约7世纪）、商羯罗（Sankara，约788~820）、婆察斯巴蒂·弥尸罗（Vacaspati Misra，约9世纪）、薄斯伽罗（Bhaskara，约9~10世纪）、罗摩努阇（Ramanuja，约11~12世纪）、室利哈尔沙（Sriharsa，约12世纪）、摩陀婆（Madhava，约13世纪）、筏罗婆（Vallabha，约13世纪）、室利帕底

（Sripati，约15世纪）、巴勒提婆（Baladeva，约18世纪），等等。他们的理论有相同点，也有不同点，因而形成了许多分支。奥义书哲学的核心问题是“梵”与“我”的关系问题。这些分支的梵我关系理论的主要类型有:“不一不异论”、“不二论”、“限定不二论”、“二元论”、“二而不二论”、“纯净不二论”、“性力限定不二论”和“不可思议差别无差别论”等。在这些理论中，影响较大的是跋达罗衍那的“不一不异论”、商羯罗的“不二论”、罗摩努阇的“限定不二论”及摩陀婆的“二元论”。我们这里只介绍跋达罗衍那的“不一不异论”。

跋达罗衍那的《梵经》由555个简短的偈颂组成，分4篇，每篇4章。第一篇讲述了全书的大纲，强调梵是宇宙万物的根本；第二篇批驳了其他派别，如数论派、胜论派、佛教、耆那教等的学说，并论述了世界的生成等问题；第三篇主要论述梵与我（个我、小我）的关系及轮回等问题；第四篇论述冥想、行为、果报及解脱等问题。《梵经》文字简略，却涉及很多问题，许多经句的含义要依赖于有关注释才能了解。它继承了奥义书中的梵我关系思想，而在论述梵为万物根本时，又常将其作为神来看待。

在梵我关系问题上，跋达罗衍那的观点有时并不明确。这与《梵经》过于简略有关，也与前后文不一致有关。但一般认为，他的基本观点属于“不一不异论”。也就是说，他认为梵语我既同一又不同一。一方面，梵作为造物主，与被创造物（我）是不能画等号的。但另一方面，我虽然是被创造物，却是具有梵性的，是离开梵不能存在的，从这个角度看，梵与我又是同一的。在他看来，梵与我的关系，如同太阳光与影子的关系。《梵经》在论及轮回与解脱的问题时，讲述了小我的轮回过程，以及如何通过冥想等获得梵的知识。跋达罗衍那认为，举行婆罗门教的祭祀有助于正确认识梵。他强调，如果能达到小我与梵合一的境界，我就可以不再受轮回之苦。[①]

第四节　佛教

一、佛教的传播

在孔雀王朝阿育王时期，由于阿育王信仰佛教，佛教得到空前发展和传播。

① 本节根据姚卫群编译《古印度六派哲学经典》（商务印书馆，2005年版）和姚卫群著《印度宗教哲学概论》（北京大学出版社，2006年版）有关部分编写。

得力于阿育王的大力赞助和推广，佛教已由一个地区性的宗教而发展壮大为一个几乎传遍全印度次大陆的宗教。到巽伽王朝至贵霜王朝期间，佛教的影响在印度各地显现出来。

（一）北印度

北印度有当年佛陀传教的地方以及与佛陀生平相关的圣地，佛教得到流传，完全是情理中事。然而，在巽伽王朝至贵霜王朝这一时期，佛教在西北印度的传播速度令人吃惊。到公元前2世纪，也就是在阿育王去世后的数十年间，西北印度的佛教已经深入到一些希腊人统治的王国内。最典型的例子就是我们前文提到的米兰德王（弥兰陀王）[①]。

1. 关于弥兰陀王

弥兰陀王是历史上的真人，有许多出土的钱币和铭文为证。这一点已毋庸置疑。但关于弥兰陀王信仰佛教的故事，学界曾有许多研究和争论。据《那先比丘经》卷下，弥兰王说："我本生大秦国，国名阿荔散。"[②]按，后汉时，中国人所说的"大秦"，通常指罗马，但此处指阿富汗等地的希腊人统治区。而"阿荔散"，即亚历山大城，应在今阿富汗的坎大哈。

他当时是西北印度一个大国的国王，作为希腊人，他真的信仰了佛教吗？据考古发现，弥兰陀王曾发行很多金、银、铜币，从这些钱币的出土情况看，他统治的地区应该包括大夏、东阿富汗、犍陀罗、克什米尔、旁遮普、信德、卡提阿瓦半岛及恒河上游地区，据说他还曾于公元前155年左右东侵摩揭陀国，无功而返。他发行的钱币上主要有3种铸文，一种自称为救世主（Soter），一种自称摩诃罗阇（Maharaja）和奉法者（Dharmika），一种自称执法者（Dikaio）。第二种可以有不同解释：一说表示他拥护佛法，另一说仅仅表示他履行职责、秉持公正。同时，他的钱币中有的上面铸有车轮，又有两种解释：一说此车轮代表法轮，另说仅是转轮王的一个标志。但除此之外，还有希腊史学家普鲁塔克（Plutarch，46~120）关于他死后人们为他建舍利塔的记载，以及《弥兰王问经》中弥兰陀王还说过这样的话："请接受我为优婆夷，皈依从今日始至于有生之日。"综合以上情况，巴宙比丘认为："这样，无形中证实他是

① 米兰德，又译弥兰陀，简译弥兰王，梵文为Milindra或Menadra，巴利文为Milinda，系从希腊语Menander或Menandros转化而来。

② CBETA, T32, no. 1670A, p. 699, a2–p. 703, c3。

一位信佛的在家居士。”①

2. 关于《弥兰王问经》

现存巴利文《弥兰王问经》篇幅较长，除《序话》外尚有二十三品。一般认为，这是经过增补的本子，编订较晚。但其汉译本《那先比丘经》则属东晋以前的译本，篇幅小，仅相当于巴利文本的23%，即其《序话》加前7品。学界认为，其编订时间约在后汉或稍前。如果拿汉文《那先比丘经》与巴利文《弥兰王问经》比较，前者像是一部谈话记录，后者则更像一部文学作品。

经中人物长老那先（Nagasena），又音译为那伽斯那、那伽犀那等，意译龙军。龙军是历史真人还是虚构的人物，也成为学界争论的焦点之一。有人认为，经中对龙军身世的介绍带有神话色彩，因而他不会是历史真人，而是佛教徒为了宣传佛教而虚构的。但问题是，如果佛教在弥兰陀国王的国土内没有影响，弥兰陀国王与佛教毫无瓜葛，那么，这样的故事也是编排不出来的。因此，学界多数人认定，弥兰陀国王与佛教高僧之间的对话是历史上发生过的事实，只是对话的内容未必那么准确、那么生动具体而已。

尽管《弥兰王问经》不属于信史，但人们仍能从《弥兰王问经》中得到弥兰王时期印度北方佛教传播的一些信息。经中提到一些北方地名，如华氏城、波罗奈等地，均属摩揭陀国。尤其提到华氏城阿育王寺，大约为其时全国著名的佛教中心之一。

经中还提到弥兰陀王的都城萨竭罗（Shagala，即前文提到的奢羯罗），在今巴基斯坦旁遮普省东部的锡亚尔科特。这是米兰德王的统治中心。显然，这里住着不少佛教沙门。除了沙门，还有婆罗门等，都受到国王的重视。

3. 贵霜时代佛教的传播

如果说公元前2世纪的米兰德王时代佛教已经在西北印度广泛传播开的话，那么，此后的一二百年间，西北印度则成为佛教的一个中心区。尤其是在迦腻色迦王统治期间，那里的佛教更是昌盛。由于迦腻色迦王的首都在白沙瓦，比米兰德王的首都萨竭罗西移了许多，佛教因而也随之大规模西扩和北上，占据了丝绸之路的要冲。

正因为如此，佛教的影响也随着丝路上频繁的人员往来传到了中亚和中国中原地区。东汉明帝时，中国人正是从贵霜人（当时称大月氏人）那里学习到

① 以上据巴宙译:《弥兰王问经》，北京：中国社会科学出版社，1997年版，《导论》第10~12页。

佛教，并把佛教信仰带回到内地的。也正因为如此，最早的佛像雕刻出现在西北印度，形成犍陀罗艺术流派并向印度内地和中亚地区传播。

（二）南印度

1. 东海岸

这里的东海岸指孟加拉、羯陵伽（今奥里萨）和案达罗（今安得拉）的沿海地区。据佛教文献记载，在阿育王时代，目犍连子帝须长老在第三次结集后曾派员“九地弘法”，皆有成就。其中，第八支传教团成员为须那（Sona）和郁多罗（Uttara），派出地为“金地”（Suvarnabhumi）。据学界考证，“金地”约在今天的孟加拉及其以东的下缅甸地区。如此，则孟加拉沿海地区便有佛教流传。“公元3世纪，龙树山（Nagarjunakonda）的一处铭文即已明确提到，孟加拉是一个重要的佛教中心。根据古代斯里兰卡王朝与佛教编年史《大史》（*Mahavamsa*）记载，阿育王从其首府华氏城派遣的传教使团就是从孟加拉地区的塔姆鲁克（Tamluk）扬帆南下驶往斯里兰卡的。塔姆鲁克即中国典籍多次提到的古代东印度主要港口耽摩栗底（Tamralipti）所在地。此地发现的一块赤陶书版表明，即使在继孔雀帝国而起的巽伽王朝时期，佛教在孟加拉依然存在。”[①]引文中所说的龙树山，在今安得拉邦，是印度东南部地区的一处重要佛教建筑群遗址。其开始兴建的年代在公元3世纪，位置在克里希纳河下游的南岸。然而，更为著名的一处佛教艺术宝库——阿马拉瓦蒂（Amaravati）遗址在龙树山西边不远处。那里的大塔约建于公元前2世纪，到公元2世纪，那里又得以大规模扩建，致使阿马拉瓦蒂艺术成为一个独特的流派，成为与犍陀罗艺术、马图拉艺术并称为这一时期的三大艺术流派之一。

以上情况表明，在印度东海岸，佛教得到了广泛传播。

2. 西海岸

这里的西海岸指今印度的古吉拉特、马哈拉施特拉和卡纳塔克3个沿海邦。

阿育王时期，一位名叫勒弃多（Rakkhita）的长老被派往婆那婆私（Vanavasi）传播佛教，其地在今德干高原的西南部，克里希纳河的上游地区，即今马哈拉施特拉邦的南部和卡纳塔克邦的北部。还有一位叫作臾那·昙无德（Yona Dhammarakkhita）的长老被派往波兰多迦（Aparantaka），即今古吉拉特邦地区。而一位叫作摩诃昙无德（Mahadhammarakkhita）的长老则被派

① 刘建编著:《列国志·孟加拉国》，北京：社会科学文献出版社，2010年版，第33页。

往摩诃勒陀，即今马哈拉施特拉邦地区。从后世的考古发现来看，这些记载并非虚构，因为在此后，印度的西海岸的确发现了很多那个时期的佛教石窟。其中最著名的是位于马哈拉施特拉邦奥朗加巴德附近的阿旃陀石窟。阿旃陀石窟中，最早的一批为第8、9、10、12、13等窟，其开凿时间从公元前2世纪到公元2世纪，是阿旃陀艺术的早期代表。

3. 南端

在印度的南端，如前文所说，当时有3个主要国家，即朱罗、潘地亚和哲罗。其人民均操达罗毗荼语，即泰米尔语。这3个国家聚散分合，存在了很长时间，其语言也发生了很大的改变。阿育王时代，虽然没有派遣人员到这一地区传播佛教的记载，但这里后来也有佛教传播。例如，大约形成于公元2世纪的泰米尔文史诗《玛妮梅格莱》的女主角就曾经出家成为一位佛教尼姑，她的活动范围先在朱罗国，后在哲罗国。同时，书中还大量使用佛教用语，宣扬了佛教思想。这说明，公元2世纪时，佛教在朱罗和哲罗已经广泛流传。

（三）中亚与中国

1. 中亚

由于弥兰陀王和贵霜王迦腻色迦的推崇，佛教在西北印度得到迅速发展，并不断向中亚地区扩张。贵霜帝国的版图本来就包括一部分中亚地区，这些地区的人民中有信奉佛教的，已经是顺理成章的事。

在今天的中亚五国，近代以来的考古发掘有许多佛教遗迹，既有佛教寺院，也有石窟建筑。例如，在阿姆河流域有铁尔梅兹、卡拉丘别和阿吉纳丘别遗址，在塔吉克斯坦有喀费喀拉遗址，在乌兹别克斯坦的萨马尔罕附近有阿夫哈萨雅布和喷赤干遗址等。其中，铁尔梅兹位于乌兹别克斯坦和阿富汗交界处的乌兹别克斯坦一侧，在喷赤河北岸，那里有一个古代佛教中心，曾发现许多佛寺的废墟，以及属于犍陀罗风格的佛像残部等。在铁尔梅兹西北18千米处一个叫艾尔塔姆的地方，有一座公元1世纪的佛寺遗址，那里发现了一些保存完好的雕塑艺术品，明显是贵霜的风格，当地的工艺。①

2. 中国新疆

中国新疆的一些地方很早就有佛教传播。但一般认为，佛教传入那里的时间并不比内地早，大约在东汉末年。近代以来，西方探险家和考古工作者在塔

① ［印］B.N.普里原著：《中亚佛教》，载许建英等编译：《中亚佛教艺术》，乌鲁木齐：新疆美术摄影出版社，1992年版，第379页。

里木盆地的周边地区，尤其在丝绸之路的南道，即塔里木盆地的南缘，在今疏勒、和田、且末、若羌和罗布泊附近，发现很多古城遗址。这些遗址出土了大量文物，也残存着一些佛教遗迹。例如，瑞典探险家斯文赫定在清朝末年到新疆、西藏等地探险考察，收获甚丰。他在楼兰故地就看到了一座佛教寺庙的遗址。他写道："我们在这里发现一座菩萨庙的残余。这座庙当年必是大有可观的。因为当这城正在繁荣的期间，它立在古罗布湖的岸边；这湖后来向南移动，因为库鲁克河改了水道的缘故。这庙在当时无疑是被一座丛林所环绕；庙的南面平铺着庞大的水面，人们到处看得见房屋、堡垒、墙壁、花园、道路、旅行的队和人。而现在呢？住在这里的只有'寂灭'！""我们掘到了一尊站立的一公尺高的佛像……雕刻得很艺术。"[①]在当时楼兰古城内的佛寺中发现的汉简上有"嘉平"（249~254）的年号，说明佛寺的建立至迟在三国末年。

在古城楼兰、尼雅等地出土有很多佉卢文文书。佉卢文是一种古代书体，古代又音译为"佉留书"、"佉楼"、"佉卢虱吒"等，又意译为"驴唇书"等。最早使用于公元前3世纪的阿育王铭文。是当时犍陀罗地区所用语言的书体。因此，新疆的佉卢文字体文献的出现，与犍陀罗有直接关系，也与贵霜王朝有直接关系。新疆发现的佉卢文文书为公元3世纪的文物。这说明，贵霜文化，包括佛教文化，至少在此前即已传入新疆并开始广泛传播。在新疆和田发现的佉卢文《法句经》、尼雅发现的佉卢文《法集要颂》和《解脱戒本》，均属小乘佛教的典籍，也应为3世纪的抄本。[②]

3. 中国内地

关于佛教传入中国的时间，历来有若干不同的说法。但据可靠的文字记载，有"西汉哀帝时"（前6~前1）说和"东汉明帝时"（58~75）说两种。因此学界多倾向于这两说，或者笼统地说在"两汉之际"。

据《三国志·魏书·东夷传》裴松之注引《魏略·西戎传》，西汉哀帝元寿元年（公元前2年）即有"博士弟子景卢受大月氏王使伊存口授《浮图经》"。还说："临儿国，浮屠经云其国王生浮屠……此国在天竺域中。"又据《后汉书》卷八八："世传明帝梦见金人，长大，顶有光明，以问群臣。或曰：'西方有神，名曰佛，其形长丈六尺而黄金色。'帝于是遣使天竺问佛道法，遂于中国图画形像焉。楚王英始信其术，中国因此颇有奉其道者。"及卷四二记楚王英"少时好

① 斯文赫定：《亚洲腹地旅行记》（李述礼译），上海书店，1984年版，第353、354页。

② 参见林梅村：《汉唐西域与中国文明》，北京：文物出版社，1998年版，第143页。

游侠，交通宾客，晚节更喜黄老，学为浮屠斋戒祭祀”。可知，说佛教在西汉末年和东汉初年传入中国是比较可靠的。

据《高僧传》卷一《摄摩腾传》和《竺法兰传》，明帝派人去西域寻访佛法，带回了中天竺人摄摩腾和竺法兰。学术界有人以为这仅仅是一个传说，但也难以断然否定。如果可靠，则这是印度僧人来华传教的最早记载。汉明帝于洛阳“城西门外立精舍以处之”，从此中国有了第一座寺院——白马寺。摄摩腾和竺法兰来华后即翻译佛经，译有《四十二章经》、《十地断结》、《佛本生》、《法海藏》、《佛本行》等五部。这是佛经译为汉文之始。

据《后汉书》卷三〇，汉桓帝时，“宫中立黄老、浮屠之祠”。又据《高僧传》卷一，安息人安世高、大月氏人支娄迦谶等在东汉时来华译经。他们在翻译佛经的同时，也会接受弟子。

不管怎样，佛教是在这个时期传进中国内地了。这不仅是中国历史上的一件大事，也是中印文化交流史上的一件大事。如果往远处说，它又是亚洲乃至人类文化史上的一件大事。因为我们知道，佛教是世界三大宗教之一，而在三大宗教中又是最早出现，并具有完备的僧团组织、庞杂而严密的思想体系；它传入中国后，给中国政治、经济、文化等各个方面所带来的影响是无法估计的；而且它还通过中国很快就传到了朝鲜、韩国、日本、越南等地，又给这些国家带来了巨大影响。可以说它在很大程度上影响了整个亚洲的历史命运。

总之，西汉末年和东汉时期是佛教在中国的初传时期。从以上材料看，这一时期佛教传入中国中原地区的主要特点如下：第一，中国人已经开始对佛教有所认识，但认识并不全面深刻，以为佛教如同黄老，是一种“道”或者“术”；第二，最初的信奉者可能大多是上层统治阶级的人士，如哀帝、明帝、桓帝、楚王英及博士弟子等；第三，从早期所传译的佛经看，当时是印度的大小乘佛教同时传入中国；第四，佛教最初是以口头形式传播到中国中原地区的，主要有佛传故事和本生故事等，同时也传入了佛的画像；第五，佛教初传过程中，贵霜人起到很重要的作用。

二、大乘和小乘佛教

（一）第四次结集

迦腻色迦时期，在他的赞助下，佛教徒在克什米尔举行了佛教史上的第四次结集。对此次结集的经过和结果，玄奘《大唐西域记》卷三在说到“迦湿弥罗”国（今克什米尔）时有详细记载：

> 健驮逻国迦腻色迦王，以如来涅槃之后第四百年，应期抚运，王风远被，殊俗内附。机务余暇，每习佛经。日请一僧入宫说法，而诸异议部执不同。王用深疑，无以去惑。时胁尊者曰：“如来去世，岁月逾邈。弟子部执师资异论。各据闻见共为矛盾。”时王闻已，甚用感伤。悲叹良久，谓尊者曰：“猥以余福，聿遵前绪，去圣虽远，犹为有幸。敢忘庸鄙，绍隆法教，随其部执，具释三藏。”胁尊者曰：“大王宿殖善本，多资福佑。留情佛法，是所愿也。”王乃宣令远近，召集圣哲。于是四方辐凑，万里星驰。英贤毕萃，睿圣咸集。七日之中，四事供养。……王欲于本国苦其暑湿，又欲就王舍城大迦叶波结集石室，胁尊者等议曰：“不可。彼多外道，异论纠纷，酬对不暇，何功作论。众会之心，属意此国。此国四周山固，药叉守卫，土地膏腴，物产丰盛。贤圣之所集往，灵仙之所游止。”众议斯在。佥曰“允谐”。其王是时与诸罗汉自彼而至，建立伽蓝，结集三藏。……是五百贤圣，先造十万颂《邬波第铄论》旧曰优波提舍论，讹也，释素呾缆藏旧曰修多罗藏，讹也。次造十万颂《毗奈耶毗婆沙论》，释毗奈耶藏旧曰毗那耶藏，讹也。后造十万颂《阿毗达磨毗婆沙论》，释阿毗达磨藏或曰阿毗昙藏，略也。凡三十万颂，九百六十万言。备释三藏，悬诸千古，莫不穷其枝叶，究其浅深。大义重明，微言再显，广宣流布，后进赖焉。迦腻色迦王遂以赤铜为牒，镂写论文，石函缄封，建窣堵波，藏于其中。命药叉神，周卫其国，不令异学持此论出。欲求习学，就中受业。于是功既成毕，还军本都。①

引文中，“邬波第铄”，梵文Upadesa，教诲的意思，指佛的教导。“素呾缆”，梵文Sutra，经。“毗奈耶”，梵文Vinaya，律。“阿毗达磨”，梵文Abhidharma，论。也就是说，此次结集整理完成了经、律、论三藏。

（二）大乘佛教的兴起

大约在公元前后，大乘佛教兴起于印度。所谓“大乘”（Mahayana），意思是“大型运载工具”，常指大车或大船，能够运载很多人到达解脱的彼岸，即所谓“普度众生”。大乘佛教标榜自己更能利益众生，故将佛教另外的派别贬称为“小乘”（Hinayana）。在后世，小乘主要指上座部佛教。在大乘佛教徒看

---

① CBETA, T51, no. 2087, p. 886, b22–p. 887, a17。

来，小乘主张独善其身，其运载工具类似独木舟，只管自己渡过苦海，缺乏慈悲之心，因而不能“慈航普度”。在贵霜时期，由于迦腻色迦王信奉了大乘佛教，这成为大乘佛教的一个历史性机遇。大乘佛教得到迦腻色迦王的支持而得以顺利发展，也由于贵霜人的媒介而传入中国。

姚卫群先生指出：“大乘佛教与部派佛教中的一些派别有着重要的渊源关系，但也并不完全是这些派别简单演变的结果。大乘佛教产生时也制作了一些与部派佛教无直接关系的早期经典。此外，在大乘佛教兴起后，部派佛教的发展远没有结束，而是进入了一个新的阶段。”“大乘佛教的兴起是佛教内部出现的一次较大的变革。它在学说上与以往的佛教有很大不同，而它的变革在佛教内又未获得一致的拥护。这样，在佛教史上就出现了大小乘并行发展的局面。”[①]也就是说，大乘佛教只是当时佛教的一个派别，小乘佛教在后世一个相当长的时期也还存在并在发展。关于这一点，我们从唐代玄奘《大唐西域记》中的记述就可以知道。玄奘在印度期间，到过很多地方，考察过很多佛教寺院，并一一记下了那里僧众研习何种经典、属于哪个派别的情况。而且，他在印度的时候还曾与小乘佛教高僧接触过，甚至从他们学习过小乘经典。在戒日王为他举行的大法会上，他也曾提出过鲜明的大乘佛教主张，由于当时没有人敢与玄奘辩论，甚至有个别小乘信徒策划谋杀玄奘。辩论时限过后，戒日王宣布玄奘获胜，当即被大乘信徒尊为“大乘天”，被小乘信徒尊为“解脱天”。这就证明，在那个时期，印度佛教中两派对立的情况一直存在。

（三）大乘佛教典籍与人物

1. 诸类大乘经典

大乘佛教有自己的经典，而且种类繁多。大体有以下诸类：

（1）般若类

般若一词为梵文Prajna的音译，有智慧、知识等含义。般若类大乘经数量庞大，最早的大约形成于公元前1世纪。此类佛经又可根据篇幅大小分为大品和小品两种。顾名思义，大品般若经的篇幅大，有时号称十万颂，小品般若经篇幅小，常在八千颂或者更短。例如，大品般若经有《放光般若经》、《摩诃般若波罗蜜经》等，而以玄奘翻译的六百卷本《大般若波罗蜜多经》为最全。小品般若经有《道行般若经》、《大明度无极经》和《小品般若波罗蜜经》等。此外，还有金刚般若一类，主要指《金刚经》，在我国主要有6个译本，后秦鸠摩罗什、

① 姚卫群：《佛学概论》，北京：宗教文化出版社，2002年版，第36、37页。

元魏菩提流支、南朝陈真谛、隋达摩笈多、唐玄奘、唐义净都予以翻译，而最流行的是后秦鸠摩罗什的译本。学界认为，最早出现的般若类经可能是《道行般若经》和《金刚经》。

姚卫群先生认为，般若类大乘经重点论述的是“空”的观念。他指出：“‘空’不仅仅表现在现象上（不仅仅是‘相空’），事物也并不是由于其构成要素的离散才会‘空’（不是‘分析空’），事物在本质上即‘空’，事物的构成要素不离散它们依然是‘空’（也就是所谓‘体空’）。正如般若类经中所说的‘色不异空，空不异色。色即是空，空即是色。受想行识亦复如是。’即强调不能离开色（法）来说空，也不能离开空来说色。”①

（2）法华类

所谓法华类大乘经，主要指《法华经》，形成于公元1至2世纪。据记载，中国曾至少翻译了6个版本的《法华经》，而现存仅3个版本，即西晋竺法护译十卷本《正法华经》、后秦鸠摩罗什译七卷本《妙法莲华经》和隋阇那崛多等编译七卷本《添品妙法莲华经》，其中影响最大的是鸠摩罗什的译本。此外，北齐昙摩伽陀耶舍译的《无量义经》一卷和南朝刘宋昙摩蜜多译的《观普贤经》一卷、刘宋求那跋陀罗译的《大法鼓经》等也被归入法华类。

法华类佛经强调“方便”，即随方就便，针对不同的受众宣说佛法，以使更多的人能够理解佛法、接受佛法，引导终生得出世间“火宅”，最终得到解脱。

（3）华严类

华严类大乘经约出现于公元1世纪或其后不久。现存汉译较全，而梵文本则残缺不全。汉译华严类佛经中较全的本子有3个，都叫《大方广佛华严经》：东晋佛陀跋陀罗译60卷本《华严经》、唐代实叉难陀译80卷本《华严经》和唐代般若译40卷本《华严经》。此外，还有很多摘译其中一品的单本。如东汉支楼迦谶译的《佛说兜沙经》一卷、三国吴支谦译的《佛说菩萨本业经》一卷、西晋聂道真译的《诸菩萨求佛本业经》一卷、西晋竺法护译的《菩萨十住行道品》一卷及《渐备一切智德经》五卷、后秦鸠摩罗什译的《十住经》四卷，等等。

《华严经》主张菩萨修行的10个阶段，即欢喜（摆脱执着和畏惧，获得大欢喜）、离垢（持戒）、明（求佛智）、焰（获大智慧，光明遍照）、难胜（获得

① 姚卫群：《佛学概论》，北京：宗教文化出版社，2002年版，第42页。

最高智慧）、现前（指十二因缘）、远行（处于世间）、不动（指意志坚定）、善慧（指得到深奥智慧）、法云（指法云撒下甘露，或菩萨不可思议境界）。配合这10个阶段又提出了“十波罗蜜”：布施、持戒、忍辱、精进、禅、般若、方便、愿、力、智。

（4）宝积类

早期此类经典以小品《宝积经》和《维摩诘经》为代表。《大宝积经》晚出，汇集了不同时代的作品，姑且不论。小品《宝积经》在后汉即有支楼迦谶译的异本《佛说遗日摩尼宝经》一卷，晋代又有无名氏译的《佛说摩诃衍宝严经》。说明在支楼迦谶之前，此经已经形成。此经的特色是强调“中道”：

> 有常是一边，无常为二边。此二中间无色，不可见亦不可得，是谓中道真实观法。有我是一边，无我为二边。此二中间无色，不可见亦不可得，是谓中道真实观法。有真实心者，是谓一边，无真实心者，是为二边。无心、无思、无意、无识，是谓中道真实观法。如是不善法，世间法、有诤法、有漏法、有为法、有秽污法，是谓一边，如是善法，出世间法、无诤法、无漏法、无为法、白净之法，是为二边。此二中间，无所有亦不可得，是谓中道真实观法。有者是一边，无者为二边。此二中间，无所有亦不可得，是谓中道真实观法。①

这里，把两种对立的观点排列出来以解释“中道”，为后来中观派的理论开了先河。

《维摩诘经》自三国至唐至少有过7个译本，现存3个译本：三国吴支谦译《佛说维摩诘经》二卷、后秦鸠摩罗什译《维摩诘所说经》三卷、唐玄奘译《说无垢称经》六卷。其中以鸠摩罗什译本最为流行。该经流传到中土以后，历代有许多注疏，都是历代佛学大师的手笔。可见此经在中国影响之大。

和小品《宝积经》一样，该经也强调“中道”，在宣扬“菩萨行”的同时又强调“不二法门”。该经的另一个特色是它主张“亦出世亦入世”，强调“入世出世一而不二”。这就为广大信徒敞开了“方便”法门，无论出家在僧团修行、在寺院修行，还是在家修行，过家长式的生活，都一样可以获得善果，成为菩萨。因此，该经不仅对佛教僧侣具有很强的实践意义，对中国佛教天台宗、华

① CBETA, T12, no. 351, p. 196, a26–b8。

严宗和禅宗产生了深远影响，而且对普通信众也具有很强的吸引力，在中国古代文人中留下广泛的影响，也因此而产生了许多文学和艺术作品。

此外，宝积类大乘经中还有净土一类。现存汉译本有三：一是三国时康僧铠的译本《无量寿经》二卷，二是南朝刘宋时畺良耶舍的译本《观无量寿经》一卷，三是后秦鸠摩罗什的译本《阿弥陀经》一卷。此经宣扬阿弥陀佛（无量寿佛）的净土，刻画出一个无限美好的西方极乐世界——阿弥陀佛净土。这对于普通信众具有巨大的吸引力，所以在敦煌等石窟壁画上有许多《西方净土变》。而且，也因此在中国出现了一个净土宗，目前我国许多佛教信徒都属于这个宗派。

2. 龙树和提婆

早期大乘佛经制作问世之后，出于向信众解释和宣扬的需要，出现了一些论师，他们解释佛经的著作叫作“论”。他们的目的是让更多的人正确理解佛经，宣传大乘佛法。于是，在印度大乘佛教中出现了一位菩萨级的论师——龙树。龙树的梵文为Nagarjuna，音译阿周陀那。据学者们推算，龙树为二三世纪人。大藏经中有《龙树菩萨传》一卷，相传为姚秦三藏鸠摩罗什译。关于其身世，多有神话色彩，其中写道：

> 龙树菩萨者，出南天竺梵志种也。天聪奇悟，事不再告。弱冠驰名，独步诸国。天文地理，图纬秘谶，及诸道术，无不悉综。
>
> 既出，入山，诣一佛塔出家受戒。九十日中诵三藏尽，更求异经，都无得处。遂入雪山，山中有塔，塔中有一老比丘，以摩诃衍经典与之。诵受爱乐，虽知实义，未得通利。周游诸国，更求余经。
>
> 龙树既得诸经……出于南天竺，大弘佛法，摧伏外道，广明摩诃衍。作优波提舍十万偈，又作《庄严佛道论》五千偈，《大慈方便论》五千偈，《中论》五百偈，令摩诃衍教大行于天竺。①

大约他是南印度婆罗门出身，这一点为学界接受。他是大乘佛教中观派（俗称大乘空宗）理论的奠基人，也有人认为他是中观派的开创者。其主要著作有《中论》、《十二门论》、《大智度论》、《十住毗婆沙》等，而《中论》为其代表作。关于龙树的理论贡献，叶少勇先生认为，龙树实际上是“大乘阿毗达

① CBETA, T50, no. 2047a, p. 184, a16–p. 185, b6。

磨”的开先者，他说：“在公元2世纪时的印度，以说一切有部为代表的佛教诠释学——小乘阿毗达磨已经体系渐备，同时大乘经典尤其是般若经的流布也有了一定的积累。而佛经的语录体形式使得其结构庞杂松散而理路不够彰显，最初对其理论进行系统化组织并卓有成就的人，就是龙树。”①

关于提婆（Deva），大藏经中有《提婆菩萨传》一卷，亦为姚秦三藏鸠摩罗什译。其中写道：

> 提婆菩萨者，南天竺人。龙树菩萨弟子，婆罗门种也。博识渊揽，才辩绝伦，擅名天竺，为诸国所推。②

学界一般认为，提婆是龙树弟子，生活年代大体与龙树同时。他是继龙树之后最有成就的大乘论师，对大乘佛教在南印度的发展起到重要作用。

（四）小乘佛教

所谓小乘佛教，是大乘佛教徒对当时部派佛教其他派别的贬称，主要是指上座部佛教，或者说是上座部佛教中分化出来的说一切有部及其支系毗婆沙派和经量部等。小乘佛教信徒以自己为正统，视大乘佛教为异端。事实上，大乘佛教也的确对原始佛教有许多修正。从大乘与小乘的不同主张看，小乘也的确更为传统。例如，在对释迦牟尼的看法上，小乘认为他是创教的教主，而大乘则将释迦牟尼神化，认为是神。小乘一般主张出家修行，而大乘则为了争取更多信徒，并不强调非出家不可。如前文提到的《维摩诘经》就认为出家与不出家都可以一样修行，获得同样的果位。在理论上，如对“法”、“空”、“缘起”等问题上，大小乘之间都存在明显不同的观念。

大乘佛教的兴起对小乘佛教也产生了影响，迫使小乘佛教的一些论师整理自己的理论体系，并适当吸收大乘佛教的一些观点。这个过程中，小乘佛教中出现了一位重要的论师——世亲（Vasubandhu，音译婆薮槃豆），他的代表作为《俱舍论》。关于世亲，大藏经中有《婆薮槃豆法师传》一卷，为南朝陈代真谛所译。其中说世亲是西北印度富楼沙（今巴基斯坦白沙瓦一带）人，最初从说一切有部出家，后改造其派的理论，写出《俱舍论》。而关于世亲的时代有不同说法，一说为420~500年，一说为320~400年，很难得出确切结论。《俱舍

---

① 叶少勇：《中论颂：梵藏汉合校·导读·译注》，上海：中西书局，2011年版，《导论》第19页。

② CBETA, T50, no. 2048, p. 186, c8–p. 188, a3。

论》有两种汉译本，陈真谛的译本最早，玄奘的译本随后。关于《俱舍论》，我们后面还将提到。

第五节 文学艺术

一、文 学

从公元前1世纪到公元3世纪的数百年间，印度南方和北方都出现了一些重要的文学作品。当然，无一例外，这些作品的具体年代都难以确定，这对于我们这些喜欢在历史年代上较真的人来说是很大的苦恼，但对于印度古人来说却无关宏旨。在他们的心中，时间之轮在永无止息地转动，作者自作，读者自读，乐趣自在其中，何必再寻烦恼？

文学作品有一个共同的特点，就是一定要表现社会，表现人。而这个社会上的人又有一个特点，不是属于这个宗教就是属于那个宗教，于是这些作品也往往被划归某个宗教。佛教在当时风行全印度，而且积累了大量文献，许多标明“经”、“律”和“论”的东西，都带有一定的文学性。要么讲故事，要么打比方，目的是让读者相信他们提出的理念。即便是一些着重讲义理的著作，也都带有文学性，作者们深知文学的感染力。婆罗门教和耆那教也不例外。

（一）佛教文学

1.《维摩诘经》

在这个时期形成的大乘佛教经典中，就有文学性很强的作品。这里仅以《维摩诘经》为例，其极尽夸张渲染之能事，而驰骋想象以超越时空之手法，令国人耳目一新。正如有学者指出的：“《维摩诘经》具有十分浓厚的文学色彩。举凡治文学史的，几乎没有不知道它；历史上有许多诗人画家、文人墨士十分推崇《维摩诘经》，认为把它摆在文学史上，也是一部绝代佳作；自隋唐直至明清，以此经为题材写成之变文小说、辞赋戏曲等更是数不胜数。《维摩诘经》的这一特点，除了它在体裁结构方面变现为故事形式外，还得力于此经译者之生花妙笔。”[①]

下面引鸠摩罗什译《维摩诘经》卷中《不思议品》第六，维摩诘居士向佛

① 鸠摩罗什原译、赖永海等今译：《维摩诘经》，北京：中华书局，2010年版，“前言”第4页。

弟子舍利弗解说什么叫“不可思议解脱法门”：

> 唯，舍利弗，诸佛菩萨有解脱名不可思议。若菩萨住是解脱者，以须弥之高广内芥子中，无所增减，须弥山王本相如故。而四天王、忉利诸天，不觉不知己之所入。唯应度者，乃见须弥入芥子中。是名住不思议解脱法门。又以四大海水入一毛孔，不娆鱼鳖鼋鼍水性之属，而彼大海本相如故。诸龙、鬼神、阿修罗等，不觉不知己之所入。于此众生亦无所娆。又，舍利弗，住不可思议解脱菩萨，断取三千大千世界，如陶家轮，着右掌中，掷过恒河沙世界之外。其中众生不觉不知己之所往，又复还置本处。都不使人有往来想，而此世界本相如故。又，舍利弗，或有众生乐久住世而可度者，菩萨即延七日以为一劫，令彼众生谓之一劫。或有众生不乐久住而可度者，菩萨即促一劫以为七日，令彼众生谓之七日。又，舍利弗，住不可思议解脱菩萨，以一切佛土严饰之事，集在一国，示于众生。又菩萨以一佛土众生置之右掌，飞到十方，遍示一切，而不动本处。又，舍利弗，十方众生供养诸佛之具，菩萨于一毛孔，皆令得见。又十方国土，所有日月星宿，于一毛孔普使见之。①

在这段描述中，我们可以看到印度古人那种超越时空的丰富想象力。一个芥子当中可以容纳下一座须弥山，一个毛孔中容纳得下四大海水，可以将三千大千世界缩小得像陶轮大小置于掌中，也能将一佛土众生置于右掌，七日可以延长为一劫，而一劫又可以压缩为七日。这种想象传入中国后，无形中激发了国人们的想象热情，所以在中国小说中也出现了类似的想象，出现了孙悟空逃不出如来佛手掌心的故事情节。

2.《佛所行赞》

《佛所行赞》的作者是马鸣（Asvaghosa），学界一般认为，他是公元一二世纪人。大藏经中有一卷《马鸣菩萨传》，但那仅仅是神奇的传说，难以为凭。据说，马鸣出生于北印度阿逾陀城，婆罗门种姓。原先并不信仰佛教，因博学善辩而闻名遐迩。贵霜王攻打中印度时，特地向当地国王要他，并将他带回西北。他从此在贵霜王的宫廷为国王服务，并皈依佛教。根据汉文资料，在他名下的佛教经典有11部之多，主要有叙事诗《佛所行赞》，大乘佛教的论著《大

① CBETA, T14, no. 475, p. 546, b16–c18。

乘起信论》、《大庄严经论》、《大宗地玄文本论》等。甚至还有几部经也在他的名下，如《十不善业道经》、《尼乾子问无我义经》、《六趣轮回经》等。梵文本的《美难陀传》是一部长篇叙事诗，也被认为是马鸣的作品，但没有汉译。马鸣名下还有三个剧本，其残卷1910年发现于新疆吐鲁番。这里要说的是《佛所行赞》。

《佛所行赞》五卷二十八品，相传为北凉昙无谶（385~433）译。其第一卷5品:《生品》第一、《处宫品》第二、《厌患品》第三、《离欲品》第四、《出成品》第五。第二卷四品:《车匿品》第六、《入苦行林品》第七、《合宫忧悲品》第八、《推求太子品》第九。第三卷六品:《瓶沙王诣太子品》第十、《答瓶沙王品》第十一、《阿罗蓝郁头蓝品》第十二、《破魔品》第十三、《阿惟三菩提品》第十四、《转法轮品》第十五。第四卷七品:《瓶沙王诸弟子品》第十六、《大弟子出家品》第十七、《化给孤独品》第十八、《父子相见品》第十九、《受祇园精舍品》第二十、《守财醉象调伏品》第二十一、《庵摩罗女见佛品》第二十二。第五卷六品:《神力住寿品》第二十三、《离车辞别品》第二十四、《涅槃品》第二十五、《大般涅槃品》第二十六、《叹涅槃品》第二十七、《分舍利品》第二十八。可见，这是在佛传故事的基础上描写释迦牟尼生平的长篇叙事诗。汉译均为五言，带有中国四五世纪五言诗的风格，读来朗朗上口，感觉如同古诗十九首或《孔雀东南飞》等。下引《破魔品》中的数行，言释迦牟尼在菩提树下坐禅，天魔波旬容不得释迦牟尼成佛，带眷属、三女、兵器下界破坏，天魔先以言语相威胁，继而展开攻击。诗中对魔军的描写和对气氛的烘托，都很精妙：

种种各异形，执戟持刀剑。戟树捉金杵，种种战斗具。
猪鱼驴马头，驼牛兕虎形；师子龙象首，及余禽兽类；
或一身多头，或面各一目；或复众多眼，或大腹长身；
或羸瘦无腹，或长脚大膝；或大脚肥蹲，或长牙利爪；
或无头目面，或两足多身；或大面傍面，或作灰土色；
或似明星光，或身放烟火；或象耳负山，或被发裸身；
或被服皮革，面色半赤白；或着虎皮衣，或复着蛇皮；
或腰带大铃，或萦发螺髻；或散发被身，或吸人精气；
或夺人生命，或超掷大呼；或奔走相逐，迭自相打害；

或空中旋转，或飞腾树间；或呼叫吼唤，恶声震天地。
如是诸恶类，围遶菩提树；或欲擘裂身，或复欲吞噉；
四面放火然，烟焰盛冲天。狂风四激起，山林普震动。
风火烟尘合，黑暗无所见。①

从这段描写中，我们不难发现中国神魔小说《西游记》、《封神演义》中那些奇形怪状的鬼神妖魔的形象来源。可见，《佛所行赞》在中国文学史上的影响是十分深远的。

3.《神通游戏》(《方广大庄严经》)

《神通游戏》(*Lalitavastara*)，汉译名《方广大庄严经》，十二卷，由天竺三藏地婆诃罗译于7世纪。还有一个早期译本，与其内容大体相当，即由竺法护译于4世纪初的8卷本《普曜经》。说明这部经的出现不晚于3世纪，属于大乘佛教的作品，全书二十七品，讲述释迦牟尼从出生到初转法轮的传奇故事。

黄宝生先生对它的评价是:“《神通游戏》中这些神奇的情节和过分夸张的描写，作为传记笔法，原本是不相宜的。但佛陀在当时已被神化，因而在佛教徒读来，不足为怪。同时，佛教文学发展到这一阶段，已不像巴利文佛教文学那样具有较多的民间文学色彩，而开始效仿古典梵语文学。它们既是为了宣传宗教信仰，也是为了满足上层人士的文学需要。所以，这类经文都有丰富的修辞、堆砌的词藻和奇特的幻想。”②

(二)梵语戏剧

梵语戏剧在这个时期已经成熟。疑似马鸣的3个戏剧残卷中，能够确定标题和作者的是《舍利弗传》。此剧虽然残破不全，但已经可以看出其艺术功力:“仍然显出完全是古典戏剧的形式，人物、语言、格式等符合传统规定。”③

1.“跋娑十三剧”

关于“跋娑十三剧”，黄宝生先生有详细的论述，我们至今尚不能超越他的研究。根据他的研究，“跋娑十三剧”是1909年及以后陆续发现的，发现者是南印度特拉凡哥尔(又译特里凡得琅)梵文抄本出版部主任伽那波底·夏斯特里。他于1909年先在南印度一座寺庙发现11个无名作者的梵语戏剧抄本，它们

① CBETA, T04, no. 192, p. 25, a16。

② 季羡林主编:《印度古代文学史》(黄宝生文)，北京：北京大学出版社，1991年版，第194页。

③ 金克木:《梵语文学史》，北京：人民文学出版社，1980年版，第262页。

是《惊梦记》、《负轭氏的誓言》、《午夜》、《善施》、《使者瓶首》、《宰羊》、《神童传》、《仲儿》、《迦尔纳出任》、《断股》和《黑天出使》。此后又搜集到《灌顶》和《雕像》两剧。伽那波底·夏斯特里于1912~1925年陆续将这13个剧本公开出版，并认定这是跋娑的作品。跋娑（Bhasa），二三世纪的戏剧家，但其作品久佚，只是在后世作家的作品中被提到。因而，十三剧的发表引起轰动，也引起激烈争论。在没有进一步新证据的情况下，中国学界暂时接受伽那波底·夏斯特里的意见，将这十三剧归在跋娑名下。

十三剧中，有6部取材于大史诗《摩诃婆罗多》，两部取材于《罗摩衍那》，一部取材于黑天故事，两部取材于优填王的传说，两部取材于其他传说。其代表作为六幕剧《惊梦记》。《惊梦记》的故事取材于优填王的传说。讲述的是优填王的国家犊子国遭到阿鲁尼王的侵略，负轭氏以计谋促成优填王与摩揭陀国公主的婚事，联姻的结果是优填王得到摩揭陀国出兵支援，战胜阿鲁尼王的军队，收复国土。①

2. 首陀罗迦的《小泥车》

小泥车，是印度古代民间的儿童玩具，在印度有非常古老的历史。今天，我们在印度和巴基斯坦的一些博物馆里还能看到两千多年前的小泥车实物。就是这种民俗玩具，成就了一部不朽的剧作《小泥车》。

首陀罗迦（Sudraka）是《小泥车》的作者。其生平事迹已杳不可考，各种争论也只能长期存疑。金克木先生曾在其《梵语文学史》中设专章予以评论②。而作为弟子的黄宝生先生则在这方面的研究中有所突破，可谓青出于蓝。据黄宝生先生的意见，《小泥车》的创作年代约在3世纪。全剧共十幕，其故事梗概是："描写在暴君波罗迦王统治下的优禅尼城，有个妓女春军，爱上穷婆罗门商人善施。国舅霸占春军不成，下毒手陷害春军和善施。牧人阿哩耶迦起义，推翻波罗迦王暴政，建立新王朝。春军和善施如愿以偿，结为夫妻。"③

《小泥车》中有众多角色，男角27人，女角7人，还有一些群众演员。主要角色个性鲜明。如善施，作为婆罗门商人，却乐善好施，散尽家财接济他人，

---

① 季羡林主编:《印度古代文学史》(黄宝生文)，北京：北京大学出版社，1991年版，第257~265页。

② 金克木:《梵语文学史》第六章，北京：人民文学出版社，1980年版，第270~281页。

③ 季羡林主编:《印度古代文学史》(黄宝生文)，北京：北京大学出版社，1991年版，第269页。

而自己却过着穷困的生活，但他注重声誉，讲究情谊，善良宽厚。妓女春军渴望过正常女性的生活，向往纯真的爱情，不畏强暴。剧本反映了社会现实，特别反映了市井平民的生活现实和各类生活在社会底层的人物。故事情节曲折复杂，引人入胜。

（三）泰米尔语诗歌

前文说过，印度半岛的南端长期以来为操达罗毗荼语系的民族占据。他们中的一支把自己的语言称为泰米尔语，同时他们也发展了自己的文学。相传，最早的泰米尔语文学作品保存在语法书中。一般认为，从公元前5世纪至公元2世纪是泰米尔文学的“桑伽姆”（Samgama，原意为汇合，引申为集会、团体）时期，这一时期的泰米尔语文学叫作桑伽姆文学。现在存留于世的最早作品保存在文法书《朵伽比亚姆》中。此书的作者为朵伽比亚尔，生平不详，也不能确定此书的准确年代。《朵伽比亚姆》三卷二十七章，其第三卷为《题材篇》，专讲文学作品的题材问题，实际上是关于文学理论的著作。这说明，当时的文学创作活动已经很多，已经由实践上升为理论。

与《朵伽比亚姆》一起流传下来的还有两部诗集，即《八卷诗集》和《十卷长歌》。前者为短歌集，其诗歌都在数行与数十行之间；后者为长诗集，其诗歌都在百行至八百行之间。一般认为，这两部诗集包含的18部作品形成于公元1世纪之前，被泰米尔文学界称为“上十八部”作品。接下来，公元一二世纪，泰米尔文学进入了“伦理文学”时期，又流传有18部作品，因而被称为“下十八部”。其中影响最大、成就最高的是《古拉尔箴言》。除了这18部伦理文学作品，大约于2世纪，泰米尔文学中还出现了两部史诗，即《脚镯记》和《玛妮梅格莱》。这两部史诗是姊妹篇，据说两部史诗的作者是好朋友。

下面，我们根据学者张锡麟先生的研究[①]，分别摘要予以介绍。

1.《八卷诗集》

顾名思义，《八卷诗集》中包括8个诗歌集子，它们是：

（1）《嘉咏集》

收有175位诗人的9至12行短诗400首。其中有一些情诗展现了诗人的奇思妙想，如他们为了表现思恋之情，而在假想委托鹦鹉、仙鹤带信给自己心爱的人。这一表现手法在后世泰米尔诗歌中形成了一个套路，叫作“信使诗”。其影

① 载于季羡林主编:《印度古代文学史》，北京：北京大学出版社，1991年版，第二编第五章（第140~162页）、第三编第十一章（第359~380页）。

响也远及印度北方，如大诗人迦梨陀娑的《云使》等。

（2）《短诗四百首》

收有205位诗人的4至8行诗400首。均以爱情为表现主题。有这样一首：

绿竹已经长成篱笆，
菠萝蜜在枝头悬挂。
山里的哥哥哟，请莫这般无礼相狎！
谁不知道姑娘的生命微不足道，
而她的爱情洁白无瑕？
好比那颗硕大的果实，
垂挂在那细小的枝丫。①

诗中的菠萝蜜，就如同我国《诗经》中的木瓜，成为爱情的象征物。

（3）《短诗五百首》

收有500首3至6行的短歌。并按5个特色地区（海滨、田园、林区、山区和干旱区）分为5个部分，每部分10章，每章10首。均为情歌。这样划分的结果，使这些诗歌显得更加富于地域特色，风土人情跃然字里行间。因文字简约凝练，易读易记，对后世影响很大。有点像中国《诗经》中的“国风”。

（4）《十王颂诗集》

该诗集是由10位诗人写的歌颂10位哲罗国（今印度喀拉拉邦一带）国王的颂诗。分10章，每章歌颂一位国王，共100首诗。但由于年代久远，第一章和第十章已经失传。从余下的8章80首诗可知，这些诗歌具有重要的历史研究价值。例如，其中关于哲罗王北伐喜马拉雅山地区的记载、关于在海上建立霸权的记载等，都让读者感受到哲罗国曾经有过的强大和辉煌。

（5）《巴里诗歌集》

“巴里”是一种诗歌格律，该诗集即以巴里体写成的诗歌集。原有70首，现存22首，多带有哲理性。如：

你是火中热，花里香，
你是言中真理，石中金刚。

---

① 转引自季羡林主编：《印度古代文学史》（张锡麟译文），北京：北京大学出版社，1991年版，第148页。

在美德里你是仁爱，
在勇武中你是力量。
你是吠陀的精华，
你是世界的滥觞。
你是月中华美日中光，
你就是一切，一切事物的本相。①

（6）《格利诗歌集》

“格利”也是古代泰米尔语诗歌的一种格律。该诗集收有150首诗歌，除第一首为歌颂大神湿婆的赞美诗外，其余都是情诗。该诗集也按不同地域特点分为5个部分，如旱区（35首）、山区（29首）、田园（35首）、林区（17首）、海滨（33首）。其中一首有这样8句：

大嫂呀你莫悲伤，
且看那山中木檀香。
檀香终须离山去，
女儿总要嫁夫郎。

大嫂呀你莫悲伤，
且看那珍珠放光芒。
珍珠总要出海水，
你女儿今日随夫郎。②

此类诗歌非常纯朴而真情，读来如沐当地民风，乡土气息十足。

（7）《爱情诗四百首》

该诗集收入145位诗人的诗歌400首，每首13至31行不等。由潘迪亚国王赞助编成。也按五个不同特色区域编为5个部分。有的诗歌生动而细致地记叙了当地民间的婚俗，有的诗歌则提到孔雀王朝的国王，还提到希腊人等重要历史人物，对于研究南印度的历史具有一定价值。

① 转引自季羡林主编:《印度古代文学史》（张锡麟译文），北京：北京大学出版社，1991年版，第150页。

② 转引自季羡林主编:《印度古代文学史》（张锡麟译文），北京：北京大学出版社，1991年版，第151、152页。

（8）《勋业诗四百首》

该诗集收有160位诗人的诗歌400首，但其中有两首已佚，尚有44首为残篇。作者虽说有160人，但大多数都没有留下名字。这部诗集主要是歌颂南印度古代朱罗、潘迪亚和哲罗三国43位国王及48位土邦王公的功业。其内容丰富多彩，且有一定的历史资料价值。

2.《十卷长歌》

（1）《牟鲁迦神导引之歌》

全诗317行，为桑伽姆文学中最长的宗教诗，为引导人们去膜拜牟鲁迦神而创作。作者纳基拉尔。该长诗对牟鲁迦神庙、周围景色、敬神方式、神像形态（六首十二臂），以及山区民众拜神的情景都有详细描述。

（2）《悠悠北风之歌》

该诗集同为纳基拉尔作，全长188行。主要描写女主人公怀念从军丈夫的凄凉而充满期待的心情。她似乎是一位大家闺秀，要么就是嫁给了有较高地位的军官，因为她有多个侍女。她忍受着与丈夫离别的苦痛，侍女们为排解她的寂寞，特地到迦梨女神像前祈祷。期盼迦梨女神保佑她的丈夫荣立军功、平安归来。诗中对女主角的闺阁和男主人公的军营都有详细描绘。特别是对悠悠北风的夸张式描写，营造出一种肃杀凛冽的气氛，有力地衬托出男女主人公的心境，暗示了战争的严酷。

（3）《弹唱诗人导引长歌》

全诗500行，作者乌鲁迪·甘纳纳尔（生平不详）。这首诗的主旨是引导一个贫穷的弹唱诗人到建志城（今南印度泰米尔纳德邦的康契普拉姆）去接受国王汤达曼·依朗迪莱延的供养。诗中除了为国王歌功颂德而外，对弹唱诗人所经过的城乡景物、风土人情等都有详细刻画。

（4）《城中离别之歌》

这是乌鲁迪·甘纳纳尔的另一部长诗，全长301行。诗中表现了一位青年的踌躇心态：他打算到异国他乡去谋求发展，又担心自己恋人会因此而承受离别之苦。但这仅是这篇长诗的一个引子，诗人用了217行着重描写青年的祖国朱罗国的富饶美丽和王城伽韦利[①]的美好风貌，又用80行歌颂了朱罗国王卡里

① 伽韦利，Gaveri，古城名，又译科佛里，因加韦利河而得名，其故地在今泰米尔纳德邦东海岸。

迦兰[1]的文治武功。因此有学者不认为这是爱情诗，而是一首爱国诗。因诗中对当时朱罗国国都有诸多描写，尤其是对其市场与海上商贸的描写，表现了2 000余年前朱罗国的经济发展状况，对研究当时南印度的社会经济有重要价值。

（5）《游吟诗人导引之歌》

该长诗248行，作者是一位女诗人，名叫牟达塔玛·甘妮娅尔（生平不详）。据说诗人是为了引导一位游吟诗人和他的妻子去朱罗国国王卡里迦兰王宫寻求庇护和供养而作。但实际上是借题发挥。诗中除了写朱罗国的富庶美丽外，还歌颂了国王的才能和美德。同时，也对游吟诗人的颠沛流离、穷困潦倒的生活和经历作了细致描述。

（6）《弹唱诗人导引短歌》

全诗269行，作者为纳达塔纳尔（生平不详）。该诗主要刻画弹唱诗人的生活窘境：房屋破损，摇摇欲坠；无米下锅，野菜充饥。当他们得知某国美丽富饶、王公乐善好施的消息后，便去投奔，果然得到丰厚的物质资助。

（7）《森林之歌》

全诗仅103行，但却非常优美。据说作者纳布塔纳尔是公元前3世纪人。这首长诗集中表现了女主人公思夫的心情。她的丈夫从军远走他乡，而她在独守空房之际充满怀念。同时她也期盼丈夫早日平安归来。

（8）《马杜赖之歌》

这是10首长诗当中最长的，达782行。作者为孟古迪·马鲁达纳尔，大约是潘迪亚人，因为他描写的对象主要是潘迪亚人。马杜赖是当时潘迪亚的首都。诗人用354行诗描写了马杜赖从早到晚的繁荣景象：清晨，街道上人声鼎沸，车水马龙，熙熙攘攘；店铺鳞次栉比、商品齐全。傍晚，佛僧们在寺院诵经，耆那教僧侣在寺院中祈祷，外国商人操着不同的语言在谈判交易。夜晚，华灯初上，明月高升，少女们观看歌舞表演，而年长的妇女们则带着小孩去参加宗教活动。夜深，人们纷纷回家，整个城市归于宁静，街道上仅有巡夜士兵走动。

（9）《山地之歌》

全诗261行，作者迦比拉尔。这是一首表现山区男女青年爱情的诗歌。写一位山里姑娘与女伴们在山中游玩，突然遭到野象的攻击，一个猎人小伙出手

① 卡里迦兰，Kalicaran，生平无可考，从名字看，是一位婆罗门教信徒。

相救。从此，姑娘与小伙秘密相爱，每日幽会于林中。但这次，姑娘多日不见小伙，害了相思，身体日渐消瘦，其母为此而忧心，四处求医讨药。幸亏女伴向其母透露真情，得到母亲的同意。

（10）《山谷回声》

又名《舞者导引之歌》，全长583行，作者贝隆高西迦纳尔。诗中细致地描写了一位歌舞艺人在山间行走时的所见所闻。如山谷中的美景和天籁，各种飞禽走兽、奇花异草等，以及山里人对湿婆大神的崇拜、对客人的淳朴礼遇等。

3.《古拉尔箴言》

所谓“古拉尔”，指的是一种诗歌文体，一种双行诗，这种文体适合表现短小精悍的格言。而《古拉尔箴言》正是一部格言诗集。该书的作者瓦鲁瓦尔，生活于公元一二世纪，传说为纺织工人种姓，也有人说他出生于敲鼓艺人家庭，总之属于社会下层。但从他的作品看，他似乎又不像是社会底层出身，因为他在诗中用了一大半笔墨谈论政治问题，因此他至少应该是一个文化人。

《古拉尔箴言》分为3卷。第一卷为《德行篇》，共38章，全为道德操守方面的格言诗。第二卷为《政事篇》，共70章，专门议论政治、权力等问题。第三卷为《爱情篇》，共25章，谈论男欢女爱。每章10首诗，全书1 330首，2 660行。

从其《德行篇》可知，诗人崇尚的道德乃是古代印度社会的“正法”，泰米尔语叫“阿拉姆”，梵语叫“达磨”。“正法”既是社会成员的本分、职责、使命，又是道德准则。诗人鼓吹的道德很具体，他劝谕世人仁爱、慈善、诚实、宽容、好客、感恩、珍惜名誉，同时要戒除嫉妒、贪婪、毁谤、淫乱和空谈。

在其《政事篇》谈论了国王的治国安邦术，也讲述了大臣的职责。他认为，作为君主，必须勇敢无畏、仁慈宽厚、坚忍不拔，要尊重知识、礼贤下士、远避小人、知人善任等。如其第546首诗写道：“制胜不靠兵甲之坚，全凭君王仁德之政。”而作为大臣，需要智慧、知识、胆识、勤勉和才干，要深明礼仪、善于辞令、洁行审言、随机应变、意志坚定等。此外，这一篇还讲到军事、经济等问题，而且论述得很具体，诗人大约是受到了孔雀王朝考底利耶《政事论》的影响。

在第三卷《爱情篇》，诗人突然改变身份，不是以教诲者的身份在说话，而是以诗人的情怀在抒发感情。他不仅描写少女的美丽，也表达对少女的爱恋，完全将自己置身于情感的海洋，亲身在情海中沐浴。如“佩玉垂环的美女哟，你是神女还是孔雀？我的心已经陶醉了！”（第1081首）有时诗人又以女人的身份诉说内心爱的苦闷。如“心啊，多么愚蠢！为何要为负心人而哀伤？”（第1242首）

总之，《古拉尔箴言》在印度泰米尔地区影响巨大、流传千古，这与它的深刻思想和艺术魅力是分不开的。

4.《脚镯记》

《脚镯记》约产生于公元2世纪，作者相传是哲罗国王子依朗哥。据说他年轻时便出家当了耆那教和尚。他和另外一部史诗《玛妮梅格莱》的作者萨达纳尔是朋友，而两部史诗之间也有紧密关联。《脚镯记》写的是贞女甘娜姬和丈夫哥瓦兰的故事，而《玛妮梅格莱》则写哥瓦兰与艺妓玛达薇之女玛妮梅格莱的故事。

《脚镯记》全长5 001行，共30章，分为三篇:《普哈尔篇》10章,《马杜赖篇》13章,《万吉城篇》7章。

故事发生在朱罗国的普哈尔城（即前文提到的伽韦利，或译科佛里），一对恩爱小夫妻哥瓦兰和甘娜姬过着幸福平静的生活。但艺妓玛达薇的出现在他们的生活中引起波澜。哥瓦兰因看玛达薇的表演而迷恋上玛达薇，二人同居后生下一女玛妮梅格莱。哥瓦兰也因此耗尽家财。颜面扫地的哥瓦兰又回到妻子甘娜姬身边。甘娜姬取出金脚镯给丈夫，让他东山再起，并与丈夫一同来到潘迪亚国都城马杜赖。适逢王后丢失一金脚镯，哥瓦兰在出卖脚镯时被当作盗贼拘捕，国王将他处以极刑。甘娜姬勇闯王宫，指责国王草菅人命，并证明丈夫无罪。国王意识到错杀无辜，从宝座上跌落而死，王后也随之身亡。在甘娜姬诅咒下，马杜赖被大火焚毁。甘娜姬西去哲罗国，在一座山上祈祷14天，有天神将她接入天界。哲罗国王闻知，命人到北方雪山采石，为甘娜姬雕像，并立庙纪念。

据传说，这位为甘娜姬树立雕像的哲罗国国王就是史诗作者依朗哥的兄长，他当时带着王后出游，弟弟依朗哥与其好友萨达纳尔陪同出游。在一座山前，当地人隆重迎接国王和王后，并向他们讲述了甘娜姬在这里升天的奇迹。依朗哥与萨达纳尔十分惊奇，决定开始创作长诗。于是,《脚镯记》和《玛妮梅格莱》相继诞生。

从宗教的角度看，这部史诗可以算作耆那教文学作品。诗中，作者不失时机地宣扬了耆那教的教义。这说明，2世纪时，耆那教在印度半岛南端三国中的影响是很大的。

如今，甘娜姬这个史诗中的人物已经被南印度人视为节妇烈女的楷模加以膜拜，其影响也远及斯里兰卡。

5.《玛妮梅格莱》

《玛妮梅格莱》继《脚镯记》后完成，作者萨达纳尔是一名佛教徒。全诗分30章，4 296行。其基本情节如下。

在哥瓦兰被杀以后，艺妓玛达薇得到消息，便放弃艺妓生涯，出家当了佛门弟子。玛妮梅格莱是哥瓦兰和玛达薇的女儿，在母亲的安排下，她也出家做了尼姑。一天，她在花园采花，被朱罗国王子看见。王子一见倾心，常到寺院来找玛妮梅格莱。不堪其扰，玛妮梅格莱在家神的帮助下来到一个小岛，她在岛上巡礼佛教胜迹，得知前生因缘，并得到一个如意神钵。后来玛妮梅格莱返回陆地，四处云游，用神钵救济贫困民众，并弘扬佛法。但由于王子被人杀害，玛妮梅格莱因遭到怀疑而被捕入狱，受尽折磨。后真相大白，玛妮梅格莱获释，她劝国王废除刑罚，改监狱为慈善场。最后她来到哲罗国，在一老法师跟前学习佛法，直至圆寂。

此书作者和书中女主人公均为佛教徒，书中也宣扬佛教教义，故此史诗又可算作佛教文学作品。这说明，当时佛教在印度半岛南端的三国间流传广泛。而玛妮梅格莱这一艺术形象也深受泰米尔人的喜爱，至今仍被传颂，被当作女神礼拜。

二、艺　术

这一时期，印度的雕刻艺术、石窟艺术、绘画艺术，乃至乐舞艺术均有很大发展，为后世留下了不巧佳作。其中，巽伽王朝时期的窣堵波建筑、阿旃陀石窟的早期建筑，以及与之相关的石头雕刻，给人们留下深刻印象。贵霜王朝时期的犍陀罗佛像雕刻则影响更大。这一时期流传下来的艺术品，主要是佛教艺术品，说明佛教在这一时期的影响很大，影响的地域也很广。虽然这些艺术品主要表现的是佛教题材，但从中也不难看出当时的社会风貌。

需要说明的是，印度著名的阿旃陀石窟建筑中，有一小部分雕凿于这个时期，但由于其主要部分属于笈多王朝时期的作品，故为叙述的方便，我们将阿旃陀石窟放在后面介绍。

（一）巴尔胡特和桑奇大塔

继阿育王在全国大肆建立佛塔，到巽伽王朝时期，民间仍有许多佛教徒在一些地方建立佛塔。其中，巴尔胡特塔和桑奇大塔最为著名。

1. 巴尔胡特塔

在今印度中央邦萨特纳县城南面15千米处，有一村子叫巴尔胡特。1873年，英国考古学家在那里发现了一个窣堵波遗址，1874年予以发掘。塔身严重破坏，所存石雕围栏尚存80根石柱。后来其残破的塔门和部分围栏被转移安放于加尔各答博物馆。据测定，该窣堵波约建于公元前2世纪后半。据大塔东门石雕上的铭文记载，这座东门是由当地一位王公捐献的，而其围栏则是由许多人集体捐献的，其中有贵族、商人、平民、工匠等各种信徒。尤其值得注意的是，捐助者中既有东北方面华氏城前来观礼的信徒，又有西南方面今孟买附近前来巡礼的信徒。说明这座窣堵波在当时远近闻名，也说明佛教信仰在这些地区很流行。

巴尔胡特塔的石门及围栏系用红砂石制作。其塔门形似中国的石牌坊，即由两根立柱支撑起三片横向的石梁。立柱上方雕有卧狮。横梁上雕有花卉图样，以莲花图案为主。有的莲花图样中心还刻有药叉和药叉女的头像。最引人注意的是，在围栏上雕刻有大量故事场景，这些故事浮雕主要分为两类，一类是本生故事，据统计，其可辨认的佛本生故事有32个；一类是佛传故事，有16个。典型的有《鲁鲁本生》和《大猕猴本生》。前者是著名的九色鹿故事，后者是大猕猴（猴王）用自己的身体铺路使猴群逃出险境的寓言。当时还没有佛像雕刻，一般采用象征物如脚印、法轮、菩提树、伞盖等表示佛的存在。浮雕中人物千姿百态，各种动物如鹿、猴、象等也生动可感。在人物浮雕中，巴尔胡特大塔北门边上有个立柱，正面是一个药叉的立像，侧面是一个药叉女的立像。这个药叉女雕刻极其精美，堪称典范，她丰乳肥臀，身体呈三道弯式，即胸部向前，臀部后耸。左腿左手搂住一棵小树，右手举起扯着树枝，发辫自然下垂，头、项、腰、手腕、脚腕均有饰品，脚下踩着羊首鱼身的怪物。姿态十分优美。

2. 桑奇大塔

桑奇位于今印度中央邦博帕尔市北面不远处。1819年，英国人在一座小山上发现了三座塔的遗址。30年后，考古学家将它们编为1、2、3号，其1号塔最大。通常所说的桑奇大塔往往指1号塔。1912年，英国考古学家进行了发掘，成功恢复了它们的原貌。大塔底面直径约36.6米，高约16.5米。是现存早期佛教窣堵波的典型范例。

桑奇大塔最精美的部分是公元前1世纪到公元1世纪增建的东、西、南、北四座石牌坊一样的塔门。每座塔门约高10米，由两根方形石柱支撑，石柱顶部有一圆盘，盘上是四只面朝外的蹲狮，蹲狮上方有三道横梁，横梁间有方形石隔开。这些石材上一般均雕刻有各种烦琐而精美的图案，横梁上下、两端都雕刻有人物、动物、草木等。由于年代久远，四座塔门的保存状况不大一致，但都显示了当年工匠们巧妙的构思和高超的技艺。例如，北门的三条横梁上都雕有精美的人物，如药叉、药叉女、贵族等，还雕有大象、狮子、骏马、公牛、孔雀等动物，以及莲花、蔓草等图案。佛本生故事和佛传故事也是桑奇大塔塔门雕刻的表现内容。如南门第二道横梁上表现的《六牙象本生》、北门第三道横梁上的《须大拿本生》等，都以连环画的形式把故事情节表现在一幅画面上。在表现佛传故事时，像巴尔胡特塔门雕刻一样，桑奇大塔的塔门雕刻中没有佛陀的形象，而是以象征物法轮、菩提树等替代。如王镛先生所说："桑奇浮雕表现佛陀的象征主义手法比巴尔胡特更加系统和完善，象征符号更加丰富，运用得更加频繁和广泛。不仅佛陀一生的四件大事即诞生、悟道、说法、涅槃分别以不同的符号代表，而且其他事件或奇迹也以各种象征符号表示。"[①]如，以一头小象表示"白象入胎"，以一匹无人骑的马表示太子出城，以菩提树和树下坛座表示佛陀悟道，以法轮两侧有鹿表示鹿野苑说法，以一座窣堵波表示佛涅槃，等等。

（二）犍陀罗艺术

我们前面几章已多次提到犍陀罗这个地名，指的是今巴基斯坦境内以白沙瓦为中心、处于喀布尔河和印度河中间的一片区域。在印度古籍中，自《梨俱吠陀》而下直至佛经文献，都每每提及。中国古籍中也很早就记载了这个地方，但最初记载为"大夏"，如《史记》、《汉书》和《后汉书》等，都称犍陀罗一带为大夏、安息、月氏等。因为在张骞通西域的时候，那一带被大夏希腊人所统治，而在后汉时，那一带又先后在塞种、安息和贵霜人的统治下。大约在晋代以后的文献中，才开始称那一带为乾陀罗、乾陀、犍陀卫、犍陀越、健驮罗等，都是犍陀罗的异译。

通常所说犍陀罗艺术，分布的区域要广一些："涵盖的范围远远超过其历史地理的实际疆域，相当于今巴基斯坦西北地区与毗连的阿富汗东部地区，既包括印度河西侧的白沙瓦谷地，也包括印度河东侧的呾叉始罗（Taxila，今译塔克西拉），北到斯瓦特河谷（Swat Valley），西至阿富汗喀布尔河流域上游的

① 王镛：《印度美术》，北京：中国人民大学出版社，2004年版，第66页。

哈达（Hadda）、贝格拉姆（Begram）等地。”[①]也就是说，犍陀罗有狭义和广义两个概念，狭义的犍陀罗指的是其历史地理概念，广义的犍陀罗指的是犍陀罗艺术分布的地区。

由于犍陀罗地处丝绸之路的要冲，可以说是古来东西方文明的交汇之地。在特定的历史条件下，印度佛教与希腊文明交汇，就形成了犍陀罗艺术。而犍陀罗艺术最突出的特点，便是创作出希腊式的佛陀形象。

美术界通常将犍陀罗艺术分为两个时期：前期和后期。前期从1世纪初至3世纪中叶，后期约自3世纪中至5世纪末。此后虽有继作，但高潮已过，只能算是尾声。

1．佛像雕刻

犍陀罗佛像的出现有内外两方面的机缘。首先，佛教在贵霜王朝时代发展出了大乘佛教，大乘佛教将佛陀神化，这就为偶像崇拜提供了契机。其次，犍陀罗地区有希腊罗马文化的深深印痕。一方面，当地有希腊移民的后代，也有希腊人信佛的情况，他们完全能够将希腊罗马文化复制转运到犍陀罗地区。另一方面，犍陀罗地区与罗马方面有外交和经贸联系，罗马文明很容易传到该地区。而在希腊罗马文化中，对神的崇拜往往形之于偶像，典型者如太阳神阿波罗等。因此，印度的佛教文化与希腊罗马文化两相碰撞，便产生了灵感的火花，人们根据希腊神的形象创作出了佛陀的形象。

现存的犍陀罗佛像很多，主要收藏于巴基斯坦、印度和一些西方国家的博物馆里。从姿态看，犍陀罗佛像主要有两种，一种是坐像，一种是立像。典型的坐像如现存巴基斯坦白沙瓦博物馆的一尊二三世纪高73厘米的佛像：“结跏趺坐”（盘腿坐），双足心向上，双手结“转法轮印”，袈裟斜披，袒露右肩右臂。典型的立像如现藏新德里印度国家博物馆的约2世纪的一尊，和现藏巴基斯坦白沙瓦博物馆的二三世纪的一尊。二者很相似，均穿通肩袈裟，赤足，左手下垂握着一卷衣服，右手结“施无畏印”。犍陀罗立像一般都显得体形粗壮，头部与躯干的比例失调。其袈裟的形制来自古罗马的长袍，褶皱清晰如波纹，这成为后世那种贴身的“水纹袈裟”的前驱。佛头后面都有磨光的平面圆形石板作为神光，表示其神圣，以与凡人相区别。佛陀的头发为波纹状卷发，显然是希腊罗马雕刻中常见的发式，而与后世发展出来的螺式佛发不同。佛顶有“肉髻”，

① 王镛：《印度美术》，北京：中国人民大学出版社，2004年版，第75页。

即传说的佛陀“三十二相”之一，上面有波纹式的头发覆盖。佛的面部酷似希腊神像中的阿波罗像，脸型椭圆，眉清目秀，俨然希腊美男子。其鼻子高直，薄唇，上唇上有时有短髭，双耳垂轮，双目微睁，眉间以一凸起（或凹陷）的圆点表示“白毫”，亦为佛陀“三十二相”之一。整个面部表情平静安详。

现藏巴基斯坦拉合尔中央博物馆一尊3世纪的苦行坐佛像（俗称“饿佛”）非常著名，受其影响，我国的石窟壁画中也有此形象。这尊佛像之所以影响大，在于其精湛的雕刻工艺。佛像的面庞瘦削，眼窝深陷，短须四出，脖子、肩臂仅存筋、皮，条条肋骨凸显，青筋暴露，让人看了顿生震撼。

2. 建筑

贵霜帝国在迦腻色迦时期曾建不少佛塔。如法显到那里时就见到过多处佛塔遗迹。在“弗楼沙国”（今白沙瓦）见到迦腻色迦王建的佛塔，名雀离浮图，前文已提到。杨衒之《洛阳伽蓝记》卷五引用各种资料，所记更详，其中一段云：

> 雀离浮图自作以来，三经天火所烧，国王修之，还复如故。父老云：“此浮图天火所（七）烧，佛法当灭。”《道荣传》云：“王修浮图，木工既讫，犹有铁柱，无有能上者。王于四角起大高楼，多置金银及诸宝物，王与夫人及诸王子悉在上烧香散花，至心精神，然后辘轳绞索，一举便到，故胡人皆云四天王助之。若其不尔，实非人力所能举。”塔内物事，悉是金玉，千变万化，难得而称。旭日始开，则金盘晃朗；微风渐发，则宝铎和鸣，西域浮图，最为第一。①

这段话系根据宋云、惠生等出使西域的见闻写出。宋云、惠生于518年出发西行，三年而返。由其记载可知，迦腻色迦时的佛塔与巴尔胡特和桑奇大塔已经不同，不再设置石刻塔门和围栏，而将半球形的丘体加高很多，上面设置多重宝盘（相轮）。豪华的雀离浮图甚至四周建有高楼。《洛阳伽蓝记》卷五还记载道：“雀离浮图南五十步有一石塔，其形正圆，高二丈。”也说明其石塔为圆形而高耸。

3. 人物造像

犍陀罗艺术中也常以佛本生故事和佛传故事为题材雕刻出许多人物浮雕。例如，现藏伦敦不列颠博物馆的一块2世纪的浮雕上，表现的是《尸毗王

① 范祥雍：《洛阳伽蓝记校注》，上海：上海古籍出版社，1978年版，第328页。

本生》。描述的是佛为菩萨时，曾托生为国王，名叫尸毗（Sibi）。一次，帝释天（因陀罗）要考验他是否有慈悲好施之心，特地和工巧大神毗首羯磨（Visvakarman）幻化出老鹰追捕鸽子的情景。鸽子飞到尸毗王那里寻求庇护，老鹰追到，尸毗王愿以自己身上的肉换取鸽子的性命。于是，尸毗王要割下与鸽子重量相等的肉给老鹰吃。在这块浮雕上，有6个人物。最左侧的是尸毗王，坐在宝座上，有一人伸手从他的右腋下掏取鸽子，一人从他身上割肉，一人掌称。最右边的二人分别是帝释天和毗首羯磨，其头后都有圆光，面带赞美之情。这些人物的衣服都是希腊罗马式的，有垂感，多纹理。这个故事在中国影响很大，绘画和文学作品中经常出现。

其表现佛传故事的浮雕也很多，而且场景较以前大大增加。例如，现藏巴基斯坦白沙瓦博物馆的一块刻于2世纪初期的浮雕，表现的是释迦牟尼出生的情景。摩耶夫人居画面中央，右腿立地，左足尖点地，左腿交于右腿前，左臂依靠一侍从，右手举起抓住一树枝。一婴儿从其右肋生出。小王子的姨母以手接婴儿。前排人物均为随从和侍女等，后排人物多为天神。这些人物的衣服也都是希腊罗马式的，富于垂感、纹理如波。

4. 对外传播

早期的犍陀罗艺术不仅影响到印度内地，更向北向东影响到中亚和中国。如前文提到，在今塔吉克斯坦、乌兹别克斯坦和土库曼斯坦等中亚国家都有佛教艺术遗迹，其影响主要来自犍陀罗艺术。在中国的新疆，尤其是环塔里木盆地的和田、疏勒、库车等地，有许多古城遗址，有很多佛教艺术作品，也都属于受犍陀罗艺术影响的遗迹。敦煌、云冈和龙门石窟，也都能看到受犍陀罗艺术影响的痕迹。

（三）马图拉艺术

马图拉，印度古代名城，中国古代有摩偷罗、摩头罗、秣兔罗、孔雀城等许多译法。在贵霜时代，曾为其东都。在迦腻色迦之后第三代继承者胡毗色迦时代，此地为贵霜王朝的首都。这里被婆罗门教信徒奉为黑天大神的诞生地，同时这里又有佛教和耆那教流行。三个宗教的雕刻艺术在这里得到发展，形成了一个流派，被美术界称为“马图拉风格”（Mathura School）。

1. 佛像

贵霜时代马图拉风格的佛像明显与犍陀罗佛像不同。首先，从所用石料看，犍陀罗佛像基本都采用青褐色的片岩，而马图拉佛像则采用红色砂石。其次，马图拉佛像一般都有铭文，尽管其铭文一般不标明年代，但总比犍陀罗佛像没有铭文便于考证。第三，也是最突出的一点，马图拉佛像的造型与犍陀罗佛像不同，主要体现在脸部特征上。马图拉佛像的脸明显是圆形，而不像犍陀罗佛像的椭圆形脸庞。尤其是眼睛，马图拉佛像的眼睛是睁开的，而不是半闭的。其嘴角上弯，带有微笑。其头发剃光，肉髻光滑形似法螺，并无波浪式发型。其袈裟多为通肩，带有一道道纹理，远离了希腊罗马式长袍的特色，而显得线条僵硬。头后圆光的周边有弧形线条装饰。

贵霜时代后期的马图拉佛像又有变化：其眼睛由全睁又变为半闭；头发也从无到有，并现右旋螺蛳状；头后圆光中也增加了光辉纹、莲花纹，等等。这些都为后来笈多王朝马图拉佛像的过渡准备了条件。

2. 药叉女像

除了佛像，马图拉雕刻中最突出的人物雕像是药叉女像。在一些佛教和耆那教的窣堵波围栏的石柱上，经常有药叉女的雕像。如王镛先生所说："喜爱裸体、崇尚肉感，是马图拉雕刻的传统特色。……马图拉的裸体药叉女雕像的造型，身材修长匀称，面庞圆润，肉体健硕丰腴，光艳柔媚。……夸张表现女性浑圆的乳房、纤细的腰肢、丰满的臀部和粗壮的大腿。除了一条似系未系的透明纱裙以外几乎全裸，阴部也如同桑奇药叉女毫不遮掩。她们发型别致，梳理整齐，全身佩戴着富丽的珠宝饰物：沉重的耳饰、珍珠项链或项圈、成串的手镯、异常宽厚的脚镯、中间以花扣联结着成排圆片的精美的腰带。"①这些作品出土时即已零散，现今多收藏于新德里印度国家博物馆、马图拉政府博物馆和加尔各答印度博物馆等处。

3. 阎膏珍和迦尼色迦像

前文说过，阎膏珍即维马·卡德菲赛斯（Vima Kadphises），是贵霜王朝第二代帝王。其在位期间，已经将马图拉一带纳入自己的版图。在马图拉郊区的托克里·蒂拉（Tokri Tila）曾出土一座贵霜王朝神殿遗址。其中有阎膏珍的红砂石雕像，虽然已残破不堪，但仍然可以看到其游牧民族的衣装。据雕像铭文记载，该像作于迦腻色迦六年（约公元84年或134年），通高208厘米，现藏马图拉政府博物馆。

一同出土的还有迦腻色迦立像一尊，也是红砂石雕刻，高170厘米。时间

① 王镛：《印度美术》，北京：中国人民大学出版社，2004年版，第119~120页。

在1世纪晚期到2世纪初期。雕像的头和双臂残缺，但身体笔直，穿着游牧民族的长袍，腰系宽皮带，外套一件长披风，双脚长大，蹬有一双长筒靴，左手握有一柄戴鞘长剑，右手拄着一柄权杖。在长袍的下摆刻有一行佉卢文：“大王、王中之王、天之子迦腻色迦”（Maharaja Rajadhiraja Devaputra Kanishka）。这尊雕像中，剑鞘、权杖和靴子雕刻细致写实，其余部分线条僵直，因残缺头部，故不知其面部是如何表现的。或许应该像他发行的钱币上所表现的样子：蓄有络腮胡子，头戴王冠？

总之，从这两尊雕像可见，贵霜王朝初期的两位帝王都带有草原民族的剽悍气质，与佛像和药叉女像形成不同风格的鲜明对照。

4. 婆罗门教耆那教雕刻

在马图拉地区还出土有婆罗门教和耆那教雕像。

其时的婆罗门教神像有太阳神苏利耶、四臂毗湿奴、因陀罗、持矛的塞建陀、裸体的象鼻神（Ganapati，群主）等。这些神像也都在不同程度上受贵霜王朝游牧民族气质的影响，如太阳神的形象，就与当地出土的贵霜王侯武士很相像。

马图拉还出土有耆那教雕刻品。如现存马图拉政府博物馆的一尊耆那教祖师像约完成于1世纪，高52厘米，和当时马图拉派的佛像非常相似，姿态、神情几乎一样，只是其全身裸露，胸前有吉祥标记，头上有螺发。此外，马图拉政府博物馆还藏有一些耆那教题材的浮雕，如表现耆那教宇宙模式的浮雕、表现耆那教窣堵波的浮雕等。

（四）阿马拉瓦蒂艺术

在贵霜王朝时代，南印度的阿马拉瓦蒂艺术与北方的犍陀罗艺术和马图拉艺术并存，形成既相互联系又相互独立的艺术流派。

阿马拉瓦蒂位于克里希纳河下游的南岸，在今印度安得拉邦中部贡土尔县城以北约29千米处，与另一处佛教圣地龙树山相毗邻，在贡土尔县城西北147千米处，东距阿马拉瓦蒂约110千米。因而，龙树山的建筑与雕刻也被列为阿马拉瓦蒂艺术的一部分。

阿马拉瓦蒂所处的克里希纳河流域长期在案达罗—萨他瓦哈那王朝的统治之下。如前文所说，乔答弥补多罗·萨多迦尼是复兴案达罗—萨他瓦哈那王朝的君主，曾宣称自己是塞种人、希腊人和安息人的消灭者。其势力范围北达马尔瓦地区，南抵卡纳塔克地区。他在位时间约为公元1世纪后半期（但也有人认为在106~130年）。在他之后，案达罗—萨他瓦哈那王朝逐渐衰落，其政治中心东移。于是有学者认为，阿马拉瓦蒂地处后期案达罗—萨他瓦哈那王朝的政治中心区。龙树山以大乘佛教菩萨龙树得名，除地处案达罗—萨他瓦哈那王朝的政治中心区外，也因佛教的繁荣而著称。所以，那里发展出一个以佛教艺术为主的艺术流派也在情理之中。

1. 窣堵波

阿马拉瓦蒂大塔初建于公元前2世纪，2世纪时重修并扩建。塔基圆坛直径50米，上建覆钵式（半球形）塔体，高30米。塔基表面与塔体下部均镶嵌有白绿色石灰石浮雕石板。塔顶有一方形平台，上有伞盖。塔基的四个方向各有一长方露台延伸而出。塔基周围建有甬道和高大的围栏，围栏内外均有浮雕石板。在历尽沧桑之后，有大量浮雕被保存下来。这些浮雕作品并非出自一时，早的约在公元前2世纪，晚的约在3世纪中期。

龙树山发掘出来的大塔，直径近28米，形制与阿马拉瓦蒂大塔一样。此外，该地还发掘出多处佛塔遗迹。

2. 浮雕

公元前2至前1世纪的浮雕残片与巴尔胡特的风格相似，人物古朴，纹样简约。到1世纪，其作品变得活泼，开始出现佛陀形象，大约是受到北方佛像的影响。大塔公元150年至200年间的围栏浮雕保存下来的最多，表现力臻于成熟。其裸体的药叉女身体比例和谐，姿态优美。其中的本生故事和佛传故事画面中的女性也都是裸体，且千姿百态。虽丰乳肥臀，却腰肢纤细，匀称合理，跪卧俯仰，极力表现出女性躯体的曲线美。

有一块龙树山出土的浮雕石板现藏新德里印度国家博物馆，约雕刻于3世纪，高约186厘米。上面雕有太子诞生的故事。这类佛传故事在龙树山的浮雕中有较多表现。

3. 佛像

关于佛陀存在的象征主义表现手法，在阿马拉瓦蒂艺术中，多数与巴尔胡特和桑奇的情况相一致，即以菩提树、足迹、法轮等象征佛陀，但也有直接刻画佛陀形象的浮雕作品。

这一时期阿马拉瓦蒂和龙树山还出现了单独的佛像。现藏法国巴黎吉梅博物馆的佛陀头像是3世纪左右的作品，其脸部特征不同于犍陀罗和马图拉佛像，脸型呈椭圆形，饱满圆润，头上与肉髻分布着一簇簇右旋螺发。另有一佛陀立像现存海得拉巴邦立博物馆，高92厘米，约作于3世纪。脸部特征与现藏巴黎的头像相似，肉髻较低，布满右旋螺发；表情安详，略带微笑；眼睛睁开，鼻子高直。袈裟自左肩而下，条纹清晰流畅，显然受到犍陀罗佛像影响。

（五）《戏剧论》

1. 作者与成书时间

《戏剧论》（*Natyasastra*）又译《舞论》，一般认为，其作者为婆罗多牟尼（Bharata-muni）。关于其作者是否即婆罗多牟尼的问题，学界有不同看法。有很多人都认为那仅是《戏剧论》中演员的代名词，并非真实的历史人物，将他说成是《舞论》的作者不过是权宜之计。而关于《舞论》一书的成书年代，一直以来颇多争议，不同的观点竟然相差上千年，从公元前5世纪到公元5世纪，各种主张都有。但一般认为，其成书时间在公元前后。即便在公元前后，出现这样一部全面论述戏剧的著作，也是非常了不起的，至少我们中国没有出现过。

在我国，早年许地山先生曾经关注过印度古典戏剧，写过相关论文。在其《印度文学》一书中也曾提到《戏剧论》（他翻译为《歌舞论》），但并未予以研究。金克木先生是我国研究《舞论》的第一人。他在《梵语文学史中》介绍了此书，还曾节译《舞论》的部分章节并予以注释。此后，黄宝生先生在《印度古典诗学》一书中进一步介绍了《舞论》的成书时间、作者和主要内容，并对相关问题予以研究。

2. 主要内容

黄宝生先生对《舞论》有一个总体评价，他说："《舞论》是早期梵语戏剧实践经验的理论总结。它自觉地把戏剧作为一门综合艺术对待，以戏剧表演为中心，涉及与此有关的所有论题。"①下面根据他的意见对此书作简要介绍。

《舞论》全书共5 500节诗和部分散文，分36章。第一章讲述戏剧起源，系神话传说。第二章介绍剧场形状与构造。第三章讲述剧场建成举行的祭祀仪式。第四章论述戏剧表演中的舞蹈。第五章讲演出前的准备与序幕。第六、七两章论述"味"和"情"。"味"和"情"是印度古典诗学的两个重要范畴，指观众对文艺作品的审美体验。第八至十三章论述形体表演，包括身体各个部位的动作及姿态。第十四章专论表演中的"行走"及其艺术含义。第十五至十九章论

① 黄宝生:《印度古典诗学》，北京：北京大学出版社，1993年版，第41~42页。

述语言表演，包括演员的语言以及诗律等问题。第二十章论述戏剧的十种类型。第二十一章专论戏剧情节的五个阶段、五种要素和五个关节。第二十二章主要论述戏剧的四种风格。第二十三章论述戏剧的妆饰、道具等。第二十四章再论语言、形体和真情表演。第二十五章论述如何表现男女爱情。第二十六章论述对于景物和情态的特殊表演方法。第二十七章论述成功戏剧的标准。第二十八至三十三章论述戏剧中的音乐和歌曲。第三十四章专论各种角色。第三十五章论述剧团和角色分配。第三十六章讲述戏剧从天堂下凡人间的神话传说。

3. 后世影响

婆罗多牟尼的《戏剧论》产生以后，对后世印度的诗学影响很大。早期就曾有过多个注本，但均已失传。现存最早的注本是公元990~1015年由湿婆派信徒新护（Abhinavagupta）写成的。由于《戏剧论》涉及内容广泛，因此它不仅影响到后世的戏剧，也影响到音乐、舞蹈，以及现代电影电视等艺术门类。又由于它是一部美学著作，其理论也适用于诗歌、小说等文学作品的鉴赏和评论，因此印度古今的文学批评家都或多或少地受列它的影响，或借鉴了它的理论。

第六章

笈多与后笈多文化概况

第一节 历史沿革

印度历史学界通常称公元4~8世纪这段时间为印度教文化的“黄金时期”。但印度著名历史学家罗米拉·塔帕对此表示质疑。她认为，“黄金时期”的说法是片面的。一般来说，所谓“黄金时期”应该是一个非常理想的时期，而事实上这段时间印度文化虽然有所发展，但印度社会并没有达到一个理想境界，所谓的辉煌也仅仅是社会富有阶层生活的折射，不能代表整个印度社会。因此，她称这一时期为“开始时期”（threshold times），指的是印度教古典文化的开始阶段。①

笈多王朝时期，印度教文化开始复兴。无论是文学艺术，还是科学技术，都带有印度教的浓厚色彩。尤其是在南印度，印度教逐渐排挤掉佛教和耆那教，夺取了主导地位，并最早开始了虔诚运动。8世纪，经过商羯罗（Sankara）的改革，印度教的社会地位得到回升，佛教和耆那教明显衰落。

一、笈多王朝

笈多王朝建立之前的4世纪初期，在北印度以马图拉为中心的亚穆纳河流域有不少那加人（Nagas）的土邦王国存在。这些那加人是怎么来的？是从哪里来的？至今仍然是个谜。但一般认为，他们不是当今东北印度那加人的祖先，

---

① Romila Thapar, *Early India*, New Delhi: The Penguin History, 2002,p.280.（罗米拉·塔帕：《古代印度》，新德里：企鹅历史丛书，2002年版，第280页）

而很可能是上古龙①图腾民族的后代。在西印度，塞种人的统治一直持续着，主要有两个塞种人国家，一是鲁多罗·僧诃二世（Rudrasinmha Ⅱ）统治的卡提阿瓦地区，二是耶输陀摩二世（Yasodama Ⅱ）统治的马尔瓦地区。到4世纪40年代，这两个国家还存在。在西北印度，贵霜人的势力虽然已经衰落，但并未被根除，而南印度的主要势力则是伐卡塔卡人建立的国家。

笈多王朝正是在这种情势下建立起来的。

（一）旃陀罗·笈多

笈多王朝的创立者是旃陀罗·笈多（Candra Gupta）。关于他的种姓出身有各种说法，如婆罗门、刹帝利、吠舍、首陀罗等。一般认为，旃陀罗·笈多的祖父和父亲原是今印度比哈尔邦境内的一个土邦王国的统治者，到旃陀罗·笈多这一代才发达起来。在今印度比哈尔邦的加耶和北方邦的阿逾陀等地发现的他发行的金币上，一面印有“旃陀罗·笈多”的字样，另一面则印有“吉祥鸠摩罗黛维”和“离车”的字样。这证明，他与北方的离车族联姻，娶了离车族的公主鸠摩罗黛维。显然，他获得了离车族很大的支持。之后，他杀死了摩揭陀的统治者登上摩揭陀国的王位。但这种说法只是来源于文学作品，学界多数人认为并不确实。不管怎样，旃陀罗·笈多的势力发展迅速，他统一了恒河中下游的大部分地区，并于公元319年（一说320年）正式建立笈多王朝，他本人则自称为“王中之王”。据说他活到公元335年。在他去世之前，他就通过会议的形式指定自己的一个儿子沙摩陀罗·笈多（Samudra Gopta）为继承人，而他本人则去林中过隐居生活，直到去世。

（二）沙摩陀罗·笈多

沙摩陀罗·笈多在335年之前的某一年继位，去世于380年之前不久。关于沙摩陀罗·笈多的生平业绩，除了几个铭文和他发行的钱币外，几乎再也没有其他资料。从有限的资料中，后世历史学家对他的业绩做出了大体的描绘。他曾征服了恒河和亚穆纳河之间的一大片国土，将那一带纳入自己的版图，接着又向南扩展土地，占据了今天印度中央邦一带，并向西征服了今天印度的拉贾斯坦地区和古吉拉特的一部分。他还进行过一次声势浩大的南征，据说一直打到南方的德干高地，有铭文说他打败了文迪耶山脉地区的一些国王（据传有12位之多），将他们逮捕后又将他们释放了。据推测，他可能还攻打过今印度泰米

---

① naga本意为蛇，佛典中常翻译为龙。

尔纳德邦北部的建志地区，迫使帕拉瓦国王承认其宗主权。总之，在南方的许多国家向他表示臣服之后，他举行了马祭。

沙摩陀罗·笈多在武力征服的同时，也在自己的宫廷笼络文化人，尤其是让宫廷诗人为他歌功颂德。他发行的钱币上有好几种图案，有持弓的，有弹七弦维纳的，还有骑虎的图案，说明他不仅尚武，也对文艺有极大的兴趣。

沙摩陀罗·笈多的继承者是他的儿子旃陀罗·笈多二世。

（三）旃陀罗·笈多二世

旃陀罗·笈多二世（Candra Gupta Ⅱ）在位时间大约为380~约413年（一说375~414年在位），是一位在位时间较长的帝王。他有两个别名和一个称号。两个别名是提婆·笈多（Deva Gupta）和提婆罗阇（Devaraja），由于他的业绩十分显赫，故又有“超日王”（Vikramaditya，或译健日王、勇健王等）的称号。超日王的称号在印度历史上十分响亮，后世印度各地有多个国王（不下10人）都使用过这个称号，也有多种文学作品都与拥有这个称号的国王有关。传说中的超日王具有卓越超群的文治武功，曾战胜塞种国王，同时拥有宫廷“九宝”[①]。因此，学界的主流看法是，旃陀罗·笈多二世才是最符合条件的超日王。印度历法中的超日王纪元据说也是由他开创的。但超日王纪元开始于公元57或58年，这与旃陀罗·笈多二世所处的时代相距300余年，这也是印度历史上的一个难解之谜。

旃陀罗·笈多二世也采取和亲的策略来加强自己的实力，并对外实行扩张。据铭文记载，他至少有过两个王后，一个是德鲁瓦黛维（Dhruvadevi），另一个是俱比罗那加（Kuberanaga），前者有可能与一名塞种国王有关，后者则属于那加人。据相关铭文，德鲁瓦黛维生有两个儿子，鸠摩罗·笈多（Kumara Gupta）和戈文达·笈多（Govinda Gupta）。俱比罗那加生了一个女儿般颇婆蒂·笈多（Prabhavati Gupta）。为了和亲，旃陀罗·笈多二世将自己的女儿远嫁到南方的伐卡塔卡国。

据说，旃陀罗·笈多二世曾经西征古吉拉特的西部地区，击败了卡提阿瓦半岛上的塞种国王。印度学者推算其时间在409至412年之间[②]。他的帝国疆域东

---

① 九宝（Nava-ratna），指在超日王宫廷中服务的九位有才华的人士。

② Atreyi Bisws, *Political, Social and cultural History of Ancient India*, New Delhi: Uppal Publishing House, 1982,p.344.（阿特雷伊·比斯瓦斯：《印度古代政治社会与文化史》，新德里：乌帕尔出版社，1982年版，第344页）

至孟加拉、阿萨姆一带，西到古吉拉特和信德，北抵尼泊尔，南达德干地区。

近代以来，旃陀罗·笈多二世造的金、银、铜币被陆续发现。其图案有下列数种：持弓的国王、华盖下的国王、猎杀狮子的国王、骑马的国王。

我国东晋高僧法显曾经在这个时期访问印度，他记载帝国首都华氏城时说："凡诸中国，唯此国城邑为大。民人富盛，竞行仁义。""其国长者、居士各于城中立福德医药舍，凡国中贫穷、孤独、残跛、一切病人，皆诣此舍，种种供给。医师看病随宜，饮食及汤药皆令得安，差者自去。"[①]证明了华氏城的繁荣。

（四）鸠摩罗·笈多一世

旃陀罗·笈多二世的继承人是鸠摩罗·笈多一世。一般认为，他的在位时间为415~455年。他继承了先辈们的事业，统治着庞大的国家，因而获得了"帝日王"（Mahendraditya）的称号，并举行过马祭。但是，他统治的后期帝国出现了危机。在中印度，曾经发现两处藏有大量笈多时期金币的遗址。这些金币中最晚的到鸠摩罗·笈多一世时期。这说明，当时的富人为了躲避灾难而将金币掩埋起来。有铭文证实，帝国南方纳巴达河流域的普什耶密多罗人（Pushyamitras）一度势力强大，曾向北方进攻，给帝国造成压力。鸠摩罗·笈多一世派出自己的一个儿子塞建陀·笈多（Skanda Gupta）前去迎战，经过三天三夜的苦战，塞建陀·笈多获胜。而当他凯旋的时候，却得到了父王去世的消息。

（五）塞建陀·笈多和普鲁·笈多

塞建陀·笈多打了一场胜仗，回来后正值父王去世，但此时西北地区因白匈奴入侵而告急，他不得不再次出征。在打退白匈奴的进攻后，他再次凯旋，这一次的战绩使他更加顺理成章地继承了王位。塞建陀·笈多在位时间约为455~467年。因有辉煌的战绩，他亦袭用了"超日王"的称号。从有关铭文和钱币资料分析，他在位时维持了祖上的疆土。大约是因为他没有后代，所以在他死后，王位由他的兄弟普鲁·笈多（Purugupta）继承。

关于普鲁·笈多的史料非常少，他所发行的钱币只在东印度地区有所发现，在西部地区尚无发现。这似乎说明，在他统治时期帝国已经开始呈现出衰落的迹象，逐渐失去了对西印度的掌控权，或许西印度已经从摩揭陀帝国中分离出去了。印度学界认为，普鲁·笈多的在位时间是467~473年。

---

① 法显撰、章巽校注：《法显传校注》，上海：上海古籍出版社，1985年版，第103页。

（六）笈多帝国的衰落

在塞建陀·笈多之后，摩揭陀帝国就开始衰落了。在普鲁·笈多之后，究竟有多少继承者、持续了多少年，至今尚无定论。据瓦拉纳西鹿野苑发现的一块石刻铭文（刻写于476年），当时的国王名叫鸠摩罗·笈多，这应该是笈多王朝后期的国王，大约可以称为鸠摩罗·笈多二世或三世。而同一地点的另外一块石刻则刻写于482年，当时的国王名叫补陀·笈多[①]。补陀·笈多的钱币也曾被发现，其时间可以确定为494年，有学者认为，其在位时间为476~495年。此后，在东孟加拉地区还曾发现一块刻于507年的铜版书，说国王的名字是吠涅·笈多（Vainya Gupta）。在一个510年的岩刻上，还提到一位名叫巴努·笈多（Bhanugupta）的国王，应该也是笈多王统的后代。另外，在那烂陀遗址曾出土过一些印章，这些印章提到了一些笈多王朝国王的名字。有一个补陀·笈多的印章，上面说他继承了普鲁·笈多的王位。还有吠涅·笈多的印章，说他的父亲是普鲁·笈多。

总之，笈多王朝的统治到528年还能得到纳巴达河流域一些王国的承认，而直到6世纪的中后期，在孟加拉北部地区还有笈多家族的首领存在。到7世纪后期，中印度还有以笈多为姓氏的统治者家族，他们是否属于笈多王朝家族后裔，学界未有定论。一般来说，到6世纪中，笈多王朝便已经解体了。

二、后笈多时代

7~12世纪，是印度历史上一个比较混乱的时期。在许多邦国互相角逐的同时，外来者又不断入侵。因此，很难给这一历史时期冠以恰当而具有标志性的名称，姑且称之为“后笈多时代”，意思是笈多王朝解体之后的一个时期。从北印度的情况看，这一时期有两个突出点是中国古人最关注的，一是7世纪前半的戒日王时代，二是8世纪以后三国争霸中的波罗王朝。这两个突出点都与中国有关，或者说与中国佛教有关，因而早已为中国人所知晓。戒日王之所以著名，与玄奘的记载关系密切，而孟加拉波罗王朝的兴盛则不仅关系到印度佛教的兴亡，还关系到中国佛教，尤其是藏传佛教的发展和演变。所以，下面我们就以这两个突出点为中心来谈谈这一时期北印度的历史沿革。

① 补陀·笈多（Budha Gupta），Budha是水星的意思，也有智慧的意思，有人将它音译为佛陀，显然不合适，容易造成混淆。

（一）戒日帝国

戒日王（Siladitya，玄奘音译为尸罗迭多），本是一个帝王称号，玄奘将其本名意译为喜增，音译为曷利沙伐弹那（Harasavardhana），印度学界一般简称之为曷利沙（Harasa）。关于戒日王的业绩生平，玄奘在《大唐西域记》中的记载最为详细可靠，历来为学界研究戒日王的最主要依据。从玄奘的记载可知，戒日王出身于吠舍种姓，其父亲名叫光增（Prabhakaravardhana），已是国王，其兄名王增（Rajyavardhana），继父位为王，加上戒日王，即所谓“二世三王”[①]。戒日王登基之前，其兄被东印度金耳国首领设赏迦（Sasanka）杀死，其妹则作为一国之后而受被囚禁之辱。戒日王于606年登基，但他暂不称王，因为他要先报兄、妹之仇，同时要巩固自己的统治。对此，玄奘作了如下记述：

> 于是命诸臣曰：“兄仇未报，邻国不宾，终无右手进食之期。凡尔庶僚，同心戮力！”遂总率国兵，讲习战士，象军五千，马军二万，步军五万，自西徂东，征伐不臣。象不解鞍，人不释甲，于六年中，臣五印度，既广其地，更增甲兵，象军六万，马军十万。垂三十年，兵戈不起，政教和平，务修节俭，营福树善，忘寝与食。[②]

结合其他资料可知，戒日王当时已经把周边的一些国家征服，他征战的地方很多，东起孟加拉、奥里萨，西至克什米尔、旁遮普，北抵雪山，南到纳巴达河流域。有很多地方只是承认其宗主权，而他的实际疆域大约只限于恒河中下游地区。所谓“臣五印度”，应当指称霸印度北方的广大地域。

戒日王的首都在曲女城，玄奘对此城及其民风大加赞美：“城隍坚峻，台阁相望。花林池沼，光鲜澄镜。异方奇货，多聚于此。居人丰乐，家室富饶。花果具繁，稼穑时播。气序和洽，风俗淳质，容貌妍雅，服饰鲜绮。”[③]说明戒日王对城市管理非常重视。同时，玄奘还颂扬了戒日王勤政爱民的美德：“每以一日分作三时，一时理务治政，二时营福修善，孜孜不倦，竭日不足矣。”[④]

---

① 玄奘、辩机原著，季羡林等校注：《大唐西域记校注》，北京：中华书局，1985年版，第428页。

② 同上，第429页。

③ 同上，第423页。

④ 同上，第430页。

也许是由于玄奘的关系，戒日王与中国唐朝保持着友好交往，接待过中国的使节。戒日王大约去世于647年。在他死后，戒日帝国陷入了混乱。大臣阿罗那顺（Arjuna）窃取政权，并采取敌视唐朝的做法，企图谋害中国的使节王玄策。王玄策得到吐蕃和尼泊尔的支持，带兵打败阿罗那顺，并将其俘获，押回长安。

在戒日王之后，一个笈多统治家族活跃于北印度。对这个家族的来历有两种说法，一是他们属于笈多王朝统治者家族的后裔，二是他们属于另外一支笈多家族。两种说法都没有确实的依据。总之，在戒日王时期，一个统治着马尔瓦的国王摩陀婆·笈多（Madhava Gupta），曾是戒日王的盟友。根据一份在加耶发现的石刻铭文，到672年时，摩陀婆·笈多的儿子日军·笈多（Adityasena Gupta，音译阿提迭犀那·笈多）为庆祝自己登基而举行了马祭。根据铭文等资料，日军前后共有11位国王，都属于笈多族系。日军的7代前辈国王都以西部的马尔瓦为统治区，而日军的统治区得到扩大，囊括了摩揭陀一带。日军的身后还有三代国王。但是，到了8世纪初，摩揭陀的统治者已经不属于笈多家族，而是由来自孟加拉的高达人掌握大权了。

（二）波罗王朝

在孟加拉地区，有两个国家或民族都相当古老，一个是高达（Gauda），另一个是万加（Vanga）。高达人主要居住于孟加拉的西部，万加人主要居住于东部。他们的历史可以追溯到孔雀王朝时期。也许由于地理位置的原因，高达人更接近摩揭陀的政治中心区，因此显得更为活跃。7世纪时，高达人的国王设赏迦就曾以反对佛教著称，而且他也是戒日王的敌人。他曾经到比哈尔一带去破坏佛教圣地，玄奘的《大唐西域记》卷五记载了他的反佛行径。但不久设赏迦就死去了，高达被阿萨姆地区的国王鸠摩罗王所统治，而鸠摩罗王则是戒日王的同盟者。

进入8世纪，在经过半个世纪的群龙无首的日子之后，高达人终于推举出自己的领袖——瞿波罗（Gopala）。从此，印度历史上第一次在孟加拉地区出现了一个繁荣的国家，开始了波罗王朝的统治。瞿波罗大约于750~770年在位。据说，这个波罗家族属于日族，即与佛祖释迦牟尼一样，来自上古的太阳世系。波罗家族统治高达人和万加人的传统地区，即今天的印度西孟加拉邦和东边的孟加拉国地区。瞿波罗通过武力扩大了自己的统治范围，奠定了波罗王国的基业。他的儿子达摩波罗（Dharmapala）即位后，进一步将自己的势力延伸到今天的比哈尔地区，使那些佛教圣地也归入波罗王朝的管辖范围。达摩波罗的即位时间约在770年（一说780年），他在位30余年，使波罗王国成为北印度的强国之一。他试图将政治中心西移至华氏城，并向西征服了以曲女城为中心的恒河中上游地区。此时，西部古吉拉特和拉贾斯坦地区的普罗蒂诃罗人（Pratiharas）已经崛起，开始与波罗王朝在北方的曲女城一带进行军事争夺。

达摩波罗大约于815年（一说810年）前后去世，由他的儿子提婆波罗（Devapala）继位。而此时，除了西方的普罗蒂诃罗国以外，南方的拉什特拉库塔人（Rashtrakutas）也已崛起，并不断向北进攻。一时间形成了三国争霸的局面。提婆波罗继位后，在东方征服了奥里萨，北方征服了阿萨姆，向西曾一度打败过白匈奴人，在三国争霸中也处于上风。有碑文证实，其军队曾北抵喜马拉雅雪山，向南则到达文迪耶山脉。提婆波罗在位近40年，活到855年前后，使波罗王朝辉煌一时。之后，他的侄子毗讫罗诃波罗一世（Vigrahapala Ⅰ）继位，王国开始走向衰落。大约在864年，毗讫罗诃波罗一世禅位给儿子那罗延波罗（Narayanapala）。不久，华氏城陷落，孟加拉北部地区也逐渐被普罗蒂诃罗人占领。那罗延波罗一度收回部分国土。他在位时间至少有54年之久，即至少到918年。此后，经过瞿波罗二世和毗讫罗诃波罗二世的统治，波罗王朝已经风雨飘摇。他们的继承者摩希波罗（Mahipala，约1000~1025年在位）曾稍稍振兴了波罗王朝，但南方的朱罗王朝却一度攻进了孟加拉地区。又经过数代统治者，到12世纪中期，波罗王朝终于被森那（又译犀那）王朝所取代。森那人（Senas）的祖先原居住在南印度，不知何时来到孟加拉地区，并发展成一股政治和军事力量。

波罗王朝的国王们，尤其是前期的一些国王，都信奉佛教。在他们的庇护和赞助下，佛教得以在比哈尔和孟加拉一带延续。不仅佛学中心那烂陀得以发展，他们还建立了超岩寺和飞行寺等新的佛学中心。中国西藏的许多高僧都曾到那里学习佛法，也延请那里的高僧到西藏去译经传法。因此，在西藏文献中有不少关于波罗王朝历史的资料。

三、笈多时期的南印度

笈多时代，南印度的政治格局也在不断地变化。伐卡塔卡是当时最大的国家，此外尚有帕拉瓦、卡丹巴、甘加、朱罗、潘地亚和哲罗等。这里仅介绍两个国家。

（一）伐卡塔卡

伐卡塔卡原为萨塔瓦哈那王朝的一个小小的属国，大约在3世纪末期发展起来。当笈多王朝建立的时候，伐卡塔卡已经是一个相当强大的国家了。到旃陀罗·笈多二世时，笈多王朝达到鼎盛时期，而德干的伐卡塔卡也则处于一个分裂时期。相比较而言，以国王鲁多罗森那（Rudrasena）为首的一方强大一些。此时，旃陀罗·笈多二世将自己的女儿普罗巴瓦蒂（Prabhavati）嫁给了鲁多罗森那。这是一个对双方都有利的举措：一方面，笈多王朝可以在南方获得一个强大的盟友，不必担心来自南方的进攻；而另一方面，伐卡塔卡也可以趁机扩大自己在南方的势力。但是，鲁多罗森那于390年去世，而他的儿子还年幼。此时，王妃普罗巴瓦蒂成为其幼子的监护人并掌握伐卡塔卡的政权。她之所以能够操控政权，在很大程度上仰仗其父超日王的支持。[①]到5世纪末期，伐卡塔卡又出现了一位有作为的国王诃利森那（Harisena，约480~515年在位），他以武力统一了伐卡塔卡，并扩大了疆域。此时，伐卡塔卡的领土大体从纳巴达河以北的马尔瓦地区南到克里希纳河流域，西至阿拉伯海之滨，东至孟加拉湾之滨。但是，这个强盛一时的国度没有维持太久，到诃利森那去世以后便逐渐解体，并最终消失于南印度的政治舞台。[②]

（二）帕拉瓦

帕拉瓦在笈多王朝初期就已出现。位置在今印度南方的克里希纳河以南的东南沿海。首都建志补罗，即今天泰米尔纳德邦北部的康契普拉姆（我国汉代称之为黄支）。帕拉瓦人在一个很长的时间里处于伐卡塔卡的南方，似乎与伐卡塔卡保持着良好的关系。但在沙摩陀罗·笈多南征时，帕拉瓦的国王曾经是12个被俘国王之一，后被释放，时间在4世纪中叶。到436年，一位叫作僧诃跋摩（Simhavarman）的国王登基。6世纪后半期，一位叫僧诃毗湿奴（Simhavisnu）的国王登基，据说他曾征服过印度南端的所有国家，包括朱罗在内。但从此以后，帕拉瓦屡次遭到来自西部的攻击，国力减弱。八九世纪，他们又经常受到南部潘地亚人和朱罗人的攻击，最终被朱罗人打败。

四、后笈多时代的南印度

南印度从来都是小国林立的政治局面，没有统一过。偶尔出现一个比较强

① D. 纳拉扬·贾主编:《印度古代史》，新德里：德里大学，1981年印地文版，第280页。

② 林承节:《印度古代史纲》，北京：光明日报出版社，2000年版，第162页。

大的国家，但也不能统一整个南方。北方的孔雀王朝和笈多王朝虽然曾经打到过南方，但也为时短暂，目的不过是取得一个宗主权的认可，并没有将南印度纳入自己版图的打算。在这种情况下，南印度的古代史就显得比较混乱。所以这里只能对比较重要的国家作简单介绍。

（一）遮娄其

遮娄其人（Calukyas）于6世纪兴起于今印度卡纳塔克地区，关于他们的民族来源，有各种说法，都不是定论，但有学者根据其国王的命名，认为他们来自南印度而非北印度。这也许是比较可靠的猜测。印度历史学家在指出起早期历史时说："他们最初的首都在瓦达比，即现代孟买管区比贾普尔县的巴达米。""瓦达比王朝的真正创始人是补罗稽舍一世，他举行马祭仪式来庆祝他的即位。"[①]他的统治范围相当于今天的马哈拉施特拉邦与卡纳塔克邦大部。在进入7世纪之后，这个王朝出现了一位有能力的国王补罗稽舍二世（Pulakesin Ⅱ，约609~642年在位）。他不仅巩固了祖上的国土，还进一步扩张，势力北达纳巴达河，南到科韦利河。据说一度攻打下建志城，还成功地顶住了戒日王的进攻。玄奘曾周游过补罗稽舍的国家——摩诃剌佗国，并对那里的民风给予好评。也特别提到了当地的国王，并给予高度评价："王，刹帝利种也，名补罗稽舍，谋猷弘远，仁慈广被。臣下事之，尽其忠矣。今戒日大王东征西伐，远宾迩肃，唯此国人独不臣伏。屡率五印度甲兵及募召诸国烈将，躬往讨伐，犹未克胜。"[②]玄奘的这段记载对恢复遮娄其当时的历史十分重要。处于印度半岛西海岸的遮娄其与处于半岛东海岸的帕拉瓦一直相处不睦，两家曾多次互有征伐。到753年前后，这个王朝被推翻，另一个王朝，拉什特拉库塔王朝又在这片土地上兴起。

（二）拉什特拉库塔

关于拉什特拉库塔人的来源，学术界同样争论不休，也同样没有定论。他们在8世纪中期兴起，经常参与北印度争夺曲女城为中心的争霸活动，据说曾经打进过曲女城。这个王朝也曾出现过几个有影响、有作为的国王，创立过辉煌一时的业绩，也留下了一些重要的文化遗迹。但最后，到973年前后，这个王朝终于被推翻。

---

① R．C．马宗达等:《高级印度史》，北京：商务印书馆，1986年版，第190页。

② 玄奘、辩机原著，季羡林等校注:《大唐西域记校注》，北京：中华书局，1985年版，第891页。

（三）朱罗

朱罗国长期处于别国的藩属地位。在拉什特拉库塔兴旺的时代，东边的帕拉瓦已经日益衰落。893年前后，朱罗国王阿迪提亚一世（Aditya Ⅰ）利用帕拉瓦镇压潘地亚的机会，参与战事，先击败了潘地亚，然后又灭掉帕拉瓦。进入10世纪，朱罗国成为印度半岛南端最强大的国家。949年，拉什特拉库塔国王进攻朱罗，朱罗再次沦为藩属国。直到10世纪晚期，拉什特拉库塔王朝被推翻，朱罗又有了再次崛起的机会。985年，罗阇罗阇（Rajaraja）继位为朱罗王，他通过武力征服，将周围的小国弱国都变为自己的属国。同时，罗阇罗阇还建立了强大的海军，并以海军的力量征服了斯里兰卡和马尔代夫。罗阇罗阇在中国的史籍中称为“罗荼罗乍”，曾两度派遣使者到中国（见《宋史》卷四八九《外国列传》五）。他去世于1014年。11世纪，朱罗是南印度最强大的国家，1022年，其军队曾穿越奥里萨，攻打到孟加拉，击败过波罗王朝的军队。

第二节　文化概况

一、制度文化

（一）行政

在笈多王朝，国王是世袭的，实行的是君主制统治。国王将一切权力集于一身，既是法律的制定者，又是行政的最高管理者，又是最高军事统帅。在国王之下，有大臣会议，属于执行机构和咨询机构，而没有国务会议。

大臣会议一般有王子、大臣和藩属国王公组成，其功能主要是向君主提出建议和提供咨询，决定权在国王的手里。大臣通常是行政部门的负责人，分管税收、财政、军事、司法、商业、警察等。大臣之下有各级官员。

地方官员分为三级，省一级的总督一般由王子担任，下面的市县级官员由省督任命。市县也设有行政管理部门，相当于一个委员会。“委员会由一名商业公会代表、一名商人代表、一名手工业行会代表和一名书记官组成。”[①]同时，市县还有负责税收、警察等部门业务的官员。

最基层的行政组织是村里的评议会，即潘查耶特（五老会）。

---

① 林承节:《印度古代史纲》，北京：光明日报出版社，2000年版，第165页。

（二）司法

司法案件通常要由国王亲自处理，司法大臣协助。小国、土邦的情况更是如此。省一级的法律案件则由省督处理，省督手下有司法官员，是其最主要的助手。市县级的单位，由专门的司法官员审理案件。该官员一般也有协助者，如书记官、当地的商人领袖、贵族人物等。乡村的司法由评议会负责，主要是调解纠纷，但有时也可以判决。

法显于5世纪初期到印度，他观察当时印度“中国”，即恒河中游地区的法制情况时说：“人民殷乐，无户籍官法，唯耕王地者乃输地利，欲去便去，欲住便住。王治不用刑罔，有罪者但罚其钱，随事轻重，虽复谋为恶逆，不过截右手而已。”[①]可知当时中印度一带百姓的生活还是相当富庶的，对于自由民来说，的确是相当自由的。国王对他们也不实行严刑苛法。

玄奘于7世纪前期到达印度，他在《大唐西域记》卷二讲述印度刑法时说得比较详细：

> 政教尚质，风俗犹和。凶悖群小，时亏国宪，谋危君上，事迹彰明，则常幽囹圄，无所刑戮，任其生死，不齿人伦。犯伤礼义，悖逆忠孝，则劓鼻、截耳、断手、刖足，或驱出国，或放荒裔。自余咎犯，输财赎罪。理狱占辞，不加刑朴，随问款对，据事平科。[②]

这一时期，人们已经将民事案件和刑事案件区分开来。但由于迷信普遍存在，在一些证据不足或者没有证据的情况下，有时也采取由神来裁判的做法。玄奘说有“水、火、称、毒”四种做法，如将嫌疑人投入水火，如不被淹或烧伤，即可裁定为无罪；或用秤称其重量，或用毒考其真伪。

（三）军事

玄奘对此也有详细记载：

> 国之战士，骁雄毕选。子父传业，遂穷兵术。居则宫庐周卫，征则奋旅前锋。凡有四兵，步、马、车、象。象则被以坚甲，牙施利距，一将安乘，授其节度，两卒左右为之驾驭。车乃驾以驷马，兵帅居其乘，列卒周

---

① 法显撰、章巽校注：《法显传校注》，上海：上海古籍出版社，1985年版，第54页。

② 玄奘、辩机原著，季羡林等校注：《大唐西域记校注》，北京：中华书局，1985年版，第203页。

卫，扶轮挟毂。马军散御，逐北奔命。步军轻捍，敢勇充选，负大橹，执长戟，或持刀剑，前奋行阵。凡诸戎器，莫不锋锐。所谓矛、楯、弓、矢、刀、剑、钺、斧、殳、长矟、轮索之属，皆世习矣。①

印度自上古即有“四兵”。到了这一时期，车兵已经较少使用了。这也许是受到西北方游牧民族的影响，也许是内地人自己总结出来的作战经验。但当时在沙漠地区，如拉贾斯坦，已经有了骆驼队参战。由此出现了一个新的兵种，这一兵种在印度一直延续至今。孔雀王朝时期已经有了海军，出现了一个新的兵种。而到笈多时期，在沿海国家，如上文提到的朱罗也有海军。

国王为军队的最高统率，其下有许多将领。由于国王决定一切，国王的素质往往是决定战争胜负的关键。

二、经济发展

（一）农业

1. 土地制度

关于土地制度，玄奘有可靠记载：

政教既宽，机务亦简。户不籍书，人无傜课。王田之内，大分为四。一充国用，祭祀粢盛。二以封建，辅佐宰臣。三赏聪叡，硕学高才。四树福田，给诸异道。所以赋敛轻薄，傜税俭省。各安世业，俱佃口分。假种王田，六税其一。商贾逐利来往货迁。津路关防，轻税后过。国家营建，不虚劳役。据其成功，酬之价直。镇戍征行，宫庐营卫。量事招募，悬赏待人。宰牧辅臣、庶官僚佐，各有分地，自食封邑。②

据此，林承节先生总结指出：“笈多帝国之前，印度土地关系就有两种趋向产生。一是统治者向婆罗门、佛教寺院、少数官员和宠臣赠赐土地，一是村社上层占有更多土地，使用雇工、佃农耕种。笈多帝国时期，两种倾向都有发展，特别是第一种。沿袭以往轨迹更大规模地实行宗教捐赠，成了这一时期最引人瞩目的现象。”③

① CBETA, T51, no. 2087, p. 877, b11–20。

② CBETA, T51, no. 2087, p. 878, a9–18。

③ 林承节：《印度古代史纲》，北京：光明日报出版社，2000年版，第170页。

印度各地发现了很多赐予和捐赠土地的铜版书，大多属于永久使用的世袭性质，甚至连同土地上税收及行政、司法权力也一并赐予和捐赠。相比之下，村社上层占有土地并使用雇工和佃农的情况处于次要地位。土地的买卖现象较少。

2. 农业技术

这一时期，农业管理和技术得到发展。人们普遍重视水利灌溉，许多地方都修建有水库和蓄水池。有的水库规模宏大。此外，人们懂得了轮作技术，施肥和防治病虫害的知识有所增加。农产品的品种增加了，农作物的产量得到提高。如稻米和小麦，已经有了出口。植桑和养蚕的技术得到发展，丝织业兴盛起来。

（二）手工业

一些传统的手工业技术，如采矿、冶铁、铸造业等，均得到很大发展。再如纺织，其所织平纹细布成为出口产品，在世界享有盛誉。其所织毛毯等也日益受到外国人的青睐。然而丝织业的发展却因外国的竞争而受到一定冲击。

此时印度的造船业得到较大发展，一些沿海地区国家有了自己的舰船，如朱罗就有了自己的海军。当时印度能够制造大型的多桨帆船，能够装载百人以上。

（三）商业

这一时期，印度的商业行会组织得到进一步完善，并且在商业贷款等方面起到很大作用。商业行会与手工业行会相协调，促进了手工业的发展，同时也提高了商业活力。

从大量的出土金币、银币可知，这一时期的商业贸易活动已经相当活跃。印度从北到南河流众多，内地的漕运体系完备，加上各种旱路商道，已经形成了一个繁密的商品流通网络。而沿海的贸易更加突出。笈多王朝时期，印度与周围国家的商贸往来十分频繁，海上航行已经有固定的航线，从印度可以向西与罗马通商，也可以与阿拉伯、波斯通商。与东南亚、中国都有直接或间接的商品贸易。印度人当时在东南亚设立了许多贸易站点，印度到东南亚的商船很多。如5世纪初，中国高僧法显就是由海路经东南亚辗转回到中国的。

到中国的宋代，与印度的海上贸易更加频繁。印度的宝石、香料、象牙等在中国非常著名。广州、泉州等地也有不少印度商人居住。中国出现了《岭外代答》和《诸蕃志》这样具有贸易手册性质的专著，详细记载了当时印度各地与中国贸易的货品以及交易手段等。

三、社会发展

（一）种姓制度

这一时期，印度的种姓制度发生了很多变化，在四大种姓之外又增加了一些副种姓，同时，外来民族也加入了印度种姓的序列。种姓制度仿佛变成了一个社会坐标，每个人都可以对号入座，在其中找到自己的位置。然而，更加麻烦的问题是，种姓与职业间的壁垒往往被打破，不同种姓和不同民族间的通婚也变成常事。这种现象早就出现了，而这一时期则更为严重。例如，玄奘在印度就遇到过婆罗门出身的农民在田间种地。而婆罗门当国王或当将军上战场的例子也有不少。再如，一般认为，笈多王朝的统治者出身于吠舍，伐卡塔卡的国王属于婆罗门，旃陀罗・笈多二世把他的女儿嫁给了鲁多罗森那。至于有国王娶了塞种女人，内陆国王娶了边民姑娘，都很常见。这说明，社会生态要服从政治生态，种姓制度要让位于生活需要。

然而另一方面，越是出现种姓混乱，社会上便越会出现卫道士们要求严格遵循种姓制度的呼吁。当然，也有一些保护既得利益的人群，仍然坚定地维持着种姓制度。而那些社会最底层的种姓，受种姓制度的束缚，头脑僵化，不敢越雷池一步，这种现象也是普遍存在的。例如，5世纪初法显到印度的时候就看到了这种社会现象："旃荼罗名为恶人，与人别居，若入城市则击木以自异，人则识而避之，不相唐突。"①

（二）家庭与婚姻

1. 家庭

根据一些出土的铭文记载，笈多王朝时期的家庭都是大家庭，即祖孙数代人都居住在一起，结婚以后的成年弟兄也都居住在一起，并不分爨，包括守寡的姐妹也居住于娘家。根据《那罗陀法论》的要求，人们应该生活于大家庭当中，而小家庭则受到谴责。铭文中透露，由于土地的继承问题，农民家庭的土地都记录在父亲名下，儿子们耕种的是父亲的土地。这种土地是世袭下来的，因此不便分配给已成家的儿子们。虽然也有铭文提到给儿子分地产的事，但仅仅是很个别的例子。除了地产而外，其余的财产是可以分配给儿子们的。一般来说，女儿是享有一份财产的，那就是结婚时父母给她的陪嫁。在父母去世以后，儿子有继承权，但女儿除了嫁妆不再享有继承权。

---

① 法显撰、章巽校注:《法显传校注》，上海：上海古籍出版社，1985年版，第54页。

到笈多王朝末期，这种大家庭共同居住和生活的习俗有所减弱，也出现了一些小的家庭。

2. 婚姻

在笈多王朝和后笈多时代，印度的婚姻状况很复杂。如上面所说，除了不同民族和不同种姓间的婚姻关系外，多数人还坚持种姓内的婚姻。根据法论等典籍的要求，印度教的婚姻要遵循古老的婚姻习俗，不得更改。最突出的婚姻习俗有三点：第一是女孩早婚现象严重。法论谴责父亲将成年女子留在家中。第二是“萨蒂”（sati，随夫殉葬）现象的流行。一些文学作品，如迦梨陀娑和首陀罗迦的戏剧中都提到“萨蒂”。尽管这不是普遍现象，但社会流毒很深，是非人道的做法。第三是出现妇女遮面的现象。即一些上层人家的成年女子（主要是已婚女子）有出门用布蒙面的。这三种现象都体现了社会对妇女的歧视。

四、科学技术

（一）科学

1. 天文学、数学

这一时期，印度的华氏城（今比哈尔邦的巴特那）和优禅尼城（今中央邦乌贾因）是印度的数学和天文学的研究中心，在那里出现了一批重要的数学和天文学家。下面逐一作简要介绍。

圣使（Aryabhatta），音译阿利耶毗陀，约生于476年，卒于约550年。史学界经常称他为“圣使第一”，因为10世纪还有一位叫圣使的数学和天文学家。圣使第一出生于华氏城附近，并长期在那里从事天文观测。他的数学基础理论不仅在当时首屈一指，也为后世数百年的数学家所遵循。他将古代的天文学和数学分开，使之成为两门科学。他认为，地球是圆的，按照自己的轨道在运转；地球的影子投射到月亮上，所以会出现月食。后世有些天文学家批判他的观点，认为他革命性的思想违背了宗教原则，但现在看来，他的观点无疑是正确的、科学的。他的著作《圣使论》（*Aryabhattiyam*，又译《圣使集》等）流传于后世，而另一部著作《圣使原理》（*Aryabhatta Siddhanta*，又译《圣使历数书》等）则久已佚失，只有若干片断保存于其他书中。《圣使论》共118颂（诗节），分4部分。第一部分叙述作者所创制的天文数据表示法；第二部分介绍三角和圆的面积算法，锥体、球体体积算法，求平方根、立方根算法，三角函数法、圆周率算法等；第三部分介绍时间单位、天文计时法等；第四部分讲日、月、五星（水、火、金、木、土）及隐星罗睺、计都的运行，日食、月食计算法等。

彘日（Varahamihira），音译伐罗诃密希罗，约生活于6世纪，据说其出生地为今印度中央邦的乌贾因。他在天文学方面的贡献也许远不如圣使，但他的天文学著作也为后人留下了宝贵财富。其天文学著作主要有两部：一是《五大历数全书汇编》（*Pancasiddhantika*，又译《五原理》），其中收有许多印度古代数学天文学知识；二是《广本集》（*Vrhatsamhita*，又译《广博观星大集》），其中不仅有印度古代天文学和占星学知识，还介绍了一些地理学、矿物学知识，如宝石的种类等。此外，据说《梵天本生》（*Brahmajataka*）和《小本生》（*Laghujataka*）等也是他的著作。

作明（Bhaskara），又译婆什迦罗、巴斯迦罗等，因后世（12世纪）还有一位同名的天文学、数学家，故将他称为“作明第一”，将另一位称为“作明第二”。另外，人们还习惯于称他为“作明阿阇梨”，或“婆什迦罗·阿阇梨”。他生活于7世纪。他最著名的著作是《圣使论注》（*Aryabhattiyam-bhasya*），另外还写有《大作明论》（*Mahabhaskarya*）和《小作明论》（*Laghubhaskarya*）。

梵藏（Brahmagupta），又译婆罗门笈多，589年生于今中央邦乌贾因，卒于660年，曾长期生活于今拉贾斯坦邦维拉马拉地区。主要著作为《梵天辨明论》（*Brahmasphutasiddhanta*，又译《婆罗门历数书》），对圣使等人的天文学思想进行批判，但在数学方面贡献很大，甚至影响到阿拉伯和西方的数学和天文学。书中对“零”的概念作了论述。此外，书中还包括很多重要内容，如正负数的运算、平方根的运算、线性和二次等式的运算，等等。

另外，梵藏还曾著《历法甘露》（*Khadakhadyaka*）一书，解说历法数算问题。

婆地首罗（Vatesvara），880年出生于今古吉拉特邦的阿南德普兰。904年著《婆地首罗原理》（*Vatesvarasiddhanta*）一书，对梵藏的理论有所批判和继承，同时对作明第一的天文学理论也予以征引记载，具有重要的天文学史料价值。据说他还曾写出一部题为《原理精华》（*Karanasara*）的天文学著作，已佚，仅有部分内容保留在其他人的著作中。

作明第二（Bhaskala Ⅱ，1114~1185年），又音译婆什迦罗、巴斯迦罗等，又常被称之为“作明阿阇梨”、“巴斯迦罗·阿阇梨”等。曾长期在中印度乌贾因观测天象。曾与1150年作《历数精粹》（*Siddhantasiromani*，又有《顶上珠悉昙多》、《顶上珠历数书》等多种译法）一书，分为4章，前两章主要讨论数学问题，后两章主要讨论天文问题。

2. 医药学

笈多王朝时期，印度医药理论和实践方面有所加强，据说旃陀罗·笈多的宫廷就有很高明的医疗专家。

1889年，中国新疆库车附近的一处佛塔遗址中出土了7个梵语写本残卷。1890年，英国中尉H. 鲍威尔得到这批残卷，后收藏于牛津大学鲍德利图书馆。学界通常称这批残卷为“鲍威尔写本”（The Bower Manuscript）。残卷写于桦树皮上，抄写时间大约在笈多王朝的晚期，即6世纪前半。其中有3个残卷为医学内容，其中介绍了医学原理、药学原理、草药的功用和药方等。这3个残卷提到印度古代一些医学家和医书，但这些医家的事迹与医书均已失传。从这3个残卷可知，早在笈多王朝及之前，印度的医学已经相当发达。

婆竭颇多（Vagbhata），又译伐八他，约六七世纪人。是印度中世纪的著名医学家，曾著三部重要医书:《八支心要集》（*Astangahrdaya-samhita*）、《八支心要琉璃方论注》（*Astangahrdayavaiduryaka-bhasya*）和《八支大全》（*Astangasamgraha*）。其中《八支心要集》最重要也最著名，分6卷120章，讲述印度医学的基本理论、人的生理、疾病及治疗等问题。此书总结了古代生命科学发理论和实践，曾被翻译为藏文而收入藏文大藏经的丹珠尔部。而《八支心要琉璃方论注》则是对《八支心要集》的自注，也曾被翻译为藏文。

另外，有人还将《味宝集》（*Rasaratnasamuccaya*）列于婆竭颇多名下。但《味宝集》中主要讲述金属化学物的性质，涉及药学问题，故也有人不认是他的著作，而将此书系于他人。

时劫（Kalakalpa），音译迦罗迦罗波，或迦罗劫波，是一名兽医，据认为也生活于笈多王朝时期。他的著作名为《象命吠陀》（*Hastyayurveda*，音译《诃斯迭柔吠陀》），是专门为治疗大象疾病而写的书。由于古代印度的运输业中时常使用大象，并且军队中象军是很重要的一支武装力量，所以印度古人很重视大象的驯养，时劫及其著作就是在这种背景下出现的。

（二）技术

在一时期，印度在技术方面取得很大进步。首先是建筑技术方面，这个时期有很多石窟建筑遗存，从其设计、雕凿等可以看出，当时的建筑技术水平已经十分高超。金属铸造技术方面，至今矗立于德里库特卜高塔处的铁柱是一个很有力的例证。该铁柱树立于415年，至今保存完好，历经风雨而未锈蚀。另外，印度当时的造船技术也很发达，如前文提到，当时印度的商船已经航行于海外，与周围许多国家和地区保持着商业往来，而南印沿海的朱罗国强盛时已经拥有一支强大的海军。这一切都从一个侧面证明了当时印度造船业的进步与发达。

第七章

印度教文化的黄金时代

这里所谓“印度教文化的黄金时代”是指印度笈多与后笈多时期印度教文化的繁荣和发达。“黄金时代”是学界在评价笈多文化时经常使用的字眼儿，但如上一章所说，印度也有学者不同意这样的笼统提法。无论如何，印度教在这一时期得到全面复兴，印度教文化的方方面面都得到空前的发展，呈现出空前的辉煌，这是事实。

第一节　印度教的复兴

一、婆罗门教的新旧转变

此前，我们已经说过，以吠陀经典为教义基础的婆罗门教在公元前即有所转变，并且已经为婆罗门教向印度教的最后转型奠定了基础。

我们知道，旧的婆罗门教，尤其是吠陀教，有三大主张：一是吠陀天启，二是祭祀万能，三是婆罗门至上。但随着社会和文化的发展、进步，这三大纲领已经不被人们接受。尤其是耆那教和佛教兴起以后，三大纲领受到根本性的动摇，婆罗门教内部逐渐分化并不断革新。如印度学者总结的，后期的婆罗门教具有下列五大特征：①多神崇拜。即没有一个主神，而是崇拜许多神灵，这些神灵的起源是多种多样的，有自然崇拜形成的，有英雄崇拜形成的，如因陀罗、火神阿耆尼、水神伐楼那，等等。②偶像崇拜。最早的偶像崇拜大约可以追溯到印度河文明时期，但在吠陀时代这一现象并不明显，到了吠陀后期便逐渐明显了，在《阿达婆吠陀》中甚至提到了石头偶像。③自然力崇拜。这在吠陀时代十分明显，如风雨雷电、山川树木等皆被神化。④生殖器崇拜。这是非常古老的崇拜，在印度河文明时期已经开始。另外，如我们在介绍《梨俱吠陀》时说过的，生殖器崇拜在吠陀前期已经通过文字表现出来。⑤祭祀与仪轨。吠陀时代的婆罗门主张祭祀万能，因为当时的人们觉得祭祀是人神沟通的方式，要通过祭祀博得神的欢心，得到神的启示和护佑。①

在笈多王朝时期，随着社会的发展，尤其是在经过不同民族文化的大规模整合之后，印度文化得到进一步的繁荣，婆罗门教也迎来了一个转型的时机。如中国学者朱明忠先生所说："到了公元4~6世纪，旧婆罗门教已基本上完成了向新婆罗门教的转化。这种新婆罗门教，后来被人们称为'印度教'。"②他还对这一转化的表现加以总结，提出四点：梵天、毗湿奴和湿婆三大神及其化身取代旧的吠陀神明而成为主神；祭祀活动和烦琐仪式大大减少；婆罗门的地位下降；大批新的宗教经典问世。

笔者以为，除以上四点，还应当再加上两点：一是在三大神崇拜的基础上，印度教形成了三个主要派别，即毗湿奴派、湿婆派和性力派；二是在这三大派别的基础上，南印度首先开始了"虔诚运动"。于是，到公元8世纪，商羯罗对印度教的改革，使印度教得到进一步发展，以致最终将佛教吸收为印度教的一个部分，并最大限度地挤压了耆那教。关于印度教主要典籍的编订，我们将在第二节叙述，下面要着重讨论的是三个问题：印度教三大派别、商羯罗的改革和南印度的虔诚运动。

二、印度教三大派别

（一）印度教三大神

在印度两大史诗和往世书中，印度教三大神的形象基本固定下来，关于他们的神话故事也基本编订成型。

1. 梵天

在吠陀时代晚期的奥义书时代，人们在进行对人生的思考时，认为人是有灵魂的，他们还认为，在宇宙之上有一个最高的精神和实在，称为"梵"。梵是高居于宇宙万物之上的，而宇宙万物都是由它演变而来的。它是那么超然，以至于人们无法观察到它，无法描绘它，无法认识它，无法想象它。它没有任何

---

① 参见R. N. 特里巴提等：《印度文化》，斋普尔：沙姆出版社，2001年印地文版，第167~170页。

② 朱明忠：《印度教》，福州：福建教育出版社，2013年版，第53页。

特征，但却是最高的精神，最高的灵魂，最高的实在。正是这个梵，在印度教神话中演变为梵天，成为三大神之一。梵天是创造之神，有的神话说，梵天出自于金胎（梵卵），他用意念的力量把卵分为两半，一半为天，一半为地，继而又创造出地、水、风、火、空五大元素以及世间万物。在史诗中，他还有一些别名，如“创造者”、“生主”等。他的肤色是红色，有四个头、八只手，手中分别持有四部吠陀、权杖、盛有恒河水的水罐、祭祀时用的勺子以及莲花、珠串、弓等。他经常坐在莲花宝座上，有时也骑天鹅或乘坐由7只天鹅拉的车子。他虽然有三大神之一的崇高地位，在各种典籍中也频繁出现，但却业绩平平，并时常受到另外两个大神的排挤。

2. 毗湿奴

毗湿奴是保护神，又称“遍入天”、“那罗延”。遍入是无所不在的意思。在吠陀神话中，毗湿奴曾是因陀罗的助手，地位并不显赫，他最初可能是太阳神，有他三步跨过天界的说法，可能与太阳的升起、运行中天与西降有关。在《梵书》中，他的故事逐渐增加，地位越来越高。到了史诗中，他便成了最高一级的神。他的身体呈深蓝色，身穿黄袍，有四只手臂，分别拿着神轮、神螺、神杵和莲花。他的坐骑是大鹏金翅鸟（迦楼罗），他的妻子是吉祥天女（Lakshmi）。在史诗《摩诃婆罗多》的一则故事里，说毗湿奴是宇宙的主宰，说他每当世界末日时，便把整个宇宙吞入腹中，然后躺到海底，在巨蛇的背上休息。当他醒来时，便有了重新创造世界的愿望。于是，从他的脐中生出一支莲花，莲花中又生出大梵天。然后大梵天根据毗湿奴的命令创造世界。由此可知，毗湿奴的至尊地位在史诗时代已经确立，这恐怕是印度教中毗湿奴派信徒的观点。毗湿奴的故事中，最突出的是他化身下凡拯救世界的故事。《薄伽梵往世书》上说他曾经下凡救世24次，也有的书上说他下凡10次。在世界末日的洪水到来时，他曾化身成大鱼救出了人类和各个物种；他还曾化身为侏儒保住了天上和人间的地盘不被阿修罗占领。此外，他还曾化身为龟、野猪、人狮等多次救世。在他的化身故事中，最精彩、内容最丰富的是化身为罗摩和黑天的故事。

3. 湿婆

湿婆大神是世界的创造和毁灭之神。湿婆又被称为“兽主”（Pashupati），早在印度河文明时期即受到崇拜。在吠陀神话中，他的地位不高，称为楼陀罗（Rudra）。从湿婆的功能看，他集中了雅利安神和印度本土神的若干特点。他是生殖神，印度人崇拜他的象征物“湿婆林伽”（Sivalinga）。湿婆林伽是一个圆头柱体物，形同男性生殖器。这代表着湿婆的无穷生殖能力和创造能力。他又是舞神，他的舞蹈代表宇宙的律动，能毁灭世界，他还曾用舞蹈征服过许多敌视他的苦行者。他又是苦行之神，终年住在喜马拉雅山的盖罗娑雪峰上。印度教的湿婆派信徒把他奉为宇宙最高神，而另外两位大神都在他之下，有时还得听从他的命令。湿婆有极大的降魔威力，性情暴躁，很容易发怒，但有时也显得非常温和仁慈。他的肤色也是深蓝色（也有时是白色），有3只眼睛，有时还显现出4个或5个头，4只手，手中常持三叉戟，身背弓箭，腰系一小鼓，头上有新月为饰品，脖上缠着蛇，腰上围着兽皮（虎皮或象皮）。恒河从他的头发上流下，因为恒河本是天河，自天而下时会冲毁大地，所以湿婆先用头承接下天河水，再让它缓缓流向大地。在众神搅乳海时，他把搅出的毒药全部喝了下去，使众神避免了痛苦，而他的脖子却被毒药烧成了青色。因此他又得名为“青项”（或译“青颈”）。相传湿婆本来是禁欲者，爱神迦摩（Kama）前去引诱他，被他的第三只眼烧成灰烬。但湿婆最终还是爱上了雪山神女（Parvati），雪山神女又名优摩（Uma）。他们生了两个儿子，一个是带领天兵天将的战神鸠摩罗（Kumara），又称塞建陀（Skanda），另一个是象头神群主（Ganapati或Ganesha）。雪山神女有许多化身或变体，如大天女（Mahadevi，摩诃提毗）、时母（Kali，迦梨女神）、难近母（Durga，杜尔伽）等。

总之，梵天、毗湿奴、湿婆这三大神，在一般的印度教徒心目中是三位一体的，他们分别代表着宇宙的创造、保护和毁灭。至于吠陀神话中的一些主神，在印度教神话中则已纷纷退居次要地位。如因陀罗、伐楼那、阿耆尼、伐由等，在印度教神话中虽然仍经常出现，也仍然具有强大的威力，但已远不能与三大神相提并论。他们时常遭到挫折，时常要到三大神面前倾诉苦衷，请求三大神的帮助。他们还时常听命于三大神，在犯了错误时还须接受三大神的惩罚。

（二）印度教三大派

1. 毗湿奴派

这一派信徒认为，毗湿奴是宇宙的最高主宰，是最高的实在，最高的灵魂。整个宇宙生成和毁灭，都是他的意志。在史诗和一部分往世书中，有毗湿奴创造世界的神话传说。例如，《摩诃婆罗多》的《和平篇》第335章中说：“综合不同说法，说梵天第一次创造之初，生自大神毗湿奴的思想，此后第二次至第七次，分别生自毗湿奴的眼睛、语言、耳朵、鼻子、金卵和莲花。”[①]显然，这就是说，梵天是按照毗湿奴的意志创造世界的。在后来的往世书中，这种倾向就更加明显。总之，该派坚信，毗湿奴是救世主，是宇宙的保护神。他的一次次化身下凡，就是为了拯救世界。

该派的起源很早，在公元前2世纪便有人自称是毗湿奴派的信徒。而在11世纪以后，该派又得到更大规模的发展。此时，毗湿奴派分化出一些分支，但总体上是两大分支：一些信徒主要崇拜罗摩，被称为罗摩支派，另一些人主要崇拜黑天，被称为黑天支派。这两派虽各有差别，但并不对立。他们主要分布于印度北方和西部地区。

该派的理论和相关传说主要保存于两大史诗及一部分往世书中。

2. 湿婆派

与毗湿奴派相似，湿婆派是以湿婆为宇宙的最高神，认为湿婆是宇宙的最高存在和最高灵魂。而世界上的生命物与无生命物都是湿婆大神的衍生物。湿婆是宇宙的创造者和毁灭者。而另外两个大神，毗湿奴和梵天，不过是服从于湿婆的二等神明。有一则故事非常说明问题：梵天和毗湿奴正在无边的宇宙间为谁具有统治权而争吵得不可开交，此时，宇宙间忽然出现了一个巨大无比的火柱。梵天立刻化作天鹅向上飞去，寻找火柱的顶端；毗湿奴则变为公猪向下方挖掘，寻找火柱的底端。但是，他们寻找了一万年也没有找到，二者都无功而返。此时，湿婆从火柱中显现，原来，那火柱是湿婆林伽，是湿婆的象征物，是整个宇宙无限大的象征。于是，梵天和毗湿奴都听命于湿婆，都对湿婆林伽加以崇拜。显然，这个故事是湿婆派信徒编制的。

湿婆派大约形成于笈多王朝时期。当时印度各地已经出现了专门供奉湿婆的神庙。该派的规模也很大，分布相当广。在不同的历史时期形成了好几个支系。如兽主派、林伽派、遁世派、湿婆悉昙多派、克什米尔湿婆派等。它们各有主张，有不同的修行方法。

该派的理论以及相关传说，主要保存于一些往世书中。

3. 性力派

性力派（Shaktism），与以上两派相比显得比较小，主要流行于印度的东北地区，如阿萨姆（古称迦摩缕波，Kamarupa）、孟加拉和奥里萨等地。该派

① 黄宝生:《〈摩诃婆罗多〉导读》，北京：中国社会科学出版社，2005年版，第104页。

主张，宇宙是由女神创造的，因为女神才具有生殖繁育能力，是宇宙的根本，男神不过是一种辅助力量。没有女神，男神将一事无成。该派与前两个派别有着密切的联系，因此，也有人认为，该派有毗湿奴性力派和湿婆性力派之分。其实，到中世纪以后，该派已经将湿婆派和毗湿奴派的一些理论都纳入到自己的体系中，并几乎把印度教所有的女神都统一到自己的体系中。例如，该派的崇拜者将湿婆之妻雪山神女及其化身时母、难近母、大天女等说成是性力的主神，但同时也将梵天的妻子辩才天女、毗湿奴的妻子吉祥天女等都说成是性力女神，认为她们实质上就是一个，只是名号不同而已。

该派大约形成于8世纪前后，10世纪达到鼎盛，并且出现了左道性力派和右道性力派两种倾向。左道性力派又与佛教金刚乘关系紧密，以男女交合为修炼方式；右道性力派的特点是相对保守，但也有杀生祭祀的现象。

该派的理论和相关传说主要保存在一些往世书中，尤其是《女神薄伽梵往世书》中。

三、商羯罗的改革

商羯罗（Sankara，约788~820，一说约700~750），印度中世纪吠檀多派的哲学家，也是印度思想史上对后世影响最大的哲学家。他生于南印度，据说在今天喀拉拉邦的一个小村庄，父母均属婆罗门种姓。他天资颖慧，自幼丧父，8岁能诵吠陀。少年离家北上，跟随吠檀多派的思想家牧尊（Govinda）学习，对奥义书以来的婆罗门教哲学理论颇有研究，创立了吠檀多派中最有代表性的学说体系。曾在印度各地游历，宣传自己的理论。最后死于北印度。

（一）“不二论”的创立

商羯罗主要吸收了奥义书哲学及《梵经》的思想，并直接继承和发展了吠檀多派思想家乔荼波陀（牧尊的老师）的“不二论”学说，进一步梳理和改造了传统的婆罗门教哲学主流理论，建立了吠檀多派中系统最完备的“不二论”学说。

商羯罗主张，世间唯一的真实存在是“梵”，梵是宇宙间万物的根本和源泉，现象世界不过是梵的一种幻变（Maya，摩耶）。正因为世界万有以梵为根本，因而梵也被认为是最高神，具有最高神的力量，无所不在、无所不能。商羯罗还认为，作为实体的梵，如同奥义书思想家所说，是不能用一般人认识事物的方法，如感觉和推理等，来认知和把握的。对梵的理解，只能用那种不断否定的方式加以认识，如说它不可知、不可说、不可想象等，才能真正体悟它的本质。

尽管商羯罗把梵看作是唯一的真正实在的，但他还是对人们所普遍认为是实在的世间万象，通过一系列的实质性否定予以详细论证。他认为，梵在本质上是唯一不二的，但由于人们的理解差异而出现了两种梵：一是“下梵”，即有限制的、有属性的梵。这个下梵表现为具有不同名称和形态的世界（现象界）；一是“上梵”，即摆脱了一切条件因素的、无差别无属性的梵。下梵和上梵的区分只是人主观认识的产物，但在实际上，梵只有一个。这是商羯罗的本体论。

与其本体论紧密相关的是其认识论学说。与其“下梵”和“上梵”的概念相对应，他同时还提出了“下知”和“上知”的认识论概念。商羯罗认为，梵从根本上说是唯一不二的、无属性的。如果把梵看作是“下梵”，那是错误的，是出自“无明”，无明就是无知，商羯罗把这种认识叫作“下知”。相反，如果把梵看作是无属性、无差别的上梵，则是有知，是真知，叫作“上知”。只有透过摩耶，即种种假象，看到一切事物的本质，看到只有梵（上梵）的真实，所获得的认识才是至高至真的认识。

商羯罗的不二论思想也体现于他的解脱论中。与“下梵”和“上梵”、“下知”和“上知”的概念相对应，他把解脱也分为两种：“渐解脱”和“真解脱”。渐解脱是下知者从对下梵的信仰和认识中获得的，持这种解脱观的人宣扬人死后小我（或称个我，即个体灵魂）至梵界享乐，这不是彻底的解脱，不是真正的解脱。真解脱是从在对上梵的信仰中产生的，是由上知获得的。真解脱亦称“无身解脱”，顾名思义，获得了这种解脱就达到了一种无身的境界，只有灵魂（自我）而无形体。这种境界的获得虽然也要求遵从婆罗门教的各种规定，履行种姓达摩（职责）等，但更主要的是要依靠修行者坚持“梵我同一”的信念，坚持不二论的思想。商羯罗认为，人的本性是纯净的，真正的解脱仅在于消除无明，认识个我的本质。

商羯罗在不二论中也借鉴了佛教的某些理论。例如，他的“上梵”和“下梵”的思想，二者的关系如同佛教中所讲的“真谛”与“俗谛”的关系。再如，他关于“摩耶”的论述，也借鉴了佛教中关于世间事物不实在的论证方法等。因此，商羯罗曾被一些人称为“假面的佛教徒”。但总的看，商羯罗的不二论主要是在婆罗门教吠檀多哲学的基础上发展而来的。

商羯罗一生著有很多宗教哲学著作，其中最主要的有：《梵经注》

(*Brahmasutrabhasya*)、《千说》(*Upadesasahasri*，又译《示教千则》)、《五分法》(*Pancikarasaprakriya*)、《我之觉知》(*Atmabodha*)，以及对《薄伽梵歌》和《广林奥义书》的注释等。

商羯罗的不二论是印度历史上吠檀多派哲学的主流观念，对印度近现代的不少思想家都产生过重大影响。

（二）传教生涯

商羯罗从青年时代起就开始周游印度，宣传自己的主张。由于他博闻强记，学识丰厚，经常与佛教徒和耆那教徒辩论，往往可以获胜，因而赢得了很多追随者和普通信众。藏族历史学家多罗那他（Taranatha，1575~1634）在他的《印度佛教史》一书中就记载了一段商羯罗与佛教徒辩论获胜的事迹，说当时在婆罗门教中出现了两名阿阇梨，是兄弟二人，其一喜欢修行禅定，而另一个叫作商羯罗，曾获得大自在天成就。这个商羯罗在大自在天的帮助下，擅长辩论，在孟加拉与佛教徒辩论，“结果佛教徒失败，约有二十五处法产的资财落入外道之手。佛教徒们空无所有，约有五百名优婆塞不得不归入外道”。[①]当然，多罗那他还记载了此后不久，商羯罗在与佛教大师法称（Dharmakirti）的辩论中败北。按照事先的约定，商羯罗投水自溺而死，后又转生。但其真实性如何，值得怀疑。

对于商羯罗的历史贡献，朱明忠先生总结为四点：①创立新学说，为印度教从多神论向一神论转化奠定了理论基础。商羯罗的“梵”是一种永恒绝对的实体，从本质上说，就是一种最高的抽象之神。②反对烦琐祭祀，倡导智瑜伽。商羯罗反对婆罗门教烦琐的祭祀礼仪，认为学习可证悟“梵我同一”的真理是宗教修行的主要目标；通过学习知识、获得智慧和真理而达到解脱的方法被称为“智瑜伽”。③创立僧侣社团，结束了印度教没有宗教组织的历史。商羯罗效仿佛教创立了一个僧侣社团——“十名教团”。④建立宗教寺院，普及宗教知识。商羯罗走遍印度各地，在印度的四个地方建立了四座印度教寺院，有的保留至今。[②]

① 多罗那他著、张建木译：《印度佛教史》，成都：四川民族出版社，1988年版，第171页。

② 朱明忠：《印度教》，福州：福建教育出版社，2013年版，第68、69页。

四、南方的虔诚运动

我们曾简要地介绍过印度半岛南端诸政权的历史沿革。其中，帕拉瓦、潘地耶和朱罗在公元后的十几个世纪始终存在，势力此消彼长。到七八世纪，帕拉瓦和潘地耶曾先后强大，10世纪以后，朱罗强大起来。而就在这一时期，南印度的婆罗门教得到复兴，并首先开始了虔诚（Bhakti）运动。此后，虔诚运动逐渐向北蔓延。本节以下部分根据薛克翘、唐孟生、姜景奎与印度专家拉盖什·沃茨合作的《印度中世纪宗教文学》一书的有关部分[①]作简要介绍。

虔诚运动，又译帕格蒂运动、巴克提运动、虔信运动等，指的是印度中世纪全国范围内的印度教改革运动。虔诚，指的是对神、对至高无上之主的虔诚信仰和膜拜。而这一信仰要通过“爱”来表现，这是对神的爱。这爱既像是男女之爱，又胜过男女之爱，是对神的毫无保留的奉献与寄托。虔诚运动中的婆罗门教宣传家们所宣扬的就是这种神爱。他们认为，通过神爱可以达到与神的合一，达到最后的解脱。

7至10世纪这一时期，南印度的虔诚派宣传家们用当地的语言创作出许多诗歌，这些诗歌既是宗教作品，又是文学作品。其中，泰米尔语虔诚文学作品（主要是诗歌）最具代表性。而泰米尔语的虔诚诗歌又主要分为两个流派：一是湿婆派虔诚诗，二是毗湿奴派虔诚诗。毗湿奴派虔诚诗人中的佼佼者往往被冠以“阿尔瓦尔”（Alvar）的称号，而湿婆派虔诚诗人中的佼佼者则被冠以“那衍马尔”（Nayanmar）的称号。

这两派诗歌的传统都可以追溯到泰米尔文学的“桑加姆”时期，甚至更早至公元以前的文学作品。此后，在泰米尔文学的“桑加姆”时期[②]，毗湿奴教派和化身救世说已经形成，而毗湿奴（那罗延、瓦苏提婆）的化身之一黑天的形象已经基本确立。在一些桑加姆时期的诗歌当中，能够看到虔诚崇拜毗湿奴和黑天的内容。在桑加姆时期以后，泰米尔文学中出现了所谓“五大史诗”，其中最著名、影响最大的，就是我们前面介绍过的《脚镯记》和《玛尼梅格莱》。《脚镯记》虽然可以被看作耆那教的文学作品，但里面也曾提到，在古代提鲁帕

① 薛克翘、唐孟生、姜景奎、［印］Rakesh Vats著：《印度中世纪宗教文学》（上卷），北京：昆仑出版社，2011年版，第350~374页。

② 关于泰米尔文学的“桑加姆”时期，印度学界历来有争议。我国学者张锡麟认为从“公元前五世纪至公元二世纪，是泰米尔文学史上的第一个时期”。见季羡林主编：《印度古代文学史》（张锡麟文），北京：北京大学出版社，1991年版，第141页。

提和提鲁文卡坦地方有毗湿奴-提鲁马尔神庙。同样，《玛尼梅格莱》虽然可以被看作佛教文学作品，但其中也讲到了几个关于黑天的故事。这些关于毗湿奴-黑天的故事可以看作是毗湿奴虔诚派诗歌的一个基础。

在数百年的时间里，对于湿婆的虔诚和崇拜也以各种形式存在于文学作品当中。在湿婆派信徒看来，大神湿婆是世界万物的本源。桑加姆文学中就可以看到这样的描写。在泰米尔史诗《玛尼梅格莱》中，湿婆曾被认为是用五大元素创造世界的唯一之主，他既创造世界也毁灭世界。由上述文献还可以看到，在公元后最初的几个世纪里，耆那教和佛教在泰米尔地区有很大影响，他们以自己的知识和理论赢得了当地王公们的庇护和支持。但是，由于耆那教和佛教反对吠陀的权威，反对婆罗门教，所以湿婆派和毗湿奴派要经常同他们做斗争。泰米尔湿婆虔诚派诗人阿帕尔（Appar）最初就是耆那教信徒，后来加入了湿婆教派。当初，他作为耆那教信徒曾经与佛教徒辩论，并获得胜利。湿婆虔诚派和毗湿奴虔诚派信徒主张通过自我修炼，言、行和心思完全专注于大神，虔诚不二，以达到解脱的目的。为壮大自己的教派，他们在与耆那教和佛教的斗争中坚持不懈，终于逐渐站稳脚跟，影响越来越大。

（一）湿婆虔诚派

泰米尔湿婆虔诚派的文献被整理为12部《圣典》。这12部书中包括了上下600年虔诚派的宗教信仰、哲学思想和文学创作等内容。它们又被称为《提瓦拉姆》（*Tevaram*），意思是“对大神的虔诚之歌”。泰米尔湿婆派中没有种姓歧视，所有63名虔诚派“那衍马尔”（大师或圣徒的意思）都被《贝里亚往世书》提到，他们来自各个种姓。该派要求信徒对湿婆大神虔诚，严守信徒之道，而不计较其身份和地位。下面重点介绍3位诗人及其诗作。

1. 阿帕尔

阿帕尔生活于公元580~661年。他还有另外的名字，维鲁那悟格尔苏（Virunavukkarsu）和瓦基什（Vagish）等。少年时代，他加入了耆那教，后来还成为一座寺院的住持，那时他的名字叫塔鲁马切纳尔（Tarumachenar），意思是“法军”。阿帕尔较早失去父母，他有个姐姐名叫提拉格沃蒂（Tilakavati）。由于姐夫在结婚以后不久就战死沙场，他姐姐从那时起便专注于湿婆教。她有一个愿望，就是希望她的弟弟能离开耆那教而皈依湿婆教。据传说，在阿帕尔45岁那年，有一天，他突然肚子疼，疼痛难忍。耆那教和尚用咒语和草药给他治疗，但疼痛丝毫不减。这时他向姐姐求救，姐姐把他带进湿婆神庙。他在神庙里得到大神湿婆的恩典，病痛解除。此后，他便得到了两个名字：维鲁那悟格尔苏（有成就的歌手）和瓦基什（语言的主人）。当然，这仅仅是传说。但他在姐姐的帮助下皈依了湿婆教却是事实。至于那两个别名，自然是后人对他的褒奖。

在对湿婆的描绘中，阿帕尔指出了湿婆的遍在性。即既在水中又在火中，既在地中又在空中。也就是说，地水火风的四大元素中，湿婆是遍在的、永存的。阿帕尔还说，湿婆是唯一的，是吠陀的精华，是原子①，要了解湿婆的全部特征是不可能的；湿婆是知识庙宇中的"舞圣"②，他把清凉的新月和神圣的恒河都放在自己美丽的卷发上。在一些诗里，诗人还把湿婆说成是最爱，是主人，而把自己说成是新娘，是恋人。作为一名对虔诚派理论有深刻理解的诗人，阿帕尔这样写道：

湿婆就是那罗延，
湿婆就是大梵天；
湿婆就是四吠陀，
湿婆就是宇宙万般。
他最为古老，
他最为圣贤。

总之，诗人认为湿婆至高无上，湿婆是一切的本源，至于印度教的其他大神，如那罗延、大梵天等，实际上都是湿婆。这就表现了诗人消除教派歧视、和会不同派别的心愿。

阿帕尔一生曾经去过125个湿婆圣地巡礼，一边巡礼一边写诗。他的诗歌共有3 068首，分312章，分别保存在三部《圣典》当中。阿帕尔通晓音乐和乐器，这也在他的诗歌中表现了出来。他的宗教信仰，他的知识，他的人品以及他的诗歌，都为泰米尔湿婆虔诚派在泰米尔地区的振兴开辟了道路，据说，是他终止了耆那教在泰米尔地区的进一步发展。

2. 孙德拉尔

孙德拉尔（Sundarar）又名孙德拉穆尔提（Sundaramurti）。关于他的生

① 原子（anu），指物质最细小的颗粒，现代称为原子。

② 舞圣（Nataraja），或译舞王，指湿婆。印度教认为，湿婆的舞蹈代表了宇宙的律动，世界在他的舞蹈中被创造，也在其舞蹈中毁灭。

平，资料甚少。根据有关资料推测，他是7世纪末到8世纪初期人。他出生于一个湿婆派婆罗门家庭，自幼被当地王公领养。因此他受到良好的教育，学习了吠陀文献。他结过两次婚。传说他第一次结婚时，湿婆大神就化身为一个老婆罗门前来点化孙德拉尔，他从此成为湿婆虔诚派的信徒，当时他只有14岁。婚后，他利用4年时间周游了79个圣地，在对湿婆进行膜拜的同时也开始了诗歌创作。

孙德拉尔认为，他既是湿婆的奴仆又是湿婆的朋友，别人也这么认为。因此，人们称他为"同道"（sahamargi）虔诚者。

孙德拉尔的诗歌里充满了对湿婆的崇拜，他对湿婆大神的各种形象都进行了描绘：将披散的头发挽成发髻者、头戴新月者、毁灭三界者、身上绕蛇者、雪山神女之夫，等等。他在歌颂和描绘湿婆的同时，也将自己的全部情感专注于湿婆。在他的诗歌里，也有对自然景物的描写，在他看来，所有的景物都由湿婆主宰，无论是风云变幻还是山川河流，都可以从中感受到湿婆的存在。

在孙德拉尔的诗歌中还曾记载泰米尔湿婆虔诚派的名单和生平简介，从他的记载可知，当时的湿婆虔诚派大师有的是婆罗门出身，有的则来自陶工、商人、渔民、洗衣匠和猎人等不同种姓。他在诗中还表达了对他们的崇敬，表示愿意成为他们的奴仆，为他们服务。

3. 马尼卡瓦查尔

马尼卡瓦查尔（Manikkavachar）对泰米尔湿婆虔诚派有着特殊的贡献。他大约生活于公元9世纪，因出生于提鲁瓦德武尔，所以又名提鲁瓦德武拉尔（Tiruvadawurar）。由于他青年时代即才华出众，又具备管理才能，所以得到当时潘地耶国王的重用，被录用为宫廷大臣。但由于他逐渐迷恋上湿婆教，自动放弃了官位，到各地湿婆神庙和圣地巡礼去了。在齐丹巴兰地方，他与一些佛教僧侣们切磋学问，结果是他获胜，于是那里的湿婆教兴盛起来。

马尼卡瓦查尔有两部著作流传后世。一部是《圣语》，一部是《提鲁科瓦伊》。前者分51章，共656首诗。后者是一部非常感人的爱情诗歌。在《圣语》中，诗人从各个方面阐述了湿婆虔诚派的要义，包括湿婆崇拜、湿婆赞颂、戒律、寻求湿婆庇护、自我解脱和欢喜境界等。在南印度的湿婆神庙里，他的《圣语》被广泛吟诵。在他的第二部诗作当中，他把湿婆比喻成女主人公，而把自己比喻成男主人公，讲述了一对恋人的动人故事。诗中，他——男主人公向美丽的女主人公求爱。当两个人都沉迷于爱情之中时，他们终于结合了。一次，他们不得不分开一段时间，于是他们为离别的痛苦所折磨，相互的思念刻骨铭心。

他写过10首献身大神湿婆的歌。从这些诗歌可以看出，他对湿婆派哲学有着深沉的思考。

（二）毗湿奴虔诚派

在泰米尔毗湿奴派虔诚诗人中，有12位获得了“阿尔瓦尔”的称号。这些阿尔瓦尔虔诚诗人大多出身于所谓“不可接触”种姓。后来的虔诚派大师罗摩奴阇（Ramanuja，约1016~1091）就与这一阿尔瓦尔诗人传承有密切关系。“阿尔瓦尔”的意思是“完全彻底地沉迷于对主（毗湿奴）的虔诚”。12位诗人的名字是：波依盖（Poygai）、菩塔图（Bhutatu）、贝依（Pey）、提鲁姆利塞（Tirumalishai）、南马尔瓦尔（Nammalvar）、马杜尔格维（Madhurkavi）、库尔谢克尔（Kulshekar）、贝里雅尔瓦尔（Periyalvar）、安妲尔（Andal）、冬德尔·阿迪波迪（Tondal Adipodi）、提鲁潘（Tiruppan）和提鲁门盖（Tirumangai）。

这些诗人的著作在他们活着的时候并没有被汇集起来，而是长期零散地流传于民间。据估计，他们的作品由于缺乏保护而散佚了不少。到了9世纪末，才有一位叫作室利·纳特牟尼（Shri Nathamuni）的人费尽心力将他们的诗歌整理汇集起来，并根据诗歌的内容、诗体和韵律，一一命名。这个集子叫作《圣歌四千首》，又被称为《仁爱献歌》。下面重点介绍其中几位诗人及其作品。

1. 南马尔瓦尔

在泰米尔毗湿奴虔诚派诗人中，南马尔瓦尔的地位最为突出。他的著作主要有四部：《圣维鲁达姆》、《圣阿西里亚姆》、《大圣安达迪》和《提鲁瓦依摩利》，共有1 296首诗。这四部诗被认为是对四部吠陀的解释，体现了四吠陀的精华。其中，《提鲁瓦依摩利》对毗湿奴虔诚派最为重要，因此后世有一些信徒为它写出注疏。而这些注疏往往按其条目的大体数量命名，如《三千释》、《九千注》、《一万二千注》，等等。

关于南马尔瓦尔的生平，资料不多。根据学者们的考证，他生活于公元880~930年，他的父亲是潘地耶国王宫廷里的高官。他的出生地在提鲁内尔维利县塔姆拉帕尼河附近的提鲁库鲁胡尔村。据传，他刚出生的时候既不挣眼也不哭，也不吃母亲的奶。父母见状，以为儿子本是大神毗湿奴的恩施，应将他抱到一座毗湿奴神庙去。于是，他们把孩子放到庙外的罗望子树树洞里。后来南马尔瓦尔就在这所庙里长大。

南马尔瓦尔的《提鲁瓦依摩利》不仅是一部哲理诗，而且其中充满了美好的激情。这种美好的激情就是对大神虔诚的爱。诗人是通过使者传递的方式表达这种激情的，而诗中的使者往往是天鹅、仙鹤或别的飞鸟。诗人自己在诗中扮演的是女主人公，大神毗湿奴则是男主人公，女主人公派飞鸟前去大神身边传递虔诚的信息。这信息包括无限的爱、无限的向往、分离的痛苦和惆怅，等等。这一写法在当时的毗湿奴派虔诚诗人中几乎形成风气，出现了一批“信使诗”。

2. 贝里雅尔瓦尔

贝里雅尔瓦尔生活于八九世纪。据说他出生于一个婆罗门家庭，通晓泰米尔语和梵语。他的著作流传下来的是两部，一是《祝愿圣歌》，二是《圣言》。前者共12首，后者共461首。两者都被保存于《圣歌四千首》当中。

在《祝愿圣歌》的12首诗里，诗人贝里雅尔瓦尔描绘了至上之主的无比美丽，并向主表达吉祥的祝愿，愿他美丽永驻。诗人沉浸于极度深切的爱当中，以至忘却了，主本来就是无所不在、无所不能的，唯有主才是一切的保护者和操纵者。诗人甚至担当起主的保护人的角色，用长辈祝福晚辈的话语祝愿主长命无疆。

贝里雅尔瓦尔在第二部著作《圣言》当中着力刻画了黑天大神克里希那童年和少年时代美好的形象，讲述了黑天童年和少年时代的故事。诗人从黑天生日庆典开始写起，用了10首诗描写儿童黑天的脚、腿、腹、脐、胸、肩、手、颈、口、眼、耳、额、发等身体各个部位，描绘得十分细致。这种从头到脚的“通体描绘”在印度文学史上相当常见，而贝里雅尔瓦尔是较早采取这一描绘法的诗人之一①。诗中还写了黑天的母亲耶雪达如何逗孩子玩，非常细致，也非常生活化。这部诗的一个突出特点是，诗人特地为黑天的故事创作了摇篮曲。这为后世诗人创作同类作品开了先河，成为后人纷纷模仿的对象。另外，诗人还发明了一种体式，即将黑天童年和少年时代的故事分为10个方面来讲述，每一个内容又用10首歌来表现，这也为后来诗人们讲述黑天故事开了先河。这一体式在泰米尔文学中被称为“比莱泰米尔”，意思是“童子故事描述”，受到泰米尔民众的喜爱。而这里的“童子”本来特指儿童黑天，但由于群众喜欢这一体

① 12世纪的诗人胜天写的梵语杰作《牧童歌》中就有这种写法，但要比贝里雅尔瓦尔晚大约3百年。

式，后世的诗人们也利用这一体式讲述其他人的生平故事，主角也可能是国王、学者、绅士或其他社会名流。

3. 安妲尔

安妲尔是泰米尔语毗湿奴派虔诚诗人中唯一一位获得阿尔瓦尔头衔的女诗人。她出生于715年前后，是贝里雅尔瓦尔的养女。据说她十分美丽而又超凡脱俗，终身未婚，把自己的一生都献给大神毗湿奴及其化身黑天。她有两部诗歌传世，一部是《提鲁巴瓦伊》，可以意译为《圣歌》，共有30首诗；一部是《纳奇亚尔圣言》，共有143首诗。她的诗歌除了表现虔诚的情感而外，还反映当时的社会生活，并具有哲理性，这是她诗歌的三大特点。

“安妲尔”的字面意思是“得到了主的人”。据传说，她完全沉浸在对黑天大神的爱当中，无时无刻不在寻找为大神服务的机会。从很小的时候起，她就每天编一个花环到黑天的神像前献礼，而在献礼之前，她总要先把花环戴到自己的脖子上，然后取下来献给黑天。

安妲尔在诗中还经常称呼自己的主为“那罗延”、“诃利”（Hari）、“马陀沃”（Madhava）、“瓦苏提婆”（Vasudeva）、“持神盘者”和“持神螺者”等，指的都是毗湿奴或黑天。一般认为，安妲尔的诗歌里包含着三个要素：虔诚、知识和哲理。她的虔诚是自发的虔诚，是来自自然情感的虔诚。诗中，她完全将自己的情感融会到黑天的身上，纯洁而专一，似乎已经与大神合而为一了。从这个角度说，她的诗歌是虔诚诗的一个优秀范例。同时，她的诗歌还以世俗生活和民歌体式为借鉴，以深沉的思考为基础，既贴近百姓生活，又富于深刻内涵，为老百姓喜闻乐见。所以，她的诗歌《提鲁巴瓦伊》在民间一直被传诵。到今天，尤其是到了印历九月间，泰米尔人家家都在唱她的歌，以表达对大神的爱和虔诚。今天，在泰米尔毗湿奴派信徒的婚礼上，她的祈福歌是必唱的吉祥曲。据说，后来的虔诚派大师罗摩奴阇对安妲尔的诗歌就非常喜欢并大加赞赏。

4. 库尔谢克尔

库尔谢克尔是哲罗国王子。由于出身高贵，所以他自幼受到良好的教育，掌握了多种知识和技能，精通泰米尔语与梵语。他生活在公元8世纪后期到9世纪初期，确切的生卒年已不可考。

库尔谢克尔在成为圣徒之前就对毗湿奴派信徒非常尊敬，在青年时代，他就愿意为大神做任何事情。他的诗歌名为《贝鲁马尔圣言》，“贝鲁马尔”是泰米尔人对毗湿奴的一个称呼。这部诗歌集共有105首诗，前5首是诗人自己的表白和祈祷，后100首分为10章，每章10首，描述的是对大神毗湿奴的虔诚，主要取材于两大史诗中关于罗摩和黑天的故事。其中也有摇篮曲一类的作品。

为了表达对主的虔诚，他表示什么都可以做。下面是他前5首诗中的一首。

啊，我的主！
除了你那莲花足，
我没有别的归宿。
如生母踢儿子一脚，
那只是一时动怒；
我就是那痛哭的赤子，
依然留恋母爱的庇护。
丈夫责备妻子，
不管多么严酷，
我就是那妻子，
依然心无旁顾。
医生为病人开刀，
不管多么粗鲁，
我就是那病人，
依然甘受痛楚。

诗人库尔谢克尔还有另外的作品，但没有被收集到《圣歌四千首》当中，因为是用梵文写的。这部作品叫作《穆昆德·马拉》，“穆昆德”也是大神毗湿奴的一个称号，因此此书又可以翻译为《毗湿奴花环》。其中共有45首诗。从这部诗集可以看出，诗人几乎接受了所有毗湿奴虔诚派大师们的观点。

第二节　史诗和往世书的编定

我们前面说过，史诗《罗摩衍那》和《摩诃婆罗多》的编定时间很长，从公元前4世纪到公元4世纪。也就是说，至晚在笈多时期，两大史诗已经被基本编定了。而往世书的编定时间要更晚，有的在公元10世纪以后。下面介绍编定后的两大史诗和18部大往世书的基本内容。

一、《摩诃婆罗多》的编定

正因为《摩诃婆罗多》的编定经历了数百年的时间，它的内容被不断增加，规模不断扩大，所以它不仅有一个主干故事，而且还有其他许多内容。下面主要谈两点。

（一）主干故事

相传，《摩诃婆罗多》的作者名为毗耶娑（Vyasa，意译广博，习惯上称为广博仙人）。但实际上，这部大史诗应该是历代吟游诗人们的集体创作。毗耶娑可能是最早吟诵这部史诗的作者之一。《摩诃婆罗多》分为18篇，根据金克木先生的《梵语文学史》和黄宝生先生的《〈摩诃婆罗多〉导读》[①]，简介如下。

第一篇《初篇》：古代有一位国王叫作婆罗多，他的家族后代中出了一位福身王。福身王与恒河女神结婚，生下一个儿子毗湿摩。福身王另外娶妻，毗湿摩发誓不继承王位。毗湿摩有了两个异母弟弟，持国和般度。持国因先天眼瞎，不能继承王位，王位由般度继承。持国生百子，长子难敌；般度生五子，长子坚战，次子怖军，三子阿周那，四子与五子为双胞胎，名谐天和无种。持国的百子被称为俱卢族，般度五子被称为般度族。般度为王不久即死去，持国摄政。般度五子长大，坚战应继承王位，但难敌不许。王位之争开始。难敌设计，建一紫胶宫让般度与母亲去住，企图烧死他们。但般度五子得到消息而逃脱，流亡森林。在般遮罗国的选婿大典上，阿周那拉开铁弓，赢得比赛，五子合娶黑公主为妻。持国得知般度五子活着，便请他们回来，分一半国土给他们。他们开始在荒芜的地方建国，同时阿周那与黑天结下友谊。

第二篇《大会篇》：难敌又设骗局，请坚战掷骰子赌博，坚战输掉国土，又输掉了自己、四兄弟和黑公主。黑公主在大庭广众下遭到羞辱。持国出面，给般度五子以自由。但难敌又找坚战，要再赌一次，谁输谁就流放森林12年，第13年还要躲藏起来，如被发现则要再流放12年。坚战答应，结果又输，只好履行诺言。

第三篇《森林篇》：般度五子在森林中过流放生活12年。

第四篇《毗罗吒篇》：第13年，般度五子隐姓埋名，在毗罗吒王的宫廷中当差。当13年期满时，正好难敌带兵劫掠该国，般度五子出战获胜。

---

① 参见金克木：《梵语文学史》，北京：人民文学出版社，1980年版，第91~98页；黄宝生：《〈摩诃婆罗多〉导读》，北京：中国社会科学出版社，2005年版，第25、26页。

第五篇《备战篇》：坚战一方索要自己的国土，难敌不给。黑天出面谈判，也毫无转机。大战在即，双方各自联合盟友备战。

第六篇《毗湿摩篇》：毗湿摩处于两难的地位，不得不为俱卢族担当统帅，率俱卢军作战10天，被箭射而不还手，倒在战场。

第七篇《德罗纳篇》：德罗纳本来是俱卢百子和般度五子少年时代的武师，继任统帅，也处于两难境地。战事进行了5天，结果被对方用计杀死。怖军和阿周那的儿子都因深入敌营而被害。

第八篇《迦尔纳篇》：迦尔纳是般度五子的母亲婚前的私生子，后被车夫养大，因武艺超群而继任俱卢军统帅。战事进行了两天，迦尔纳被阿周那杀死。

第九篇《沙利耶篇》：俱卢军的最后一任统帅沙利耶指挥第18天的战斗，不幸阵亡。难敌逃到一个湖边，怖军追至，击倒难敌。

第十篇《夜袭篇》：俱卢军只剩下3员将领，夜袭般度军，大胜。

第十一篇《妇女篇》：死者的家属们来战场痛哭。

第十二篇《和平篇》：是全书最长的一篇，但却不是叙述双方战事的，而是以治国方略及宗教等问题为主要内容。

第十三篇《教诫篇》：内容大体与上一篇相似。

第十四篇《马祭篇》：坚战称帝，举行马祭。

第十五篇《林居篇》：持国夫妇与般度五子之母一起到森林中居住，后来被火烧死。

第十六篇《杵战篇》：黑天的族属相互残杀，自我毁灭。

第十七篇《远行篇》：坚战将国家交给孙子管理，然后五兄弟带着黑公主去喜马拉雅山修道。途中，弟兄们相继死去，最后只剩下坚战和一条狗。天帝因陀罗接坚战升入天堂。

第十八篇《升天篇》：坚战和所有的死者（包括敌人）都在天堂里见面了。

（二）历史价值

《摩诃婆罗多》的内容包罗万象，被称为印度古代社会的百科全书，又被称为“第五吠陀”，可见它具有何等的价值。

1. 哲学价值

这部史诗中讲述了许多宗教哲学方面的问题，如第十二篇和第十三篇就集中讲述了宗教哲学方面的内容。而其中最受印度人重视的则是其第六篇中由黑天口述的《薄伽梵歌》。大战中，黑天是般度族主将阿周那战车的驭手，他计策多端，连续用计杀死了俱卢军的三名统帅。在与毗湿摩作战时，阿周那心怀孝心，不忍对自己爷爷辈的敌方统帅下手，但黑天在一旁一再鼓励阿周那杀死毗湿摩，给他讲述了《薄伽梵歌》。

《薄伽梵歌》内容丰富，很难用几个字给它下一个确切的定义。在众多的各国研究者中，我国学者金克木先生曾有过一个评价："插在大战开始时的长篇宗教哲学诗《薄伽梵歌》，长时期内，特别是近代、现代，成了印度教的圣典。这本来还是一篇有综合性质的哲学诗，后来却遭到种种解说，越来越突出崇拜和迷信大神黑天这一点。"①

我国学者张保胜先生在翻译了《薄伽梵歌》之后，对该书的性质也给出了一个概括："《薄伽梵歌》是印度古代宗教和文学名著，也是印度史诗《摩诃婆罗多》中最精彩的哲理插话和印度教最负盛名的经典。"②

《薄伽梵歌》中既讲述"梵"，也讲述"我"，讲述二者间的关系，既有吠檀多哲学的观点，也有六派哲学的观点，还有对佛教哲学的吸收。总之，《薄伽梵歌》的哲学价值重大，在印度教民众中影响巨大。

2. 史学价值

《摩诃婆罗多》不是历史，却具有一定的史学价值。

（1）它反映了印度古代的社会情况。如种姓制度的变迁方面，史诗中既反映出婆罗门的意志，理论上强调"达磨"的神圣性，仿佛种姓制度是不可动摇的、天经地义的。但事实上，种姓的界限往往被打破，尤其是在婚姻和职业方面。史诗中不同种姓间婚配的现象比比皆是，而同一个种姓操非传统职业的现象也司空见惯。

（2）史诗反映了印度古代的政治情况。如对国王的职责、政治体制、行政管理，以及王室贵族间的争权夺利、兴衰荣辱等，都提供了一些实际的例子。

（3）史诗反映了印度古代的军事情况。如部队的构建、军事会议、作战指挥、统帅与将军的职责，以及各个兵种、各种战阵、后勤供应等，都有详细的描绘。

（4）史诗反映了印度古代的经济情况。如土地制度、税收、农牧业、手工业、商业，以及各种产品等，均有描述。

（5）史诗反映了印度古代的宗教情况。如婆罗门教的不同派别、佛教、耆

① 金克木：《梵语文学史》，北京：人民文学出版社，1980年版，第123页。

② 张保胜译：《薄伽梵歌·译者序》，北京：中国社会科学出版社，1989年版，第6页。

那教以及顺世论者的情况等。

（6）其他。史诗还反映了印度古代社会的其他方面，如包括科技在内的各种知识、技艺，以及音乐、舞蹈等等，应有尽有。

这一切都证明，《摩诃婆罗多》不愧为印度古代社会的百科全书。

3. 文学价值

《摩诃婆罗多》本身为史诗，属于文学作品。关于其文学价值，这里不能一一举例，也不可能面面俱到，因为史诗太庞大、内容太丰富，其长度相当于希腊两部荷马史诗总和的8倍。下面只谈五点。

（1）从整个史诗的编排结构看，其恢宏的架构、丰富的含量，足以令人惊叹。史诗除了一个主干故事外，中间还穿插了许多插话。这种开放式的结构，是印度古代文学中常见的手法。那些中间穿插的内容不管有多么长，也不管有多少枝蔓，总能够找到一个契机将它们插进去，也总能够找到一个契机将话头拉回来。

（2）史诗收罗了许多文学性的插话。如《罗摩传》、《莎维德丽传》、《那罗传》等，都是脍炙人口的篇章，带有浓厚的传奇色彩，且可以独立成书。史诗中还穿插有大量的神话传说，如创世神话就有数种，帝王世系、英雄传奇也很多。此外，寓言、故事、童话、格言，等等，像是随手拈来。它们都是史诗的有机组成部分。这使史诗成为一个收藏印度古代民间文学作品的宝库，各类作品琳琅满目、美不胜收。

（3）史诗塑造了大量人物形象，对人物的刻画也入木三分。在众多的人物中，那些主要人物都各有性格特征，并且均符合本人的身份地位。许多人物都让人过目难忘。

（4）史诗作者善于运用悲剧题材，不仅塑造了大量的悲剧人物，而且设置了整个史诗的悲剧结局。这就告诉人们，战争本身就是人类悲剧，大规模的战争就是更大的悲剧。史诗让几乎所有人物都具有了悲剧性格。其中，毗湿摩的性格最具悲剧色彩，他身为俱卢族的长辈，尽管不愿意，又明知己方非正义，却不得不承担家族的使命，同儿孙辈们作战，最后只能打不还手，以死而谢天下。

（5）另外，史诗运用了大量生动贴切的比喻，给读者以生动活泼之美；充分发挥了想象力，给读者以奇异之美；采用象征的手法，给读者以回味的空间。这些都是史诗的成功之处。

二、《罗摩衍那》的编定

（一）主干故事

同大史诗《摩诃婆罗多》一样，相传《罗摩衍那》也有一个作者，名字叫蚁垤（Valmiki，音译瓦尔弥基），人们习惯上称他为蚁垤仙人。

从篇幅讲，《罗摩衍那》仅相当于《摩诃婆罗多》的1/4强，因此它的内容没有《摩诃婆罗多》那么丰富，情节相对单一、紧凑。

《罗摩衍那》全书分为7篇：

第一篇《童年篇》：在印度的远古时期，有一个甘蔗族。甘蔗族的祖先是太阳神，因而又称为太阳族。太阳族中有一个名叫十车的国王，他统治着喜马拉雅山以南的一片美丽富饶的国土，这个国家叫拘萨罗，首都是阿逾陀城。

十车王的文治武功远近闻名。他有3个王后，一共生下4个儿子。大王后乔萨丽雅生的儿子取名罗摩，二王后吉迦伊生的儿子取名婆罗多，三王后萝密多罗生下双胞胎，取名为罗什曼那和沙多卢那。光阴飞逝，4个王子成长顺利，个个结实英武，而其中罗摩尤为突出。

弥提罗城的国王遮那加举行祭神大典。遮那加王有一张湿婆神弓。他说："谁能够把湿婆神弓拉开，谁就可以成为公主悉多的丈夫。"结果，罗摩拉断神弓，与悉多完婚。

第二篇《阿逾陀篇》：十车王感到年迈体弱，宣布立罗摩为太子。但是，二王后吉迦伊受驼背侍女的蛊惑，提出要让自己生的儿子婆罗多继承王位，并将罗摩流放14年。她以死相威胁，十车王很为难。罗摩表示愿意到森林里去过流放生活，把继承权让给弟弟。罗摩和悉多都脱去了华贵的服饰，换上了隐居者穿的树皮衣，准备同罗什曼那一起上路。百姓们都来为王子送行。十车王忍受不了与爱子罗摩诀别的悲伤，终于在罗摩走后的第六天夜里去世了。婆罗多本来在舅舅家，后来才知道所发生的一切。他首先谴责母亲，为父王举行了火葬仪式，并动身去追赶罗摩。婆罗多请求罗摩回国执政，但罗摩不肯。婆罗多见自己无法说服罗摩，便把罗摩的木屐带回去放在王座上，代表罗摩的权力。

第三篇《森林篇》：罗摩等三人在深山老林里过着流放的生活。一转眼就过了10年。一天早晨，女罗刹舒罗潘卡（巨爪）看见罗摩，一见倾心。她是楞伽岛十首罗刹王罗婆那的妹妹。她要跟罗摩结婚，遭到拒绝，又向罗什曼那求婚，被罗什曼那割下鼻子和耳朵。舒罗潘卡受了奇耻大辱，跑到楞伽岛去找哥哥罗婆那为她复仇。罗婆那是罗刹的首领，他长有10个灵活的脑袋，有20只手臂。罗婆那被舒罗潘卡说动了心，决定去看看悉多，并准备同罗摩决战。他披挂上铠甲，乘坐上神奇飞车越过大海，飞到罗摩的住地。他让善于变化的罗刹摩里遮变成一只金鹿，到罗摩的住处去引诱悉多。悉多叫罗摩和罗什曼那捉住金鹿，二人走远。隐藏在树丛中的罗婆那便立即将悉多装进了自己的飞车，向楞伽岛飞去。

第四篇《猴国篇》：罗摩兄弟来到猴王妙项居住的高山上。妙项本来统治着一个庞大的猴国，但前不久被他的弟弟波林窃取了王位。妙项身边只有4个大臣跟随，他们是尼罗、那罗、哥婆加和风神伐由之子神猴哈努曼。罗摩许诺要帮助妙项恢复王位，妙项表示要帮助罗摩找到悉多。罗摩放出神箭射死波林，妙项登上了王位。妙项召集一支猴子大军，分头到世界各地去打探悉多的消息。

第五篇《美妙篇》：哈努曼是风神伐由和天女结合生下的儿子，小时候就能从地上一下跳起，飞达天庭。由于他的顽皮，曾惹怒过天帝因陀罗，被因陀罗的闪电击落，摔坏了下巴，因而他得到了哈努曼的名字，意思是烂了下巴的。哈努曼飞落在楞伽岛的一座高山上。哈努曼从高山上俯视楞伽城，这城果然雄伟，四周是用黄金筑的城墙，城内一片豪华气派，宫殿鳞次栉比，彩旗随风摇摆。城门都由机警的罗刹把守。天黑了，哈努曼变成了一只猫进入城内。他发现了一片无忧树林，悉多被囚禁在那里。哈努曼见到悉多，取得信任，便离开了无忧林。但他被罗刹女们发现，罗婆那派人捉拿哈努曼，都被哈努曼打死了。最后，罗婆那又派他的一个儿子因陀罗吉特去擒拿哈努曼。因陀罗吉特曾战败过天帝因陀罗，他有一件法宝，即能套住任何敌人的绳索。哈努曼故意被绳索捆住，想趁机去见见罗婆那。罗婆那命人用火烧哈努曼的尾巴。哈努曼突然把身体变小，摆脱绳索，长尾巴四处乱甩，烧着了罗刹们的胡须和衣服。他又跳到了一些豪华的住宅上，用尾巴把这些房子和宫殿点燃。许多罗刹被大火烧死，许多房屋和宫殿变成废墟。哈努曼大闹一场之后，飞回陆地，向罗摩汇报。

第六篇《战争篇》：妙项把全部猴子大军都交由罗摩指挥。大军日夜赶路，很快就抵达南海之滨。罗摩让大军在临海的树林里安营扎寨，然后进一步筹划渡海的计谋。得到神的旨意，他们决定造一座跨海大桥。大军越过大海，向楞伽城进发。无数的猴子将整个楞伽城团团围住，战鼓声、螺号声和呐喊声压倒了海潮声。城中的罗刹军震惊了，暴怒的罗婆那命令罗刹军出城。激烈的战斗开始了。

罗刹王接到损兵折将的消息，决定亲自出城。双方激战，各有损伤。最后，罗摩同十首王对决。天神都在空中助威，帮助罗摩。终于，罗摩使用弓箭奋力射下了罗婆那的10个头颅。

罗婆那死了，罗摩安排罗婆那的弟弟维比沙那完成登基大典，又叫哈努曼到无忧园中救出悉多。罗摩怀疑悉多的贞洁，悉多跳进了火堆，安然无恙。火神阿耆尼托着悉多走近罗摩，证明她的清白。罗摩兄弟俩和悉多登上财神俱比罗的云车返回自己的国家。从罗摩流放之日起，至今已整整14年了。这14年里，婆罗多一直住在阿逾陀城外。他把国家权力交给了罗摩，并举办罗摩登基大典。罗摩同兄弟们一起治理自己的国家。举国上下一片和美富足的景象。

第七篇《后篇》：悉多怀孕了。罗摩听到民间的流言蜚语，决定送悉多到恒河对岸的净修林。悉多在那里生下一对双胞胎，俱舍和罗婆，他们由蚁垤仙人负责教导。后来孩子长大，蚁垤仙人带他们到罗摩的宫廷。罗摩认亲，悉多则回到大地母亲的怀抱。罗摩决定放弃王位，到森林中去过隐居生活。他把王国分为两半，一半交给俱舍统治，另一半交给罗婆统治。罗摩在森林中度过了生命的最后时光，告别人世，升入天堂。

（二）艺术成就

季羡林先生在翻译了《罗摩衍那》之后，对其艺术成就给予总结，谈了4个方面的特点：人物形象的塑造、展开矛盾斗争、描绘自然景色和创立艺术风格。关于人物，他写道："书中最主要的人物，当然是罗摩、悉多、罗什曼那和神猴哈努曼。这几个人物都不是蚁垤凭空捏造出来的，而是从过去的民间传说中，从伶工歌手的嘴中接过来的。但是，他却倾注了大量的心血，对他们精心雕塑，着意描绘，从外表仪容，到内心世界，有时采用白描的手法，有时使用抒情的笔调，有时又浓墨重彩，从巨大处和细小处加以刻画；上至军国大事，下至琐事细节，无不涉及，而又无不涉笔成趣。结果这四个人物的形象，在印度人民眼中、心头，在印度文学史上，成了家喻户晓、人人爱戴的著名的崇拜和学习的对象。"关于展开矛盾，他写道："《罗摩衍那》中的矛盾数量是非常大的。有大矛盾，有小矛盾，还有大矛盾中套着小矛盾。从蚁垤所描写的三个国家：人、猴子和罗刹国家来看，每一个国家都有自己的矛盾。……在这些矛盾中最大的当然是罗摩与罗婆那的矛盾；没有这个矛盾，就不会有《罗摩衍那》，这个矛盾的产生、发展与解决，就代表了这一部史诗的主要情节。"关于描绘自然景色，他写道："在整个印度古代文学史上，专就描绘自然景色而论，《罗摩衍那》开创了一个新局面，达到了一个新水平。在这之前，在吠陀中，描绘自然风光的篇章不是太多，仅有的一点也都是简明朴素的，基本上见不到华丽的辞藻。到了《罗摩衍那》，情况有了很大的转变。在描绘其然景色方面，这部史诗开辟了一个新的纪元。”关于创立艺术风格，他通过实例的讲解之后得出结论说：“《罗摩衍那》之所以被称为Adikavya（最初的诗）和kavyanam uttaman（众诗中最优秀者），而《摩诃婆罗多》则否，就是因为，前者有美（sobha），有修辞翰藻（alamkara），而后者没有，或者所有不多。”[①]

三、往世书的编定

（一）往世书概说

近代最早向国人系统介绍印度文学的是许地山先生。他在介绍往世书时说：“这类书，最初只记述事物之原始，后来关于事物原始底解答或事务底故事繁多，便产生了《往世书》。书里底内容每是记载宇宙创造的经过，神统史，家史，英雄传，与宇宙生成诸问题底解答。所以在《长寿字库》里，《往世书》底同义名辞为《五相书》（Panca–laksana）。所谓‘五相’便是说《往世书》具有五种记载：一，宇宙底创造；二，宇宙底破坏与再造；三，神统与族长底世系；四，神话时代诸儒童王（Manus）治世底情形；五，月族底历史。但这部《五相书》现在已经湮没了，现在所有的《往世书》都是后来的著作，最古的也不过一千年左右。”[②]后来，金克木先生介绍往世书，说：“往世书既是所谓‘历史传说’，在印度传统中它被认为就是历史。其中包括了关于开天辟地宇宙起源的神话，还有帝王的世系和各朝代的记述。这些类似历史的成分常出以预言的形式，事实与幻想交织在一起。有的更夹杂着许多其他材料，如政治、法律、医学甚至诗律、修辞学、文法（《火神往世书》）带有百科全书的性质。”[③]

总之，往世书编定的时间较晚，有十八大往世书和十八小往世书，比较流行的是十八大往世书。

---

① 季羡林主编：《印度古代文学史》，北京：北京大学出版社，1991年版，第110、111、112、116页。

② 许地山：《印度文学》，长春：时代文艺出版社，2009年《老北大讲义》系列丛书版，第100页。

③ 金克木：《梵语文学史》，北京：人民文学出版社，1980年版，第201、202页。

（二）十八大往世书简介

1.《梵天往世书》

全书约1万颂（诗节）。先叙述书名的由来、宇宙创造、各摩奴时期、日族与月族帝王谱系及地上世界、地下世界、星宿等，继而以大量篇幅讲述印度教圣地，讲述了黑天的传说。最后讲祭祀仪式、种姓职责、人生阶段、毗湿奴崇拜、时代的划分等，其中还说到印度古代六派哲学中的瑜伽派和数论派。

2.《莲花往世书》

全书约5.5万颂，相当于《摩诃婆罗多》的一半，是现存往世书中最长的。共分为5篇（有的版本分7篇）:（1）《创造篇》，先说书名由来，说梵天自莲花中出生，创造了世界。继而说了时间的划分、时代的划分及各摩奴时期，讲了诸神的起源及帝王世系，还讲了种姓的产生及其职责；罗列了部分圣地，讲了有关圣地的故事、众神和阿修罗搅乳海的故事、毗湿奴诛杀恶魔摩杜及化身为野猪诛杀恶魔希兰雅叉的故事等；还涉及湿婆、雪山神女及战神塞建陀的事迹。最后讲到恒河崇拜、太阳崇拜、女人忠贞和贫人不贪的功果等。（2）《大地篇》，先讲大地创造之初，迦叶波大仙的二妻各生一群后代，分别为众神和阿修罗。然后通过迦叶波大仙之口解说世界的实与不实及灵魂和生死等哲理。继而又通过极裕仙人之口讲述达磨（法）的本质。此后讲了一些遵行达磨和不遵行达磨的各种故事，其中包括《摩诃婆罗多》中迅行王的故事。（3）《天国篇》，先是关于毗湿奴崇拜的说教，然后讲到世界的创造，五大元素的形成，印度的主要山脉、河流、古国及四时代等，又讲到四种姓职责、人生四阶段等。继而又是崇拜毗湿奴的说教及如何洗去罪孽等。（4）《地下篇》，主要讲述了一个完整的罗摩故事，但对罗摩本人事迹的叙述简略，而对罗摩之父十车王及罗摩两个儿子的故事叙述较详。（5）《后篇》，先是通过湿婆和雪山神女对话的形式讲述毗湿奴崇拜的意义和功果，然后讲到恒河女神同大海结合后生下儿子名叫水持，水持长大后成了恶魔统帅，打败天神，湿婆同水持大战，并赐水持恩典。继而叙述了土星神和十车王的故事，介绍了月份和各月中的礼拜仪式。又用很长篇幅讲述了听《薄伽梵歌》各章的益处及毗湿奴的八次化身故事。最后又讲到毗湿奴崇拜及四时代等。

3.《毗湿奴往世书》

全书约2.3万颂，分为6篇。第一篇，首先提出了宇宙起源、天地形成、诸神世系、时代划分，以及有关达磨、仙人和吠陀的问题，然后逐一解答，讲述若干神话传说。第二篇，先讲述摩奴后代的世系及其对七大洲的统治，其中突出了印度的统治者婆罗多，然后专门介绍了七大洲之一的赡部洲以及位于赡部洲中心的妙高山（须弥山、修弥罗山），介绍了印度古国、山脉、河流等。继而介绍其他各洲的情形，又讲到天上的太阳、月亮、星辰及季节、月份等。最后讲了有关婆罗多的故事。第三篇，开始讲了7个摩奴时期，又预言未来的7个摩奴时期，然后介绍四吠陀及往世书等文献，介绍四种姓职责、人生四阶段等，并穿插了一些故事。第四篇，主要讲述日族和月族的帝王世系，并穿插了其中一些帝王的传说，如罗摩故事、优哩婆湿故事、黑天故事、迅行王故事、福身王故事等。第五篇，完整地讲述了黑天的故事。第六篇，先讲述四个时代的划分，重点讲了第四个时代——争斗时代的情形。后又进行道德、业报、轮回、行善、修行等说教。总之，全书突出的是毗湿奴的至尊地位。

4.《湿婆往世书》

全书约2.4万颂，分为7个本集，讲述湿婆的事迹。说湿婆是世界之主，世界是他创造的。湿婆最初应梵天的请求同萨蒂结婚，但由于湿婆在一次集会中没有向萨蒂的父亲表示敬意，所以他举行祭祀的时候故意不请湿婆。萨蒂感到受了父亲和家人的轻蔑，自焚而死。湿婆进行报复，捣毁祭祀场所，与众天神厮杀起来。慑于湿婆的威力，众天神纷纷退却。萨蒂脱胎到喜马拉雅山王妻子的子宫，化身为雪山神女，再次与湿婆结婚。书中叙述了这次结婚的复杂过程。之后，书中讲述了湿婆与雪山神女的儿子塞建陀和群主的故事，以及湿婆和雪山神女诛杀众魔的故事。书中还介绍了不少湿婆林伽。

5.《薄伽梵往世书》

又称《幸福海》，是目前印度流传最广的一部往世书，长约1.8万颂，共分12篇，篇下分章。第一篇先叙述崇信毗湿奴的功德，并笼统提出了毗湿奴的24次化身。然后说了《摩诃婆罗多》中大战之后的情况。第二篇讲述世界的创造、毗湿奴的化身等。第三篇颂扬黑天，较详细地描绘了世界的创造及毗湿奴的两次化身故事。第四篇讲述了第一摩奴的谱系，讲了湿婆的故事、北极星的传说及一些虔信毗湿奴者的故事。第五篇开头讲解家庭生活和精神解脱的关系，又讲了几个帝王故事，然后描述了地上七大湖、天上日月星辰及地下各区域和地狱的情况。第六篇讲述了几个毗湿奴崇拜者获得功果的故事。第七篇主要讲述毗湿奴化身成人狮的故事。第八篇讲述一个国王被诅咒变成象王，因虔信毗湿奴得升天国。同时还讲述了毗湿奴化身为龟、侏儒和鱼的故事。第九篇讲述第七摩奴的谱系，说第七摩奴的后代分为日月两大族系，其儿子的后代为日族，其女儿的后代为月族。接着又讲述了两大族系中若干帝王的故事。第十篇最长，详细叙述了黑天的生平事迹。第十一篇讲述黑天完成在人间的使命，返回天国。第十二篇讲述黑天死后的争斗时代里的帝王谱系、种种社会罪恶和世界的毁灭。告诉人们要聆听毗湿奴的事迹，沉思毗湿奴，以达到最后的解脱。

6.《那罗陀往世书》

约有2.5万颂，是一部毗湿奴教派的知识手册。全书分为两大部分。第一部分，先讲述宇宙的起源：那罗延（即毗湿奴）是宇宙的本原，他从右侧生出梵天，中间生出楼陀罗（湿婆），左侧生出毗湿奴。他以梵天的形式创造世界，以毗湿奴的形式保护世界，又以湿婆的形式毁灭世界。继而又讲述业报、毗湿奴崇拜、道德礼仪、知识和修行等问题，中间穿插了许多神话传说。第二部分，先讲述礼仪、禁忌、教育、数学、语法、天文、音韵等。最后讲到如何崇拜毗湿奴及其化身。

7.《摩根德耶往世书》

全书约0.9万颂，可能是最古老的一部往世书，但也有较晚窜入的内容。其中，因陀罗、火神、太阳神的地位较为突出，而毗湿奴和湿婆的地位却不太突出。许多神话传说都与《摩诃婆罗多》关系密切。这部往世书也与另一些往世书一样，讲到了七大洲、名摩奴时期、种姓、生死、天堂、地狱，以及道德、礼仪等。

8.《火神往世书》

全书约1.5万颂。先讲述毗湿奴十次化身故事，又讲了湿婆林伽和杜尔迦女神崇拜问题。其余部分则包括政治、军事、法律、吠陀、往世书、医学、诗律、语法、占星、礼仪、天文、地理等内容。书中还有很大篇幅介绍如何举行火祭、如何画曼荼罗、如何念诵咒语真言等，与密教的护摩（火祭）关系密切。

9.《未来往世书》

全书约1.45万颂。按书名，这应是一部预言未来的往世书，但实际内容却十分杂乱，因而可能不是原书。该书分为三篇：《梵篇》，开始先讲述宇宙的生成，大约出自《摩奴法论》。后来又讲了时代、种姓、女人的本分等。《造物篇》，主要讲历代国王及其事迹，讲到印度各地的王国和国王，甚至还提到了中国（支那）。本篇最后部分讲到几个穆斯林统治者的名字，如帖木儿、胡马雍、阿克巴等，说明这一部分成书很晚，至少在16世纪，因为阿克巴死于1605年。

《后篇》，讲述了各种罪孽和地狱的恐怖，讲述了拜神仪式、祭品、祷词、咒语等，告诉人们如何才能获得解脱和进入天堂。

10.《梵转往世书》

全书约1.8万颂，分四篇:《梵篇》、《原质篇》、《群主篇》和《黑天出生篇》。分别讲述了宇宙的创造、5位女神、群主（湿婆与雪山神女之子）和黑天的故事，其中黑天故事是全书的主要部分。

11.《林伽往世书》

全书约1.1万颂，分为两个部分。第一部分讲述世界的创造，说湿婆是宇宙的本原和最高主宰。还叙述了湿婆的28次化身及林伽崇拜、天文、地理、帝王世系等。第二部分里讲述了种种有关湿婆林伽的传说，介绍了一种使个体灵魂（自我）与最高灵魂（湿婆）合而为一的修行方法——“牛主瑜伽”。

12.《野猪往世书》

全书约2.4万颂，重点介绍的是毗湿奴教派的祷词、仪式、修行方法、日常行为规范等，中间穿插了许多神话故事。还以不小篇幅介绍了毗湿奴派的圣地，也讲述了关于湿婆和杜尔迦女神的故事。

13.《塞建陀往世书》

据说全书有8.1万颂，但实际上这部往世书的原作已经散佚。现存的各种抄本比较混乱，一般认为它有六个本集和50篇，但也不是定论。现据其中一个版本介绍其主要内容。该版本分为六篇:（1）《大自在天篇》，先讲述湿婆大闹陀刹的祭祀，打败包括毗湿奴、梵天和因陀罗在内的所有天神，又讲罗摩与罗婆那的故事，以及搅乳海的故事，然后讲湿婆崇拜。（2）《毗湿奴篇》，先描绘毗湿奴野猪化身的形象，又讲朝拜圣地和在圣河中沐浴的功效，继而叙述学习往世书和不同月份崇拜毗湿奴的不同功效等。本篇提到中世纪毗湿奴派宗教哲学家罗摩奴阇，此人死于公元11世纪末或12世纪初，因此，本篇的编定年代较晚，而且是毗湿奴派强加进本书的。（3）《梵篇》，主要介绍一些重要的圣地，讲述如何通过虔诚去亲证毗湿奴以获得解脱。这与中世纪印度教的“虔诚运动”有关，因而可以断定，这部分亦成书较晚。（4）《迦尸篇》，迦尸为地名，在恒河之滨，印度古代文化中心之一，今之瓦拉纳西，又称贝拿勒斯。一般认为，本篇可能是本往世书的原有部分。本篇先是罗列出印度教的若干圣地，讲述朝拜圣地的功果，然后重点介绍迦尸和迦尸的湿婆圣地。（5）《阿盘提篇》，阿盘提为古地名，在今纳巴达河以北，中印度的乌贾因市一带，亦是古代文化中心之一。本篇主要介绍这里的圣地，并通过一些故事说明朝拜这些圣地的功果。（6）《雷瓦篇》，雷瓦为河名，又称纳巴达河，印度教圣河之一，在中印度温底耶山脉南侧由东向西入阿拉伯海。本篇主要介绍这条圣河的灵迹，穿插了不少神话传说。

14.《侏儒往世书》

全书约1万颂。书中讲述了毗湿奴的化身故事，但更主要的是介绍湿婆教派的圣地、湿婆林伽崇拜，以及湿婆、雪山神女、塞建陀和群主的故事。

15.《龟往世书》

全书约1.7万颂。书中的主要内容是颂扬湿婆，讲述湿婆的化身故事，介绍湿婆圣地，告诉人们如何通过沉思认知湿婆和如何通过虔诚的仪式获得最高知识。

16.《鱼往世书》

全书约1.4万颂，被认为是一部比较古老的往世书，但也有后来窜入的成分。书中的许多故事都与《摩诃婆罗多》中的插话一致，如哄呼王与优哩婆湿的故事、迅行王的故事、神魔大战、搅乳海的故事、莎维德丽的故事等。与其他几部往世书一样，本书也介绍了十八往世书、九大天体、七大部洲、四个时代、毗湿奴化身、湿婆诛魔、战神出世、王朝世系、君王职责、家教仪式、宗教节日、占星占梦、法律道德，等等。

17.《大鹏往世书》

全书约1.9万颂，分为三篇：（1）《业篇》，讲述医学、诸神崇拜、法论、天文、地理等。（2）《法篇》，讲述生死、业报、解脱、丧葬仪式等。（3）《梵篇》，讲述毗湿奴的崇高地位、圣地等。但有的版本不分篇，而将全书分为18章。1至4章讲述地狱的恐怖和导致下地狱的罪恶。第5章讲述毗湿奴的至尊地位及遵守达磨的意义。第6、7章讲业报轮回、毗湿奴十个化身及解脱轮回的做法等。第8至11章讲人死后应举行的祭奠仪式等。第12章描述地狱的规模。第13章讲述人体脉络和禅思方法。第14章讲述如何永久摆脱世间苦难。第15章讲医学、保健方面的知识。第16、17章讲虔信毗湿奴的意义及方式。第18章讲述宇宙的创造和神魔的产生。

18.《梵卵往世书》

原作已经散佚，现存约1.2万颂，是一些颂神诗和传说故事。其主要内容有：世界的创造、仙人谱系、帝王世系、摩奴时期、优秀人物事迹、世界各洲、七大圣山、天体星座、毗湿奴化身、神魔争斗等。[①]

第三节 古典梵语文学

在笈多和后笈多时期，随着印度教的复兴，梵语文学也得到大发展。在笈多王朝时期，印度出现了迦梨陀娑这样的伟大作家，之后，则出现了许多诗人和剧作家，形成了梵语文学的众星捧月之势。

一、迦梨陀娑及其著作

（一）迦梨陀娑

迦梨陀娑（Kalidasa）是享有世界声誉的伟大诗人和剧作家，是梵语古典文学最杰出的代表。1956年，他被世界和平理事会列为世界文化名人。

长期以来，学术界对迦梨陀娑的生活时代做出各种推测，但都不能形成定论。相传，迦梨陀娑是超日王的宫廷九宝之一。这个超日王，可能指笈多王朝的旃陀罗·笈多二世。因此，他大约活跃于这位国王及其子鸠摩罗·笈多一世父子两代统治时期（380~455）。印度著名历史学家高善必（D. D. Kosambi）在其《印度古代文化与文明史纲》中认为，迦梨陀娑生活于公元4世纪下半叶至5世纪上半叶。这是目前学界比较一致的看法。

关于迦梨陀娑的出生地，一般认为，是在优禅尼（Ujjayini），即今中央邦的乌贾因。此城曾是古代印度重要的政治、经济、科学和文化中心之一。从迦梨陀娑的作品看，他对这座城市的确相当熟悉，至少说明他曾在这里长期生活过。关于迦梨陀娑的具体生平不详，但后世流传有许多关于他的传奇故事。

（二）诗作

迦梨陀娑名下的作品很多，但多数都不可靠，有一些可能是别人的作品被后人强加在他的头上。经学者们研究，真正属于迦梨陀娑的诗歌只有4部，即长篇抒情诗《云使》、抒情诗集《时令之环》（又译作《六季杂咏》）、叙事诗《罗怙世系》和《鸠摩罗出世》。

1.《云使》

《云使》是迦梨陀娑诗歌的代表作，由115个诗节组成，每个诗节分为4行，

① 以上关于十八往世书的简介，参见季羡林主编：《印度古代文学史》（黄宝生文），北京：北京大学出版社，1991年版，第174~179页。

整部诗又分为“前云”与“后云”两部分。表现的是一位身处南方的药叉[①]思恋北方妻子的缠绵之情。

这位药叉作为财神俱比罗的侍从，本来住在喜马拉雅山的阿罗迦城，因疏忽职守被贬谪到南方的山中，其流放期为一年。与妻子分离的痛苦使他在雨季到来时浮想联翩。看着那浓密带雨的云彩，他想到自己远在北方的妻子，他向雨云倾吐心曲，托雨云给妻子带信，传递自己平安的消息。

诗人在这首诗中借景抒情，使情景交融，情真意切，体现了作者的非凡功力。因此，此诗成为后世抒情诗的典范。

2.《时令之环》

这是迦梨陀娑的早期作品，为6组抒情短诗，按照古代印度人将一年分为六季的做法，分别描绘夏季、雨季、秋季、霜季、寒季与春季的自然景色，并通过景物描写抒发情感。

3.《罗怙世系》

学界认为，叙事诗《罗怙世系》可能是诗人的晚期作品。取材于史诗和往世书。全诗分19章，共1 579诗节。罗怙（Raghu）是史诗《罗摩衍那》主人公罗摩的曾祖父。根据远古的传说，罗摩家族起源很古老，属于太阳世系（又译日族）的甘蔗氏家族。《罗怙世系》虽以罗摩传为中心，但增加了罗摩的祖先与后代的故事。诗人共写了罗摩家族的21代国王的事迹。而罗摩的故事占全诗的7章。这种帝王世系一类故事很难写，很容易成为流水账，但诗人凭借自己的才华把它写得有滋有味。

4.《鸠摩罗出世》

鸠摩罗，意译为王子、童子，这里特指湿婆大神和雪山神女生的长子，名字叫塞建陀。该诗取材于往世书等古代神话传说。属于湿婆家族成员除魔救世的故事。全诗分为17章，但一般认为仅前8章为迦梨陀娑所创作，后9章则系后人续作。诗中说，大神湿婆在雪山苦修，但魔王多罗迦却在天界和人间为非作歹，梵天和众神促成湿婆与雪山神女的婚姻，并请求他们生出儿子，以统帅诸神消灭多罗迦。战神鸠摩罗（塞建陀）应运而生，一战获胜，使天界诸神得到安宁。

① 药叉（yaksa），汉译佛经中又译为夜叉。在印度教神话中，药叉通常是财神俱比罗的随从，是一些比较可爱的小神灵。但在佛教典籍中，夜叉往往与罗刹并列，属于妖魔一类。

（三）戏剧

迦梨陀娑在印度戏剧文学中享有崇高地位。留存至今并被确认为其所作的剧本有三部：《摩罗维迦和火友王》、《优哩婆湿》（一译《广延天女》）与《沙恭达罗》。据说他还有其他剧作，但均已失传。

1.《摩罗维迦和火友王》

这是一部五幕喜剧。反映的是公元前2世纪摩揭陀国巽伽王朝时期的故事，故事发生地为华氏城。摩罗维迦是一位美丽贤惠的公主，因躲避战乱而到火友王宫中当了奴仆。火友王爱上了摩罗维迦，王后发现，便千方百计阻止他们见面。一天，火友王在花园遇见摩罗维迦，便向她表达爱意。王后闻讯，将摩罗维迦投入地牢。在弄清摩罗维迦的真实身份后，王后又同意她与火友王结婚。有些学者认为这不是迦梨陀娑的作品，也有人认为这是迦梨陀娑的早期习作。

2.《优哩婆湿》

这是一部五幕神话剧，全名为《凭勇力获得优哩婆湿》。取材于印度古代的神话传说。从《梨俱吠陀》到《摩诃婆罗多》，优哩婆湿的故事一直在传颂。剧中写国王补卢罗婆娑从恶魔手中救出天宫歌伎优哩婆湿，二人一见钟情。不久，优哩婆湿私自从天庭下凡与国王幽会。优哩婆湿在天庭演戏时神不守舍，被贬下凡。天帝因陀罗同情优哩婆湿，允许她到国王那里去，在她见到亲生儿子后即须返回天宫。优哩婆湿与国王结婚生子，但她因为忘记了戒规而变成一株蔓藤；国王失魂落魄，到处寻访妻子。由于一块名为“团圆宝”的红宝石的作用，优哩婆湿得以恢复原身。一天，优哩婆湿托人抚养的儿子因违犯净修林戒规而被送回。她见到儿子亦喜亦悲。面对生离死别，她与国王都痛不欲生。此时，天使前来传达因陀罗的命令，准许他们白头偕老。

3.《沙恭达罗》

这是一部七幕剧，是迦梨陀娑的戏剧代表作，也是梵语戏剧的最高典范。

剧本第一幕写国王豆扇陀狩猎时追逐一只小鹿，来到一座净修林，遇见沙恭达罗。二人一见钟情。第二幕写国王由于爱上沙恭达罗而无心狩猎，借口保护净修林而滞留不去。第三幕写沙恭达罗堕入情网而形容憔悴，郁郁寡欢。在她向两位女友倾吐内心的秘密时，被国王听见。二人幽会。第四幕写国王与沙恭达罗以一种传统方式自主结婚，然后返回京城。临别之际，他将一枚镌刻着自己名字的戒指作为信物留下，许诺随后派人前来接沙恭达罗进宫。国王走后，沙恭达罗由于思念国王而心不在焉，得罪了一位大仙，受到诅咒：沙恭达罗将被自己的情人遗忘，除非他再次看到自己留下的信物。诅咒应验，国王回宫后没有派人前来迎接妻子。沙恭达罗的义父将已有身孕的沙恭达罗送进宫中。第五幕写沙恭达罗到京城面见夫君，但国王已将她忘记。而此时沙恭达罗发现，国王给她的指环已经失落。沙恭达罗惨遭国王遗弃，却被生母接回天宫。第六幕写一名渔夫在出售一枚带有国王名字的戒指时被捕。国王见到戒指后恢复记忆。第七幕写国王在协助天神战胜恶魔后返回人间，在途经金顶山时邂逅自己与沙恭达罗的儿子婆罗多。夫妻相认，阖家团圆。

二、其他作家与作品

5至10世纪，印度梵语文学仍处于大发展时期，虽然这一时期没有再出现迦梨陀娑那样的文豪，但却有一批文学作品传世，其中不仅有诗歌、戏剧，还有小说。此外，这一时期的文艺理论著作也取得了很大成就。

（一）诗歌

据黄宝生先生《印度古代文学大事记》统计[①]，可列出以下诗人和作品：

5世纪，有钵罗婆罗犀那的叙事诗《架桥记》。

五六世纪，有婆罗维的叙事诗《野人和阿周那》。

六七世纪，有跋底的叙事诗《跋底的诗》。

7世纪，有伐致呵利的抒情诗集《三百咏》、阿摩卢的抒情诗集《阿摩卢百咏》、摩由罗的抒情诗集《太阳神百咏》、摩伽的叙事诗《童护伏诛记》。

8世纪，有伐格波罗提罗阇的叙事诗《高达伏诛记》。

八九世纪，有鸠摩罗陀娑的叙事诗《悉多被掳记》。

其中，《三百咏》有金克木先生的汉译本。对于伐致呵利，他认为：“这位诗人正是印度古代穷婆罗门文人的代表。他的诗章突出地传达了这个阶层的世界观和社会生活感受，因此得到长期广泛流传，同时不断受到修订和增补。”[②]

（二）小说

6世纪，印度出现了一部文人写作的小说，即苏般度的《仙赐传》。7世纪，波那写出小说《迦丹波利》，他还写出了一部传记文学作品《戒日王传》。檀丁写出小说《十王子传》（又译《十公子传》）。比起梵语的诗歌和戏剧，梵语小说显得太少。

---

① 黄宝生：《印度古代文学》，北京：知识出版社，1988年版，第179页。

② 金克木：《梵语文学史》，北京：人民文学出版社，1980年版，第246页。

对于这三部小说，金克木先生评价道："（苏般度）所写的故事在更古的文献中尚不见来源，可能是他的创造，也可能采自民间。这和另外两部小说情形一样（《迦丹波利》的故事无源可考，《十公子传》只有个别小故事见于别的书）。三者在内容和文体上都带有六、七世纪时代的特色，不同程度地曲折反映了封建社会成熟时期的生活。"①

（三）戏剧

还是根据黄宝生先生的统计，可以罗列出这一时期的梵语戏剧作品13部：

7世纪，有戒日王的3个剧本《妙容传》、《璎珞传》和《龙喜记》。

七八世纪，有毗舍佉达多的《指环印》，还有薄婆菩提的三个剧本《茉莉和青春》、《大雄传》和《后罗摩传》。

8世纪，有婆吒·那罗延的《结髻记》。

九十世纪，有王顶的4部喜剧《小罗摩衍那》、《小婆罗多》、《雕像》和《迦布罗曼阇利》。还有牟罗利的《无价的罗摩》。

其中，戒日王的3个剧本都是写男女爱情的，而《龙喜记》有汉译本，1956年由吴晓铃先生译出。《龙喜记》的故事取材自佛教文献《持明本生》（已佚）云乘舍身代龙的故事。大体情节为：摩罗耶公主梦见高利女神预言她将与持明王结婚。后，摩罗耶公主与持明国太子云乘一见钟情。为排解相思，云乘在石座上画了摩罗耶公主像。摩罗耶公主误以为云乘心有所属，画的是别的女人，便企图自杀，被云乘救下。后二人热恋，并筹备婚事。金翅鸟以龙（蛇）为食，龙太子螺髻即将受死，螺髻之母痛不欲生。云乘决定牺牲自己，以身代龙。金翅鸟误杀云乘。最后，在高利女神的帮助下，云乘重获生命，与摩罗耶公主成婚，继承王位。这部戏剧表现了戒日王对佛教和印度教的包容态度。

薄婆菩提（Bhavabhuti，7世纪下半叶至8世纪上半叶）也是一位了不起的戏剧家。黄宝生先生指出："《茉莉和青春》一剧充分表明薄婆菩提才华横溢。他巧妙地将两对青年的爱情交织在一起，互相映衬，互相促进。他想象力丰富，善于添加插曲，制造巧合。男女主人公心理刻画细腻，感情色彩浓烈。全剧共有二百几十首诗歌，语言优美，韵律多变。"②

① 金克木：《梵语文学史》，北京：人民文学出版社，1980年版，第324页。

② 季羡林主编：《印度古代文学史》（黄宝生文），北京：北京大学出版社，1991年版，第299页。

（四）文论

这一时期的主要文艺理论作品有5部，现据黄宝生先生的研究简介如下[①]：

1.《诗庄严论》

作者婆摩诃（Bhamaha），约7世纪人，生平不详。全书6章，对梵语的文学理论作了初步总结。提出“诗是音和义的结合”的定义；认为“庄严”是诗美的主要因素，而“庄严”的实质是“曲语”（曲折的表达方式）。

2.《诗镜》

作者檀丁（Dandin），7世纪人，婆罗门出身，生于南印度帕拉瓦的建志城，即今印度泰米尔纳德邦的康契普拉姆一带。小说《十王子传》的作者。《诗镜》共三章，分别论述诗的风格、“义庄严”和“音庄严”等问题。

3.《诗庄严经》

作者伐摩那（Vamana），8世纪人，生平不详。全书分五章，分别论述诗病、诗德、庄严和音韵等问题。

4.《韵光》

作者欢增（Anandavardhana），9世纪克什米尔人，诗人和学者。《韵光》共4章，对诗歌的音韵作了深入研究，在梵语诗学领域取得突破性进展。作者认为，诗的灵魂是韵，并对韵作了细致的分类；认为诗义分为“表示义”（字面义）和“暗示义”（领会义，指意在言外）两种，而代表诗艺本质特点的是暗示义，暗示义又可以称作韵。总之，欢增创立的韵论，以韵为诗的灵魂，以味为韵的精髓，以此为内核，以庄严、诗德和风格为辅助，构成了一套较完善的梵语诗学体系。

5.《十色》

作者胜财（Dhananjaya），10世纪人，生平不详。《十色》是根据婆罗多牟尼的《舞论》写成，全书4章，简明扼要、条理清晰地概括了《舞论》关于戏剧的论述，成为后世流行的梵语戏剧学手册。

---

① 黄宝生:《印度古典诗学》，北京：北京大学出版社，1993年版，第230~237页。

第四节　印度教艺术

一、笈多时期

笈多时代，由于帝王们信奉的是印度教，所以印度教迅速复兴，而且，由于帝王、贵族的资助，印度教也开始建造庙宇和雕凿神像。下面根据王镛先生《印度美术》一书的有关章节，对这一时期的印度教艺术作简要介绍。

（一）初期的神庙建筑

笈多时期的印度教神庙建筑处于初级阶段，王镛先生称之为“滥觞”，认为这一时期的印度教神庙的形制尚不完备，只是后来比较固定模式的雏形，并且有可能是模仿了佛教建筑的支提（佛殿）等形式而建。这一时期的印度教神庙有两种形式，一种是在岩壁上开凿的石窟式神庙，另一种是独立建造的石头砌成或砖砌成的神庙。

乌达耶吉里石窟（Udayagiri Caves）位于中央邦的贝什纳加尔附近，约开凿于5世纪初，是早期印度教石窟式神庙的代表，相对比较简约。同一时期的独立式神庙以中央邦桑奇大塔旁边的一个祠堂建筑为代表。这是一座希腊神殿式的平顶建筑，石头砌成，正面有四根廊柱，也显得朴素简单。

到笈多时代中期，印度教神庙建筑就显得复杂一些。一般来说，由主殿、圣所、甬道、廊柱、门廊等几部分构成。中央邦布马拉有一座建于5世纪中叶的湿婆神庙，建有大型的基坛，门廊两侧各有一个小神殿，柱廊外壁雕刻有与湿婆派神话传说相关的图案。

笈多后期的神庙建筑已经比较完备，主殿上面有高耸的塔顶。北方邦坎普尔市比塔尔冈有一座建于5世纪末的神庙，是用红砖砌成的。正面有砖砌拱门，拱门上方有高达20米的砖塔。整个建筑虽然显得孤立而单调，但上面的雕刻非常复杂，除了一些马蹄形的窗户装饰，外壁还有若干长方形神龛，上面雕刻着各种神像，有半身的，也有全身的。在北方邦詹西附近还有一处笈多时期的神庙遗址，这座神庙建于5世纪末至6世纪初，是一座用红砂石砌成的毗湿奴神庙，被称为“德奥加尔十化身神庙”。庙体为方形。西面正门两侧雕有恒河女神和亚穆纳河女神像，壁龛上雕有《罗摩衍那》故事。

总之，笈多时代印度教神庙遗存不多，尚未形成固定模式。

（二）受佛像影响的神像雕刻

笈多时代，在佛教造像的刺激之下，印度教信徒也掀起了一个造像热潮。据美术学者认为，笈多印度教神像在追求古典主义的平衡与和谐的同时，强调造型的力度与动态，逐渐显示出从古典主义向印度巴洛克风格演变的迹象。笈多王朝把印度教大神毗湿奴奉为保护神，因此毗湿奴及其化身的造像居多。

例如，马图拉地区出土的雕刻《毗湿奴立像》，红砂石雕成，残存的大半身高111厘米，为5世纪的作品，现藏新德里印度国家博物馆。这是这一时期的代表作之一。其造型高贵，与佛教菩萨雕像很相似。同期，另一尊马图拉出土的红砂石毗湿奴雕像现藏美国波士顿博物馆，有3个面孔，中央为毗湿奴的形象，左侧是其化身野猪的形象，右边是其化身人狮头像，背后则是一个轮盘状的光环。其3个头在一起的造型很奇特，表现了雕刻家的匠心。

乌达耶吉里石窟第5窟内左侧墙壁上的高浮雕《毗湿奴的野猪化身》也具有代表意义。此石窟建造于401或402年，浮雕高3.9米，长6.7米，是一个当时罕见的巨型作品。根据神话故事，毗湿奴曾化身为野猪，将大地托起，使之免于沉入大海。浮雕上毗湿奴的野猪化身异常高大，斜佩着一条长长的粗大花环，右手叉腰，左手扶膝，用獠牙托起大地女神，显得很有威力和气势。其背景为几排天神和仙人的小浮雕，衬托出毗湿奴的救世主形象。

德奥加尔（Deoghar）十化身神庙南壁上的红砂石高浮雕《毗湿奴卧像》则刻画出毗湿奴躺在海底蛇床上睡觉的情形。这一作品的创作于5世纪末、6世纪初，也是这一时期的代表作之一。浮雕可大致分为三层，中间的主要部分为毗湿奴的卧像，闭目养神，横卧于蛇床，吉祥天女用手扶着他的脚作按摩状。下方雕有一排男女神明。上方也是一排小型浮雕，中间有莲花座，梵天坐在上面，暗示着毗湿奴醒来时，莲花从毗湿奴的肚脐生出，莲花上的梵天将受命创造世界。梵天的左边有湿婆和雪山神女坐在神牛上的雕刻。梵天的右边是骑象的因陀罗以及骑孔雀的塞建陀。

此外，这一时期也有不少印度教大神湿婆及其象征林伽和雪山神女的雕塑，但比起毗湿奴的雕像要少一些。现藏新德里印度国家博物馆的一尊红砂石湿婆林伽雕像被称为《一面林伽》（*Ekamukha Linga*），雕凿于5世纪，高94厘米。这是这一时期林伽雕刻的典型范例。林伽上半部为光滑的圆柱形，下半部为粗糙的方形。柱上有湿婆头像浮雕。湿婆3只眼，头上是高高束起的发辫，上面有一弯新月。

加尔各答印度博物馆收藏有一座《湿婆与帕尔瓦蒂》的浮雕。该浮雕出土北方邦科萨姆，红砂石质地，有铭文记载其雕刻时间为458或459年。其湿婆头像的发型与《一面林伽》的头像相似，但其第三只眼是横刻在额头上的，体型粗壮。其身边左侧的帕尔瓦蒂（雪山神女）腰肢纤细而丰乳肥臀。

恒河女神与亚穆纳河女神也是这一时期雕塑家们经常表现的对象。她们一般被安置的神庙两侧。如现藏于新德里印度国家博物馆的《恒河女神》和《亚穆纳河女神》赤陶雕塑，约创作于5世纪，恒河女神站立在鳄鱼背上，亚穆纳河女神则站在龟背上。二女神均手持水罐，身上缠着水波状的衣饰。

飞天也是这一时期雕刻的题材。中央邦瓜廖尔出土的黄砂石《飞天》浮雕约作于6世纪，现藏新德里印度国家博物馆。与中国敦煌的飞天不同，这对飞天是一男一女，男的在前女的在后，上身基本直立，双腿向后方飘甩，像在空中行进。其上身赤裸，下身有透明的衣饰，头饰烦琐，女飞天还手执飘带。

二、后笈多时期

如果说笈多时代的印度教建筑和雕刻都还处于初级阶段，形式古拙粗放，那么到了后笈多时代，印度教的建筑和雕刻艺术风格则进一步向烦琐和细腻发展，达到了一个新的境界。这一时期，印度从南到北都出现了许多建筑和雕刻艺术的杰作。

（一）南印度

南印度帕拉瓦王朝时期，7世纪中叶，在今金奈以南约60千米的海滨建立了一座新城，这座城市迅速发展为一个建筑和雕刻艺术的中心，后世称之为马哈巴利普拉姆，意思是“大力士城”。

1. 建筑

当时的帕拉瓦国王敕建了一座“五车神庙”。五车神庙是用整块花岗岩雕凿出来的五个独立式神庙，分别以《摩诃婆罗多》中的人物命名，由北向南分别为黑公主神车、阿周那神车、怖军（毗摩）神车、法王（坚战）神车和无种偕天神车。黑公主神车为仿木结构草庐顶方形单层建筑。阿周那神车为方形双层，上有锥形尖顶，开启了南印度神庙的原始形制。怖军神车为长方形单层，上有拱顶。最南边的法王神车方形三层，是阿周那神车的扩大版。独立于西侧的无种偕天神车双层，并带有半圆形后殿。五座建筑形制不同，而其旁还雕有大型的大象、瘤牛等动物。

8世纪初，大力士城附近还建有一座“海岸神庙”，为南印度早期石砌神庙的代表作。该神庙坐落在海滨一块平坦的由石头砌成的长方形基座上，周边砌有低矮的围墙。神庙有三间殿堂，主殿上方是一层层递减、逐渐收刹的方锥体，而门堂上方也有一个稍小稍低的锥形尖顶。

2. 雕刻

帕拉瓦王朝时期，大力士城一带还陆续了开凿了十多座石窟式神庙，上面不仅有廊柱雕刻，还有以许多印度神话为内容的浮雕，各种人物和动物都很生动，有的场面还十分热闹。例如，一座开凿于7世纪中叶的摩希沙曼达波石窟神庙，其壁上有一幅著名浮雕《杜尔伽杀摩希沙》，表现的是往世书神话中杜尔伽女神杀死水牛怪摩希沙的场面，杜尔伽女神骑在狮子身上，10只手臂各执兵器，主要的两手作挽弓射箭的姿势；摩希沙牛头人身，手执金刚杵作躲避后退状；魔军溃败，惊恐万状。场面热烈，人物众多，且十分生动。

大力士城最负盛名的摩崖雕刻是巨幅岩刻浮雕《恒河降凡》。创作于7世纪中期，高9米左右，长约27米。据印度神话，恒河原先是天上的天河，日族的一个祖先幸车王（Bhagiratha）经过千年修行，祈请天河（恒河）下凡。恒河下凡时，湿婆大神用自己的头颅承接天河之水，使大地免遭冲毁，河水从湿婆的头发间流下。雕刻者独具匠心，利用两大岩壁间的天然裂缝作为恒河水流，两侧岩壁上则雕有各种神话人物和动物。岩壁左上方是幸车王苦行的画面，他单腿独立，瘦骨嶙峋，双手交叉于头顶。他的身边是四臂大神湿婆。岩缝间雕有人头蛇身的蛇王和蛇后。右侧的下方是一头巨大的公象和一只体型稍小的母象，它们身边还有小象数只。大象的上方是繁复的神话人物，有天神、精灵、侏儒、修行者、男女飞天等，还有狮子、老虎、羚羊、鹿、猴子、猫、鸟等。其场面之宏大、人物之众多、构思之奇巧，令人叹为观止。

（二）埃洛拉石窟

在德干高原，这一时期，印度教的建筑和雕刻艺术也达到令人称奇，甚至令人震撼的地步。德干地区十分宽广，文物存留下来的很多，这里只能举出其中最具有代表性、艺术成就最高、作品最集中的埃罗拉石窟作简要介绍。

1. 概况

埃洛拉石窟在今印度马哈拉施特拉邦奥朗加巴德市西北约29千米处，离阿旃陀石窟约100千米。埃洛拉石窟群开凿于一个南北走向的新月形山麓的火山岩石壁上，共有34座石窟。现代考古工作者为这些石窟作了编号，顺序是从南到北。第1至12窟为佛教窟，第13至29为印度教窟，第30至34窟为耆那教窟。这些石窟的建筑年代总体上晚于阿旃陀石窟，开凿于6至10世纪。3个宗教的石窟排列在一起，说明当时埃洛拉曾是三个宗教教徒的活动中心，也是3种宗教文化的荟萃之地。

埃洛拉石窟与阿旃陀石窟并列为印度艺术的两大宝库，阿旃陀石窟以壁画闻名，而埃洛拉石窟的建筑雕刻更加有名。

埃洛拉的印度教石窟共17座，约开凿于7至9世纪。其中最早开凿的可能是第29窟，大约开凿于7世纪前半。这是一个十字形的大殿，东西宽45米，南北长70米，属于湿婆神庙，其中的浮雕均表现与湿婆有关的神话。一幅湿婆与雪山神女在凯拉萨山上的浮雕很精美。第21窟开凿于7世纪中期（640至675年），其中有湿婆舞蹈的浮雕，为最早的湿婆舞蹈形象之一。其恒河女神浮雕也堪称印度女性形象雕刻的珍品。第14窟开凿于8世纪前半，其中也有湿婆跳舞的浮雕。第15窟为“十化身窟”，开凿于750年前后，为双层神庙，下层是14根方柱的浅廊，上层是48根列柱的大殿，殿内后壁和右壁均雕有湿婆的各种形象，左壁则是毗湿奴化身故事的浮雕。

2. 凯拉萨神庙

埃洛拉第16窟最为壮美，最具震撼力。此窟又称凯拉萨神庙，是从一整块火山岩上开凿出来的，始凿于8世纪中后期，费时上百年。其工程十分浩大，要按照设计从山岩顶部下手，向下凿空，硬生生地凿出一座巨型建筑，凿出运走的岩石竟达20万吨。从顶部到地面达36米，参观者置身其中，浑觉渺小。

镂空的神庙有四个主要部分，即主殿、前殿、南迪神殿和正门，其气势之恢宏，被誉为“雕刻的建筑”、“岩石的史诗”，不愧为世界建筑史上的一大奇迹。该神庙的设计融合了南北方印度教神庙的风格，而更多的是接受了南印度风格的影响。

神庙的正门是长方形门楼，二层，里面是宽大的庭院，纵深84米，南北宽约47米。庭院侧壁尚凿有另一石窟、三河神殿及列柱回廊。三河神殿雕刻的是三尊河流女神，她们是恒河女神、亚穆纳河女神和萨拉斯瓦蒂河女神。三尊女神像雕刻得非常优美。南迪神殿是一座方形阁楼，上层阁楼安置湿婆坐骑公牛南迪的雕像。南迪神殿的两侧庭院各有一根幢柱，高18米多，方体，上面雕有各种纹饰，顶上承托湿婆的法宝三叉戟。

前殿内是16根柱子的方形会堂，会堂平顶上雕有三重莲瓣的巨大莲花，莲花里面的一重莲瓣内雕有四只雄狮。主殿方形，内部有圣所，供奉有石雕的湿婆林伽。主殿上方是高耸的南印度式高塔，椎体，分四层，高29米多。主殿高塔周围甬道旁还有五间附属建筑。

凯拉萨神庙的各个部位都布满雕刻品，无不精美绝伦。所雕的内容有湿婆的故事，也有毗湿奴的故事，有《罗摩衍那》里的故事，也有《摩诃婆罗多》中的故事。仅其中飞天的浮雕就有很多幅，而且姿态各异，活灵活现。至于湿婆的雕像，也有多种，除林伽外，还有舞蹈的湿婆、战车上挽弓的湿婆等。各种人物雕刻美不胜收。

（三）象岛石窟

象岛在孟买海外约10千米处，因靠近孟买，所以象岛石窟格外著名。

象岛石窟有7座，开凿时间为6至8世纪。其代表石窟为第1窟，为湿婆神庙。一般认为，该窟开凿于7世纪。所谓象岛石窟，往往即指该窟。

该窟正门朝北，在岩石上雕凿了门廊，东西两侧另开出入口。窟内为十字形平面大殿，边长约39米，有列柱20根。大殿西部中央是供奉湿婆林伽的圣所，圣所为独立式建筑，有四门。4座门旁雕有巨大神像，共8尊，高4.75米。这座湿婆神庙又被称为“湿婆之家”，因为神殿的石壁上开凿有9块大型壁龛，各壁龛都是3.35米见方，上刻湿婆神话，分别是“湿婆三面像”、“半女之主”（一半男身一半女身）、“持恒河者”（取材于恒河女神下凡神话）、“舞蹈的湿婆”、“瑜伽之王”（湿婆坐禅的形象）、“湿婆与雪山神女结婚”、“湿婆与雪山神女掷骰子赌博”、“湿婆杀黑暗之魔”和“罗婆那摇撼凯拉萨山”。大殿东西两侧开凿有配殿，里面有很多稍小的浮雕，雕刻有舞蹈的湿婆、瑜伽之主、湿婆之子象鼻神群主、战神塞建陀、七神母、守门神等。

大殿南壁中央有巨大的“湿婆三面像”高浮雕，高达5.44米。3个面孔分别代表宇宙的创造、保护和毁灭，雕工浑厚，被世界公认为印度雕刻艺术的珍品。在“湿婆三面像”的东侧是“半女之主”的大型浮雕，其一半男身代表湿婆，一半女神为雪山神女，寓意为阴阳和合。

（四）北印度

8至10世纪，与南印度和德干地区相比，北印度各地的建筑和雕刻艺术精品不多。有两个地区比较集中地出现了一批建筑和雕刻艺术品，那就是奥里萨沿海的布巴内斯瓦尔和中央邦的卡朱拉霍。这里只谈其前期的建筑和雕刻情况。

1. 奥里萨前期建筑

布巴内斯瓦尔是今天奥里萨邦的首府，古时候，奥里萨南部一带被称为羯陵伽。布巴内斯瓦尔在古代中世纪曾建有许多神庙，据说有7 000余座神庙，而保存至今的尚有500余座。这500余座神庙的修建时间从8世纪中到13世纪中。这里，我们仅对其8至10世纪的主要神庙作简单介绍。这一时期，奥里萨的神庙接受了南方帕拉瓦王朝和德干遮娄其王朝建筑的影响，正在形成奥里萨自己的风格。如持斧罗摩主神庙（Parshurameshvar Temple，约建于750年）、韦塔尔·德乌尔（Vaital Deul，约建于850年）和穆克台斯瓦尔神庙（Mukteswar Temple，建于950~975年）。

其中，穆克台斯瓦尔神庙已经形成奥里萨的典型风格。庙的最前方是一座雕刻相当精美的拱门，往前即进入前殿，由前殿可进入主殿。前殿和主殿紧密衔接，均坐落于石砌的台基上，台基周围都雕刻有各种人物和花卉等图案。前殿正门由两根方形石雕柱支撑，门柱上雕有神像等装饰，门楼上是一头石雕蹲狮。前殿周围用一些玉米状的圆柱体装饰，显得层次很多。前殿顶部有十余层依次收减的尖顶，略高于正门的顶部有石狮。主殿上方是高耸的玉米形高塔，塔顶部有一圆盘，上面承托着一支三叉戟（湿婆的法器）。

2. 卡朱拉霍前期建筑

卡朱拉霍以其神庙群闻名于世，如今已是重要的旅游胜地。那里曾经建有85座寺庙，现存25座，少数早期的神庙修建于900~950年，而中期的大多数修建于950~1050年，少数晚期的则修建于1050~1150年。

卡朱拉霍的早期神庙用花岗岩和砂石混合砌成，其时，卡朱拉霍的建筑风格尚未形成。此类神庙以梵天神庙（Brahma Temple，约建于900年）和马坦盖希瓦拉神庙（Matangeshvare Temple，建于900~925年）为代表。稍后，954年建的罗奇曼那神庙（Lakshmana Temple）是一座供奉毗湿奴的神庙，已经具备了卡朱拉霍神庙建筑风格的要素，整个建筑的5个组成部分已经齐备，这5个部分是门廊、过厅、会堂、主殿和右绕甬道。

第八章

佛教与耆那教文化

在笈多与后笈多时期，佛教和耆那教也创造了各自的文化，成为印度古代文化的重要组成部分。

第一节　佛教的发展

笈多王朝时期，随着印度教的振兴，佛教虽然已经不像以前那么发达，但也得到了一定的发展。这一时期，中国东晋高僧法显访问了印度，目睹了佛教在印度社会的地位和变化。而到了后笈多时期，特别是7世纪中期前后，中国唐代高僧玄奘和义净访问印度时，佛教明显呈现出衰落的景象，戒日王对佛教的赞助可以说是昙花一现，已无力回天。8世纪以后，印度佛教则迅速向密教转变，呈急剧衰落的趋势。即便如此，这数百年间，佛教徒们仍然为印度文化做出了自己的贡献。

一、小乘佛教的发展

（一）法显的记载

在中国，由于长期以来主要流行大乘佛教，所以人们往往会产生一个错觉，即大乘佛教自传入中国的时候起，在印度就占压倒优势，小乘佛教就被压倒了、衰落了。但事实并非如此。大乘佛教兴起以后，小乘佛教并没有就此消亡，而是在继续传播、发展和变化当中。例如，法显在西行时越过葱岭而进入北印度，他写道:“度岭已，到北天竺。始入其境，有一小国，名陀历。亦有众僧，皆小乘学。”不久，法显到乌苌国（又译乌仗那，今巴基斯坦斯瓦特河谷地区），记曰:“佛法甚盛。名众僧住止处为僧伽蓝，凡有五百僧伽蓝，皆小乘学。”到犍陀卫（犍陀罗）国，又记曰："此国人多小乘学。"[①]如是等等。说明当时印度的西北地区流行小乘学说。法显继续前行，所到之处，有的地方仍是"皆小乘学"，有的地方则"杂大小乘学"。从法显的记载看，给人的总体感觉是，当时印度境内大乘和小乘佛学一样流行，而小乘佛教似乎更为流行。

（二）玄奘的记载

关于7世纪30年代印度各地的佛教情况，玄奘有详细记载。季羡林先生曾把玄奘的记载以表格的形式集中、对比，得出如下看法："粗略地看一看：崇信大乘的'国'或伽蓝共有十六个；崇信小乘的有三十七个；崇信大小二乘的有十二个；没有说明或'学无专习'的有十七个。至于信徒人数则无法统计。从单位数字看来，大、小二乘五天竺都有，而小乘的力量，要比大乘强大得多。"《大唐西域记》中，提到小乘的部派有四个，即上座部、大众部、说一切有部和正量部。"在玄奘时代，印度流行的，除了大乘佛教外，小乘就只有以上四部。""总起来看，上座部流行于南方和东方。大众部流行于北方和中部。说一切有部流行于北方、中部和西方。正量部流行于中部、南方、东方和西方，而以中部和西方为主。"[②]

数十年后，义净访问印度，看到小乘佛教的四个派别，与玄奘所说的情况是一样的。

（三）主要人物与著作

小乘大众部系统的理论与大乘佛教的学说有密切关系，被认为是大乘佛教思想的先驱。他们在对佛陀的认识上突出其超人的神性，认为他离情绝欲、寿量无边、威力无比。说一切有部对佛法也有不同看法，不仅认为过去法和未来法没有实体，而且认为三世法都是"言说"（即说说而已），一切事物都无实体。如此，大众部系统的一些部派对诸法的分析有许多内容都与大乘佛教的观点比较接近。

小乘佛教在理论上也有一些变化。其中较引人注目的是说一切有部系统中的著作《俱舍论》以及与经量部有关的《成实论》。

---

① 法显撰、章巽校注：《法显传校注》，上海：上海古籍出版社，1985年版，第26、33、36页。

② 玄奘、辩机原著，季羡林等校注：《大唐西域记校注》，北京：中华书局，1985年版，前言第81、83页。

1. 世亲及其《俱舍论》

关于世亲（Vasubandhu，旧译婆薮槃豆），学界历来有不同说法，一说其生活年代为320~400年，一说为420~500年，还有400~480年说。甚至有人认为有两个世亲，一个是《俱舍论》的作者，一个是大乘瑜伽行派的论师。但一般认为，这两个世亲是一个人。据《婆薮槃豆法师传》，世亲为北印度富娄沙城（今巴基斯坦白沙瓦）人，最初从说一切有部老师出家，学习的是小乘佛学，后来对小乘典籍《大毗婆沙论》有深入研究，并为别人宣讲解说，然后将心得记录下来，日久成书，这就是著名的《俱舍论》。此书有两个汉译本，一是南北朝陈代真谛翻译的22卷本《阿毗达磨俱舍释论》，另一是唐代玄奘翻译的30卷本《阿毗达磨俱舍论》。

《俱舍论》分为九品:《界品》、《根品》、《世品》、《业品》、《随眠品》、《贤声品》、《智品》、《定品》和《破执我品》。此论较全面地反映了说一切有部的学说，又吸收了经量部的观点，尤其坚持了说一切有部主张的“法有”理论，并对诸法的形态作了系统的分析，是小乘佛教中解释佛教名相较为全面和系统的重要理论著作。

2. 诃梨跋摩的《成实论》

一般认为，诃梨跋摩（Harivarman，意译师子铠）生活于4世纪。据汉文大藏经中的资料，他是中印度人，婆罗门出身，拜师于说一切有部，后改学于大众部，实际上是大小乘兼修。《成实论》原有两个汉译本，而现存的只有后秦鸠摩罗什的译本16卷，梵文本则早已不存。

《成实论》有202品，其内容分为“五聚”：发聚（三十五品）、苦谛聚（五十九品）、集谛聚（四十六品）、灭谛聚（十四品）和道谛聚（四十八品）。

从整体上说，《成实论》属于小乘学派的著作，但深受大乘佛教般若思想的影响。以前的说一切有部主张“我空法有”，而《成实论》则提出了“我法两空”或“一切皆空”的理论。但这个“空”又与大乘佛教的“空”有本质上的不同，属于缺乏中道意识的小乘佛教的“偏空”。

二、大乘佛教的发展

（一）新经的出现

约公元3世纪以后，印度又出现了一批新的大乘经典，这些经典为大乘佛教中瑜伽行派的形成及后来印度佛教的发展起到了承前启后的重要作用。这类新的经典主要有《大般涅槃经》、《胜鬘经》、《解深密经》等。它们既与早期大乘经典有紧密关联，也有其自身的若干特点。这就使它们起到决定大乘佛教以后发展方向的作用。

1.《大般涅槃经》

该经的梵文本已经佚失，现仅存两叶残片。但有汉译本和藏译本传世，而汉译本又有多种。

该经谈论了佛与法的关系，提出“佛身常住”的观点，认为佛身与一般的凡人身不同，佛身即“法身”，是佛法的载体，是常住不坏的。该经还讨论了佛性的问题，主张一切众生皆有佛性，包括“一阐提”（断善根者）也能成佛。这既是对种姓歧视的反对，也是对先天恶根说的批判。此外，经中对佛教的涅槃观念也提出了新见解，认为常、乐、我、净的状态是大涅槃，即大般涅槃，而无常、苦、无我、不净则是世俗间的现象。

《大般涅槃经》提出的这些理论和观念对修行者是一种鼓励和希望，对提高信徒修习佛法的信心有好处，同时也向世人宣传了涅槃境界的美好，对扩大佛教的影响有积极意义。

2.《胜鬘经》

该经目前尚未发现梵本，仅有汉译本和藏译本。汉译本现存两种，以南朝刘宋求那跋陀罗译本为流行。

该经主要阐述的是佛教“如来藏”思想。“如来藏”，主要是指众生的佛性或成佛的可能性。由于众生的清净心往往被贪、瞋、痴等烦恼遮蔽，所以人们发现不了自身所具有的佛性。该经认为，一切众生均具如来藏，即每人自身均具有佛性，均有成佛的可能，所以众生都要勤修功德，开发自身潜力，去除烦恼，即可成佛。该经还提出了“一乘真实”的思想，认为只有佛乘是真实的，其余的三乘——声闻乘、缘觉乘和菩萨乘并不具有实在性，因而它们之间也没有什么本质上的差别。

3.《解深密经》

该经无梵文本，存汉译本和藏译本。汉译本自南北朝至唐共5译，以唐玄奘译五卷本为流行。该译本分八品:《序品》、《胜义谛相品》、《心意识相品》、《一切法相品》、《无自性相品》、《分别瑜伽品》、《地波罗蜜多品》、《如来成所作事品》。

该经第三品论述了世间诸法的三种性相，对心意识作了分析，这对于后来瑜伽行派的理论影响很大。该经之所以在印度大乘佛教的发展中占有重要地位，主要体现于它提出了一些此前的大乘经论未曾提及的思想，在大乘经典中首次较系统地提出了唯识思想。这就为瑜伽行派的彻底唯心主义理论体系的建立起到了先导的作用。

（二）瑜伽行派的形成

继龙树和提婆的中观派[①]，即大乘空宗之后，大乘佛教中又出现了一个重要派别——瑜伽行派。瑜伽行派形成于公元4世纪左右，又称唯识派、唯识宗、大乘有宗，或简称有宗。据传说，该派的创始人为弥勒（Maitreya）。但弥勒其人是否真有，学界还没有定论。根据佛教传说，弥勒是释迦牟尼的弟子，先于释迦牟尼涅槃，升入兜率天，成为未来佛。而流传下来的佛教典籍中确有不少是署名为弥勒的，如《瑜伽师地论》、《辨中边论》等。故有人以为，这些著作是无著（Asanga）假托其名而作。

无论如何，瑜伽行派的出现是这一时期大乘佛教的重要变化。从此，大乘佛教的空、有两宗既对立又统一，上演了一幕幕有声有色的悲喜剧。

1. 无著与世亲

瑜伽行派的主要理论最先是由无著和世亲阐述的。无著与世亲是亲兄弟。无著年长，先在小乘说一切有部出家，后来改信大乘佛教。据说他接受了弥勒的观点，经常去兜率天向弥勒请教问题，研习弥勒的《瑜伽师地论》。他的主要著作有《金刚般若论》、《大乘庄严经论》、《显扬圣教论》、《摄大乘论》、《顺中论》、《大乘阿毗达磨集论》、《六门教授习定论》，等等。

前面说过世亲的《俱舍论》，属于小乘佛学作品，而他的大乘佛学作品主要有《大乘五蕴论》、《唯识二十论》、《唯识三十论颂》、《摄大乘论释》、《师地经论》、《大乘成业论》、《佛性论》、《大乘百法明论》等。

可见，瑜伽行派制作的论典极多，而其代表性的著作是署名弥勒的《瑜伽师地论》、无著的《摄大乘论》和世亲的《唯识三十论颂》等。

2. 理论要点

瑜伽行派的理论极为复杂，最主要的理论有“八识”、“四分”、“五位百法”等。

“八识”是瑜伽行派在讲述唯识理论时对“识”作的分析。通常认为，人有

① 有关介绍见本书第五章第四节第二小节。

六识，即眼、耳、鼻、舌、身、意，即6个方面的认识功能。人可以通过这6种途径获得知识。但瑜伽行派认为，识有8种，即眼识、耳识、鼻识、舌识、身识、意识、末那识、阿赖耶识。其中，末那（mana）的本意是心，因此末那识与意识不好区分。而阿赖耶识（Alayavijnana，又译无没识、种子识等）被认为是根本识，它包含着形成各种生命形态的种子。前六识分别执取的对象是色、声、香、味、触、法。末那识起的作用是联系阿赖耶识与“我”，使人产生种种烦恼。而阿赖耶识为八识的核心，是世间万物产生的根源，也是其他识得以存在的依据。在这个基础上，瑜伽行派提出了“万法（世界万物万象）唯识”、“唯识无境”等观点，彻底否定了客观世界的真实存在。

瑜伽行派中对识的功能作了划分，提出了“四分”的理论。四分是“见分”、“相分”、“自证分”和“证自证分”。见分是认识主体把握对象的能力；相分指被认识的对象；自证分是对见分、相分相互作用的认证；证自证分是对自证分作用的进一步认证，或最终认证。但不管怎样，在瑜伽行派看来，主客观世界都是认识的产物，万法唯识。

“五位百法”是瑜伽行派对世间万物万象的划分办法。这一理论把世界上的诸法分为五大类，称为“五位法”，即心法、心所有法、色法、心不相应行法、无为法。五位法之下又细分为一百种，称为“百法”。划分虽然很细，种类也很多，但瑜伽行派认为，它们都是心法的产物，万法唯识，一切皆空。

第二节　佛教的衰落

其实，笈多王朝时期，佛教已出现衰落迹象。而到七八世纪，虽然出现了中国僧人去西天取经的高潮，但印度佛教的衰落景象日益明显，只是当时的中国佛教徒不愿意接受这一点而已。密教的兴起，可以认为是诸多衰落景象之一。

一、密教的兴起

（一）陀罗尼密教

陀罗尼（Dharani，本意为执持，此处指记忆）在大乘佛教初期，即2世纪时已在佛教中广泛流行，并与咒术相结合，逐渐成为一种具有神秘力量的语言或声音（甚至是不发声的默念）。在其成为一种修行法门后，逐渐独立发展，成为原始的密教——陀罗尼密教。据我国学者吕建福先生研究，陀罗尼密教形成的标志是《无量门微密持经》的出现，时间在二三世纪，因为其汉译本在3世纪已经译出[①]。该经不再把陀罗尼作为一种修行法门，而是以陀罗尼为中心、为修行的目的和证悟的境界。到南北朝时期，陀罗尼文句开始不用意译，而采用音译，彻底将其文句神秘化，给人以陀罗尼万能的感觉。大约三四世纪，陀罗尼密教的发展达到高潮。其最早的流行地区在南印度，后传至西印度，再经过西域传到中国，故最早来华翻译陀罗尼密教经典的都是贵霜人。

陀罗尼密教依附于大乘佛教，而又相对独立地发展。即便在佛教后期的金刚乘时期，陀罗尼仍被大量使用，不断被创造，并不断被编辑成书。

（二）持明密教

持明密教（Vidyadharaniyana），又称持明乘、持明教等，印度密教的一个发展阶段，时间在4~7世纪间。

据学者吕建福先生研究，当陀罗尼密教发展到四五世纪，有人将“手印”（mudra）与陀罗尼相配，并在此基础上增加了供养法、像法、曼荼罗法、护摩法、灌顶法、成就法等，逐渐形成一整套完备的密法体系，此即继陀罗尼密教之后形成的早期密教——持明密教。这一时期的持明密教经典大都是由陀罗尼密典和大乘经中的陀罗尼品等相关内容改编而成。其各种修法，多注重烦琐的仪轨。如供养法，即向诸佛供养鲜花、石蜜浆、葡萄浆、蜜浆、乳汁等。像法，指绘制诸佛、菩萨等神像。曼荼罗法，指建立坛场，设置诸佛、菩萨尊位，按照仪轨膜拜。护摩法，为举行火祭仪式，祈求神通成就。灌顶法，指膜拜者以净水为佛像沐浴，师尊（阿阇梨）为弟子举行灌顶的仪式。成就法，指通过各种仪式，加上手印和念诵咒语等，祈求神佛给予超凡的神通力，如天眼通、天耳通等。在持明密教中，神灵体系趋于完备，神灵的数量明显增加，有佛部、菩萨部、金刚部、诸天部、药叉部、龙王部等。观音信仰在持明密教中得到扩张，在吸收婆罗门教和民间神灵形象的基础上，观音由慈眉善目转变为忿怒形象，出现了十一面观音、千手千眼观音、马头观音、不空羂索观音、如意轮观音等异相观音。《密迹金刚力士经》等的出现，将金刚力士进一步神化，使之成为具有无比威力的护佛护法、降妖伏魔的大神。持明密教中增加了一些女神，佛部中有佛眼佛母，菩萨中有多罗菩萨，诸天部有功德天女、吉祥天女、摩利支天女等。这一切，都为密教向真言乘和金刚乘的发展奠定了基础。

① 吕建福:《中国密教史》，北京：中国社会科学出版社，2011年修订版，第32页。

二、真言乘

真言乘（Mantrayana），又称真言教、真言道、真言门、真言行等，密教的一个发展阶段，以真言大量应用于曼荼罗为显著特点。约7世纪形成于印度，8世纪传入中国及中国西藏。

（一）《大日经》

真言乘的形成以《大日经》的出现为标志。《大日经》是真言乘的根本经典，是对陀罗尼密教和持明密教的总结，并建立了一套密教本派学说和教义体系，把密法组织得更加完备，而且赋予佛教理论上的内涵，对后来的密教产生了深刻影响。《大日经》的教义可以概括为三句话，即其《住心品》所说的，菩提心为因，大悲为根本，方便为究竟。一行阿阇梨在《大日经疏》卷一里作了解释，认为这是一个因果循环的体系："犹如世间种子，籍四大众缘，故得生根，如是次第，乃至果实成熟，名为究竟。""如从种子生果，果还成种，故以为名也。"在修炼中，真言乘密教强调身、口、意三业和合。为此，《大日经》卷四《密印品》则将真言与手印相应，即每一手印都有一相对应的真言，做手印时必诵真言。手印为身业，真言为口业，观想为意业。这样，一面做出手印，一面口诵真言，一面心中冥想，就达到了三业合一的境地。这就是真言乘修法的关键要领。而建立曼荼罗，只是其前奏和铺垫，是营造一个富于氛围的场所。

真言乘崇拜的主尊为大日如来，即毗卢遮那（Vairocana）佛。大日如来与印度古代日神崇拜有关，也与印度教大神湿婆（其一个名号即毗卢遮那）有关。而佛祖释迦牟尼的祖先即崇拜太阳，认为释迦族出于印度古老的太阳世系。故在《杂阿含经》中，已经有光明之神毗卢遮那。四五世纪时，毗卢遮那已经大量出现于佛经。尤其是《华严经》，已经将毗卢遮那作为法身佛崇拜。

（二）胎藏界曼荼罗

真言乘的胎藏界曼荼罗是一个大型的综合性曼荼罗，其中既包括供养法和画像法，也包括护摩法和成就法，仪轨烦琐、周密。真言乘在胎藏界曼荼罗中组织了一个完整的诸神谱系，提出了"五佛"的概念，并确立了大日如来的中心地位。其余的四佛也均见于先前的佛经，分别为东方宝幢佛、南方开敷华佛、西方无量寿佛和北方不动佛（一说天鼓雷音佛）。除佛部外，《大日经》还列出莲花部和金刚部诸神，并突出了女神的地位。真言乘独领风骚不久，即被几乎同时兴起于南印度的金刚乘所取代。但真言乘的核心义理和修行方法，尤其是曼荼罗法及真言、手印，犹流传很久，影响很大。

真言乘在中国的传播始自善无畏。善无畏于724年译出《大日经》6卷，725年又译出《大日经供养法》1卷，合为7卷。《大日经》开始在中国传播。同时，善无畏在唐朝宫廷内外广收门徒，其门徒中传承其真言密法的弟子主要有中国人一行，以及新罗人玄超、义林和不可思议。一行主要著《大日经疏》20卷，不可思议主要著《大日经供养法疏》20卷。

三、金刚乘

金刚乘（Vajrayana），又称金刚教、金刚法门、瑜伽教、瑜伽宗、瑜伽法门等。印度密教后期阶段的统称。有时用以统称密教。

（一）《金刚顶经》

金刚乘的形成以《金刚顶经》的编纂为标志。《金刚顶经》并不是一部经，而是指一个庞大的经文体系，由多部佛经组成，其形成过程也比较漫长。《金刚顶经》的最初形式为《真实摄经》，约7世纪中叶编定于南印度。8世纪初形成了《金刚顶经》的系列，其中包括一些仪轨和释文，金刚乘至此而初具规模。8世纪中叶，金刚乘有很大发展，《金刚顶经》由最初几千颂的《真实摄经》发展到由“十八会”组成的一套丛书，即由佛、菩萨在18个不同集会场所演说的金刚顶法门。金刚乘至此完成了理论建设，形成了完整的修行法。其中，供养法、画像法、曼荼罗法、印法、真言法、成就法等，一应俱全。其曼荼罗称“金刚界曼荼罗”，又称“九会曼荼罗”，即由9个部分组成的综合性大曼荼罗。

（二）金刚乘的发展

金刚乘至9世纪进入其发展鼎盛时期。9世纪后期，作为其发展的新阶段，“大瑜伽密教”形成。吕建福先生认为：“这时期的金刚乘中大乐思想很突出，将贪嗔痴三平等，说五欲性解脱，瑜伽观想代替了实际休息。其经典称为‘怛特罗’，其教法称为大瑜伽，这就是大瑜伽密教。”[①]怛特罗，汉传佛教仍译为“经”，藏传佛教则译为“续”。10世纪，金刚乘中出现一个新的流派，即无上瑜伽（Anutarayoga），或称无上金刚乘。该流派吸收印度教左道修法，主张简单易行、顺其自然、男女双修，因此该派又称易行乘、自然乘（Sahajayana，旧译俱生乘）。11世纪，金刚乘的无上瑜伽派中又分化出一个新派别——时轮

① 吕建福：《中国密教史》，北京：中国社会科学出版社，2011年修订版，第63页。

乘，又称“无二瑜伽”或“终极瑜伽”（Atiyoga）。至此，佛教被印度教严重渗透甚至改造，进一步呈现出衰落景象。

金刚乘的初期经典于8世纪由金刚智译为汉文，此后不空金刚又写出《十八会指归》介绍这18部经的主要内容。《金刚顶经》的18部经中，仅第一、第四、第六、第八部有汉文节译，也有部分被译为藏文。大瑜伽密教的怛特罗在10世纪末11世纪初被译为汉文，大约同一时期，也出现了多种藏文译本。无上瑜伽派的怛特罗也于11世纪初传入中国内地和西藏。时轮乘的主要经典则主要流传于藏传佛教流行的地区。

天竺僧金刚智最早来华传播金刚乘密法，其主要弟子有一行、义福、不空等。不空为中国四大译经家之一，所译以密教经典为主。他于译经的同时，还为门徒传授金刚乘密法，是中国佛教密宗的实际创始人。其弟子有百人，追随者数千。得其密法真传的主要有6人，即含光、慧超、惠果、慧朗、元皎、觉超，号称“六哲”。其中，慧朗继承不空衣钵，主要在大兴善寺弘法。含光为印度人，在五台山传法。惠果（746~805）为青龙寺僧，成就最高，不仅受到两朝皇帝优渥，还将密教传至日本、新罗和南洋等地。

藏传佛教中，金刚乘密法的传播更加广泛，其各个派系均显密等修，当内地密教传承中断、印度一侧佛教覆灭后，藏传佛教的密宗仍然兴旺，至今不衰。

（三）易行乘和时轮乘

易行乘（Sahajayana），又称自然乘，旧译俱生乘，印度密教金刚乘后期出现的一个主张简便易行的流派。

10世纪，佛教受到印度教的进一步渗透，尤其受到印度教性力派的影响，内部出现了一个“无上瑜伽派”。他们强调世界一体、平等无二，修行者追求与佛平等，即身成佛。他们主张放弃一切烦琐的仪轨，在修行中顺其自然。主张采取世俗间男女交合的方式达到与佛同等的境界。在印度，修行者打破种姓和民族界限，寻找异性修行伙伴。修行中想象自己是佛或金刚，异性伙伴为明妃或莲花，二人合作以获得“大乐”。该派经典称“母怛特罗”，汉译仍称为“经”，藏传佛教称为“母续”，以区别于此前大瑜伽的“父怛特罗”（“父续”）。该派经典主要有《胜乐》、《喜金刚》、《佛顶》、《四座》、《大幻化》、《大印明点》等，均为藏传佛教译名。其教法也在11世纪中期流行于中国西藏。汉译此类经典有《大悲空智金刚大教王仪轨经》（藏文译为《喜金刚本续》）、《一切秘密名义大教王经》和《秘密相经》等，均由北宋初期来华的译经家法护译出。但由于儒家传统势力的牵制，其教法未能在内地流行起来。

时轮乘（Kalacakrayana），印度密教末期兴起的一个流派。印度密教金刚乘后期，即10、11世纪，开始流行终极瑜伽（Atiyoga，或译无二瑜伽）的修行法，这一流派又被称为时轮乘。时轮乘论者崇拜时间和象征时间的车轮。该派认为，时间是永恒的，轮回是永恒的，是宇宙的根本法则。宇宙的终极存在是本初佛。修行的根本目的是要使自己成为本初佛。该派的主要经典是《时轮经》，最早于11世纪初译为藏文。时轮乘主要在藏传佛教地区流行。

四、佛教在印度消亡

（一）内部原因

1. 部派林立

在释迦牟尼身后，由于佛教内部丧失了权威人物，不得不借重佛的教诲来维持团结。但对于经、律的理解不同，立时便出现不同观点，分化出不同派别。而这些派别有进一步分化，竟达到“十八部”之多。

到公元二三世纪，大乘佛教兴起，使印度佛教又一次出现大分化，虽然到7世纪时小乘佛教已被整合成4个派别，但大小乘佛教中都鱼龙混杂，在强大的外部势力面前，不能形成一致对外的力量。

2. 僧伽的负作用

在印度历史上，分裂多于统一，民心涣散、我行我素已经形成常态。在这种情况下，僧团组织有利有弊。利在有一个集体可依靠，作为皈依者的庇护所。它也存在弊病，一方面有许多人不愿受僧团戒律的严格束缚，宁愿充当头陀，四处云游。另一方面僧团的人往往拥有很多财产，容易脱离民众。

3. 理论的艰深

在原始佛教之后，一些佛教理论家把佛教理论越搞越深，甚至把教义当成少数人的学识，闭门造车、坐而论道，不为民众所接受。况且，经、律的编订不是在佛陀在世时完成的，这又给造假者打开方便之门，致使疑伪经不断涌现，十多个世纪绵绵不绝。艰深混乱的理论和多如牛毛的仪轨都不利于佛教的发展。

4. 缺乏带头人

在贵霜王朝之后，虽然出现了不少著名佛教人物，但多为理论家，缺少政治活动家和社会活动家，因而没有打开局面，也不能振兴佛教。虽然也有人想振兴佛教，但却走偏了道路，反而使佛教日益向婆罗门教靠拢，试图融合外道，却造成自身的混乱和倒退，最后被婆罗门教吞并。

（二）外部原因

1. 当权者的态度

历史已经证明，佛教的发展与当权者的态度关系密切。原始佛教的发展，在很大程度上依赖于当权者的支持和赞助。而在佛陀去世以后，又有阿育王、迦腻色迦王的支持和赞助，所以佛教在印度风行一时。但是在贵霜帝国崩溃以后，笈多王朝诸王不再信奉佛教，虽然没有刻意打压佛教，但抬举婆罗门教，也就在客观上压缩了佛教的发展空间。自笈多王朝开始，佛教一路走下坡路。波罗王朝期间，国王扶持佛教，使之在局部地区兴盛一时，然而佛教进入金刚乘阶段，已不堪扶持。

2. 民众的态度

印度民众多数并不信仰佛教。即便在佛教的鼎盛时期，如阿育王时期，社会上的佛教徒也不占多数。其余的时期更不消说。后期真言乘、金刚乘阶段，一些人试图挽回颓势而采取简便易行的做法，以期吸引民众，但内部的混乱其实不能改变民众的看法。

3. 异教势力的增长

婆罗门教有悠久的历史，虽然没有僧团组织，却在民间扎根，而且包容力极强。一旦出现商羯罗那样的理论家和实践家，婆罗门教便得到改革，再经过开始于南方的虔诚运动，婆罗门教得到振兴，从各个方面向佛教进逼。在婆罗门教不间断的攻势下，佛教终于被婆罗门教吸纳。

4. 外来民族的打击

后期佛教偏安于印度东北地区，但穆斯林的进入已势不可挡。13世纪初年，由于佛教的中心那烂陀寺和超岩寺等被突厥穆斯林付之一炬，佛教徒要么被杀，要么远走他乡，要么转身变成婆罗门教信徒。印度佛教在本土基本消失。

第三节　佛教文学与艺术

一、文学

印度佛教文学的早期作品，我们已经在前面作了简介。到大乘佛教初期的1~3世纪，仍有一些作品传世，我们在前文也有简介。但是，4世纪及其以后数百年间，有一些作品可能写成或编订于这一时期，却极少见到文学性很强的作品。下面仅选《华严经·普贤行愿品》略作介绍。

8~11世纪，印度佛教进入金刚乘时期，金刚乘的成就师（悉陀）们创作了不少用俗语写成的修行诗，文学性较强，这里也予以简介。

（一）《华严经·普贤行愿品》

1. 关于译本

《华严经》，全称《大方广佛华严经》，先后有3个汉译本：

（1）60卷本，东晋佛驮跋陀罗（359~429）译出于421年。据《高僧传》卷二，此经梵本系支法领得自于阗（今中国新疆和田一带），而支法领为慧远弟子，活动于4世纪后半至5世纪前半，其带回的《华严经》梵本3.6万颂，说明此经早在佛驮跋陀罗开译（418）之前已经带回中原，估计其写本的时间不会晚于3世纪末。此本共34品。

（2）80卷本，由实叉难陀于武则天证圣元年（695）开译，圣历二年（699）完成。据译本前武则天《序》称，其梵本亦在于阗，是她前不久派人刚刚迎取回来的。说明此梵文本至迟抄写于7世纪后期。此本共39品。

（3）40卷本，由般若译出，经题有副标题，曰《入不思议解脱境界普贤行愿品》（以下简称《普贤行愿品》），说明此经虽然卷帙宏大，却只是《华严经》中的一品。故只分卷不分品。事实上，40卷本是60卷本《华严经》的《入法界品》的扩写。60卷本的《入法界品》占17卷，80卷本已扩张至21卷。40卷本不仅增加了内容，而且还将《入法界品》改名为《普贤行愿品》。

2. 关于译者

般若（734~？），又称般刺若，意译智慧。据《宋高僧传》卷三、《大唐贞元续开元释教录》卷上、《贞元新定释教目录》卷十七、《大乘理趣六波罗蜜多经》序等，般若为北印度境迦毕试国（在今阿富汗）人，一说罽宾（今克什米尔）人。40多岁从海路来华，唐德宗建中三年（782）到达长安，开始译经。贞元六年（790）因译经成就突出，德宗赐其“般若三藏”名号以及紫袈裟，时年57岁。后奉敕出使迦湿弥罗国，贞元八年返回长安。贞元十年巡礼五台山。贞元十二年六月奉命于崇福寺宣译《大方广佛华严经》，十四年二月完成，40卷，即所谓《四十华严经》。此后又译出佛经多部数十卷。般若去世于洛阳，葬于龙门西山，卒年不详。

由以上材料可知，般若译此经用了近4年时间，完成于8世纪末。并由此可以推知，此梵本至迟当形成于8世纪。

3. 主要内容

经中，佛在舍卫城逝多林（祇园），面前是五千菩萨，佛向他们展示法界[①]，引导他们进入法界，所以这一品就叫作《入法界品》。

佛入三昧已，他的大庄严楼阁，忽然向四方扩展，覆盖了整个宇宙：

> 于时此大庄严楼阁，忽然之间，高广严丽，遍周法界。金刚为地，众宝严饰，如意宝网、无能胜幢，列布其中。无数宝华，及众摩尼，普散其上。一切宝聚，处处盈满。毗琉璃宝，以为其柱，光明照世；摩尼宝王，以用庄严；阎浮檀金，及诸摩尼，周遍严饰。一切众宝，门闼窗牖，含辉交映，相望间列。阶墀轩槛，一切皆以妙宝庄严。奇形异像，如诸世主。一切众生，种种相海，摩尼宝网以覆其上。于诸门侧，悉建幢幡。一一严事，各各流光，遍周法界。[②]

由于佛陀的神通力，一类微尘能显现出整个法界；一个毛孔，能显示一切过去佛和未来佛，也能显示出整个法界：

> 如来神变，能以一身，普遍一切诸佛世界。不思议故。如来能以神力普令十方一切诸佛及佛国土，皆入其身。不思议故。如来能于一极微尘中，普现一切差别世界。不思议故。如来能于一一毛端，现过去际一切诸佛，出兴次第。不思议故。如来能于一一毛孔，放大光明，一一光明，悉能显照一切世界。不思议故。如来能于一一毛孔，出一切佛刹极微尘数变化云，充满一切诸佛刹土。不思议故。如来能于一一毛孔，普现十方一切世界成住坏劫。不思议故。[③]

在佛与诸菩萨展示了许多奇迹之后，文殊菩萨在舍卫城告别佛陀，前往南方。

到第四卷，本经的主角，商人之子善财童子出场，听文殊说法。因善财童子有前世功德，文殊菩萨特地为他开导，告诉他必须不断地就教于善知识，发

---

① 法界（Dharmadhatu），佛法的境界。大乘以佛为最高神，最高实在，故其境界为最高境界——法界。

② CBETA, T10, no. 293, p. 662, b3–17。

③ CBETA, T10, no. 293, p. 662, c19–p. 663, a18。

菩提心，遵菩萨行。然后是善财童子“五十三参”，即一一参拜各位大菩萨、比丘、长者、居士、天神、童女、天女、摩耶夫人，等等，寻求教导。每一位善知识都讲解一番道理。其中重要的菩萨是四大菩萨：文殊、弥勒、观音和普贤。

在经过弥勒的教导之后，善财童子心中的障碍消除，生大慈悲心和大菩提心。善财童子又回到文殊菩萨处，文殊教导他修习普贤行。最后善财童子参谒普贤，看见普贤菩萨显现的神通力。普贤给善财童子摩顶，使他获得了等同佛陀的神通力。

正因为有普贤的教导和演示，以及结尾部分普贤吟唱了菩萨行愿的偈颂，赞美如来，皈依佛陀，所以该品又被称为《普贤行愿品》。

4. 艺术评价

关于对这部经的评价，英国学者渥德尔说：“《大方广佛华严经普贤行愿品》是一本文学杰作，是一切大乘经中最值得读的，差不多可以说是唯一的一本照实际计划组织得很均衡的艺术作品。循序渐进引导读者向前，而严肃的散文风格使人印象深刻地与包孕着整个宇宙及其不可思议本性的景色保持一致。精细的描写，丰富的比喻，和形象化的语言，标志着这是一部艺术作品，事实上它是一本具有高度想象的宗教小说，虽然它以一本佛经的态度开场。”[①]这个评价很高，甚至过高。因为在佛经中类似的铺张写法很多。经中的确使用了大量的比喻（譬如），有的比喻比较新颖，如：

> 譬如有人以师子筋而为乐弦，其音既奏，余弦悉绝。菩萨摩诃萨，亦复如是。以如来师子波罗蜜身菩提心筋，为法乐弦，其音既奏，一切五欲，及以二乘诸功德弦，悉皆断灭。[②]

有些地方集中大量的比喻，表现了作者的耐心和想象力，如：

> 菩萨因善知识，常能增长一切善根。譬如雪山生长药草，因善知识成佛法器；譬如大海吞纳众流，因善知识成功德处；譬如大海出生众宝，因善知识净菩提心；譬如猛火能炼真金，因善知识出诸世间；如须弥山出于大海，因善知识不染世法；譬如莲华不着尘水，因善知识不受诸恶；譬如大海不宿死尸，因善知识增长白法；譬如白月渐次圆满，因善知识照明法

① 渥德尔著：《印度佛教史》（王世安译），北京：商务印书馆，1995年版，第392页。

② CBETA, T10, no. 293, p. 828, c6–11。

界；譬如盛日照四天下，因善知识增长大愿；譬如父母养育婴儿……[①]

大量的比喻，大量的排比句式，经中比比皆是。初读尚感新颖，复读则嫌繁复。有些甚至繁复得令人生厌，如卷九："所谓佛陀罗尼门，法陀罗尼门、佛刹陀罗尼门、众生陀罗尼门、普遍陀罗尼门、过去陀罗尼门、未来陀罗尼门、现在陀罗尼门、常住际陀罗尼门、福德陀罗尼门、福德聚陀罗尼门、智慧陀罗尼门、智慧聚陀罗尼门。……"一口气竟然列出139个陀罗尼门。

5. 后世影响

在印度，《华严经》对催生密教起到重要作用。《华严经》中已经具备了真言乘和金刚乘的一些要素。

（1）佛的概念已经从人演变为神，佛身已经不再是肉身，而演化为永恒不灭的法身，毗卢遮那的形象已经出现，在密教中他将成为佛的法身，而居于诸佛的首位。

（2）菩萨众多、护法神众多、女神众多，为真言乘和金刚乘的曼荼罗神殿做好了组织上的准备。

（3）反复强调菩提心的作用，强调慈悲，强调身、口、意的方便修行，为真言、金刚两乘提供了最根本的理论依据。

（4）反复强调佛和菩萨的瑜伽神通力，为密教的神通成就追求做好了准备。

在中国，善财童子的故事对后世影响很大。善财童子五十三参的故事在宋代曾被大臣张商英做成连环画在民间推广。在宋代笔记、元明宝卷，以及明代的小说中，典型者如《西游记》中，也出现了善财童子的形象，作为观音菩萨的胁侍，以致家喻户晓。而在小乘佛教流行的国家，如泰国，还有善财童子与紧娜丽（紧那罗女，天龙八部之一）的爱情传奇长诗流传，这部长篇传奇诗也在中国云南的傣族地区流传。

（二）悉陀文学

印度文学界通常把8至12世纪的印度佛教文学分为两种，一种叫"悉陀文学"（Siddha Sahitya），另一种叫"那特文学"（Nath Sahitya）。而实际上，确切地说，这两类文学应该叫作"密教文学"或者"怛特罗文学"。理由有三：第一，当时在印度的各个宗教中都流行怛特罗修行法，并非佛教中独有。第二，

---

① CBETA, T10, no. 293, p. 814, a6–16。

当时的佛教已经被印度教渗透，内部出现了许多印度教修行法。第三，所谓“那特文学”其实并非严格意义上的佛教文学，只是因为佛教中保留了相关资料而已。

下面即根据薛克翘、唐孟生、姜景奎和印度专家拉盖什·沃茨合作的《印度中世纪宗教文学》的有关部分[①]，对这两类文学作简要介绍。

所谓“悉陀文学”，是指佛教金刚乘系统的悉陀（Siddha，成就师）们用阿波布朗舍语[②]写的双行诗（doha）和修行诗（caryapad）。悉陀们认为自己的修行目标不再是获得智慧，而是要获得感觉和体验，获得神通成就。他们大力强调，可以通过密教的方式证悟和体验“极乐”（又叫“大乐”），而极乐才是精神的最深层次或最高境界。

1. 社会背景

悉陀们并不是公开宣称自己是文学创作者，诗歌创作并不是他们的职业。他们只不过是向着社会不公发出呐喊。在他们的作品中，在描绘生活体验的同时，还宣扬他们的宗教信仰。金刚乘发展的时期，印度社会充满了不平衡，封建主拥有强权，高等阶级把学习吠陀作为教育的根本，妇女和首陀罗没有学习吠陀的权利。而另一方面，与此相反，学习密教对他们来说既方便又不受限制，因此，密教修行得到流行。而且密教修行不局限于佛教内部，在耆那教和印度教中也广泛传播。修炼密教，成为百姓获取知识的另外一个渠道，这是个实践和体验的传统，它认为书本上的知识是不完整的。通过佛教与印度教的交流，结果是佛教的削弱，密教把佛教和印度教的距离拉近了，使彼此的认同感加强。可以说，印度教性力派和佛教密宗在宗教地位上是不相上下的。这恐怕就是许多印度教徒把佛教看作印度教的一个分支的原因之一，是印度教吸纳佛教的前奏。

从文学的角度看，有两位悉陀的成就最突出，即萨罗诃巴（Sarahapad）和坎诃巴（Kanhapad）。有人说萨罗诃巴是8世纪人，但在他名下的主要作品《双行诗库》是用阿波布朗舍语写成，有人认为这些诗歌的写作要晚至10到11

① 薛克翘、唐孟生、姜景奎、[印] Rakesh Vats著：《印度中世纪宗教文学》（下卷），北京：昆仑出版社，2011年版，第390~407页。

② 阿波布朗舍语（Apabhransha），印度中世纪流行的俗语的一种。

世纪[①]，因此也有人认为可能有两个萨罗诃巴[②]。坎诃巴是9至10世纪人，主要作品有《黑天诗行》、《东比女之歌》等。

2. 悉陀文学的特点

（1）爱情描写的进步

悉陀们忽视了传统佛教的涅槃思想，而把“大乐”（Mahasukha）的体验放到突出位置。佛教涅槃有3个要点：空、智、极乐。密教把极乐改变了，认为涅槃的极乐就好像是男女同房时得到的那种快乐。所以，悉陀文学中一大部分是暗示性关系的内容。诚然，他们的作品中也许蕴藏有深意，从世俗的眼光看虽然不大容易被接受，但它们所表达的东西仍然具有一定的文学价值和进步意义。

悉陀坎诃巴在双行诗《东比女之歌》（*Dombi gita*）中所表现的男主人公对东比女[③]的爱情是很感人的。这个东比女和其他东比女一样，居住在城外的茅舍里。她能歌善舞。她每天乘小船过河，到城里的集市上卖东西。她卖的是念珠和手工编织的篮子。坎诃巴在诗中一次次地描写家庭妇女，他清楚地说：就像盐溶化在水中一样，把家庭主妇放在自己心上。这就是作者暗示的，居家男子和家庭主妇是同一不二的感受。当然，也许其中还有别的形而上的含义，但现在根据上下文，其文意自在世俗生活当中。

悉陀文学对性爱的描写是以世俗的性爱为基础的。沙巴尔巴（Shabarpad）描写过一个沙巴尔族（南印度一个不开化的山地民族）少女，使一个非常单纯可爱的形象活脱脱地浮现在读者面前。她是自然界质朴无华的女孩，居住在深山之中，她用孔雀羽毛和花环装饰自己的身体，与大自然和谐相通。

作者对两者的描绘和塑造都显示出了质朴和纯真。这种质朴和纯真与传统的文学作品中所表现的有所不同。这里，没有封建文学中对男女主人公享乐的描写，没有把女人当作享乐的工具。由此可见，悉陀文学对两性爱情的描写表现出了某种超越，即把社会底层的人物作为文学作品的描写对象，给社会边缘人物以文学的中心地位。以往那种国王、王子、公主等为文学描写中心的情况

---

① ［法］罗伯尔·萨耶著，耿升译:《印度—西藏的佛教密宗》，北京：中国藏学出版社，2000年版，第79页。

② ［英］渥德尔著、王世安译:《印度佛教史》，北京：商务印书馆，1995年版，第454页。

③ 东比女，印度的一个原住民族——敦布族（Domb）的女子。在一些密教文献，如《大悲空智金刚王经》中，东比女是以明妃的身份出现的。

被打破了。东比女也好，沙巴尔女也好，都是这样。这在印度文学发展史上是一个明显的进步，是悉陀文学的一个贡献。

（2）对保守主义的反抗

悉陀文学对传统的保守主义进行了公开而坚决的反抗。在他们的作品中，可以看到对传统的社会统治势力的蔑视。悉陀诗人们不仅反对种姓制度，也抨击了婆罗门祭司们的宗教礼仪。当时的印度社会种姓歧视的弊端严重，社会下层民众没有尊严生活的权利。

悉陀们对高等种姓的做法进行了嘲笑和讥讽。萨罗诃巴写道：

手拿泥、水、拘舍草，心中发愿者，
无事家中坐，点火祭祀者，
烟熏徒伤目，要领终无得。

坎诃巴也在自己的作品中写道：

祭司大学者，竟日读吠陀，
自认行为高，其实无所得。
恰似蜜蜂飞，坚果四周围，
内里进不去，何以获真髓？

（3）语言的叛逆

印度文学史家拉姆昌德拉·舒克勒先生说过："在超日王纪年七世纪[①]的作品中，我们发现用阿波布朗舍语或俗语印地[②]写作的情形。这一时期作品的典型代表在佛教金刚乘的悉陀作品中可以见到。"[③]实际上，悉陀们在同社会守旧势力、种姓制度和印度教做斗争的同时，也在寻找与传统雅语不同的语言，这种语言就是印地语的前身，或者说是印地语的最初形式。

（4）表现手法

首先，在诗歌的形式上，悉陀们的诗歌不采用长篇叙事诗和分章叙事诗的古老手法，而采取短歌和单首诗的形式。《切里亚短歌》和《金刚歌》是短歌的

① 超日王纪年自公元前56年算起，其7世纪约当公元7世纪后半至8世纪前半。
② 原文Prakritabhas Hindi，指印地语的早期形式。
③ ［印］拉姆昌德拉·舒克勒：《印地语文学史》，贝拿勒斯，1956年印地文版，第6页。

代表，而双行诗和半四行诗[①]都属于单首诗。

其次，象征手法和隐喻。在悉陀们的诗歌中，充满了哲学感受和修行的神秘主义话语，而且还有大量的关于瑜伽修炼的烦琐仪轨。但其中也有对于人们通常的自然感受的描述，从中能够看到低等种姓和下层百姓日常生活的影子。为了表现他们的哲学思想，他们在诗歌中运用了象征的手法。尤其是在一些词汇上，往往是另有含义。因此，要弄明白诗歌的含义，就首先要弄明白这些词汇所隐含的象征意义。这种语汇被称为“三达语汇”（Sandha bhasha），即一种不为教派以外人所熟悉的秘密用语。在这种用语中，词汇有内外两重含义，内在的含义表达的是宗教意义，而外部的含义则是世俗的意义。有时候，其外在的意思甚至是与现实生活中的现象相违背的。例如，丹蒂巴（Tantipad）的一首诗，其表面意思在现实生活中是不可能发生的。其诗直译如下：

> 青蛙不惧蛇，豺狗战狮子。
> 挤出的牛奶，返回乳房里。
> 公牛生犊子。
> 被挤三黄昏，母牛不生育。
> 彼是盗贼首，亦是捕快头。

这首诗里所说的事情（除了最后两句），在现实生活中基本是不可能发生的。显然，诗中有另外的含义。例如，现实生活中，青蛙是怕被蛇吃掉的，豺狗不敢挑战狮子。而作者之所以这样写，也许表现的是社会下层人向主流社会挑战的勇气。再如，挤出的牛奶可能是指处于平凡状态的个人，按佛教的说法，叫作“有情”。返回乳房则指“有情”重新回到极乐轮中。这一思想类似印度教中个体灵魂回归于梵的说法。公牛生犊子，可能是指平常心生出世界，是一种主观唯心主义的象征写法。而母牛不生育，可能是指如果否定灵魂和心智的存在，就像母牛被不适当地挤奶而失去生育能力那样，客观世界也将不存在了。至于最后两句，也许主要是对一种社会现象的看法。总之，这首诗很难懂，我们的观点也只是一家之言。

（三）那特文学

那特派是如何产生的，对此，学界有很大的争议。而那特文学的确凿

---

① 半四行诗，原文arddhali，根据韵律写成四行，但实际上只有两句的一种印度古代诗体。

性也是值得怀疑的。据现有的材料，那特和悉陀有着很深的关联。在那些悉陀的名单里，有好几位悉陀和那特一系有着密切的关系。在那特一系，有一位摩差因陀罗那特（Matsyendranatha[①]），他的老师叫作阇兰达罗那特（Jalandharanatha）。在西藏的文献里，阇兰达罗那特也被称为悉陀。这样，在佛教金刚乘信徒看来，那特派就是悉陀派的一个分支。

那特派前三代的传承如下：

> 阇兰达罗那特→摩差因陀罗那特→戈拉克那特（Golakhanatha[②]，意译牛护那特）

牛护那特的生活年代不能确定，一般认为他生活于10世纪。总之，他是当时很著名的宗教大师，具有很强的组织能力。就像悉陀有84名大师一样，那特有9名大师：那加周那（Nagarjuna，龙树）、阇罗婆罗多（Jadabharata）、赫利什昌德拉（Harishchadra）、萨提亚那特（Satyanatha）、毗摩那特（Bhimanatha）、戈拉克那特、查尔帕特（Carpata）、阇兰达罗、摩罗亚周那（Malayarjuna）。

1. 那特文学与悉陀文学的差别

那特文学看上去与悉陀文学既有相似之处又有差别。相似之处是，他们都属于密教的文学，因而在主张秘密咒语的修炼上是一致的。但与悉陀派不同的是，那特派把瑜伽修行作为自己的修行基础，他们反对悉陀派的“左道”修行。左道悉陀派在修行上离开了民众习俗，而强调“五M”，即酒（madya）、肉（mansa）、鱼（matsya）、手印（mudra）和性交（maithun）。这五项成了左道悉陀派主要的修行内容。而那特派则保持着纯洁的民间习俗，主张洁行、不杀生。同时，那特派还把印度教湿婆派哲学与钵颠阇利[③]关于赫特瑜伽的理论结合起来，使之成为本派的思想基础。像悉陀派一样，那特派也认为人体有3条经络：左经络被称为“伊达”（Ida），右经络叫“宾格拉”（Pingala），中经络叫“苏循那”（Sushumna）。他们认为，通过人体经络循环可达到一种超级境界，这种内在精神的感觉是瑜伽修炼必不可少的。那特派对于社会的弊端，如

① 阿波布朗舍语作Machandaranatha，即摩钦达罗那特。

② 又作Gorakshanatha，也是八十四悉陀之一。

③ 波颠阇利（Patanjali），《瑜伽经》的编著者。关于其生活年代，众说纷纭，从公元前1世纪到公元6世纪不等。

种姓制度、不可接触制度等宗教歧视，以及偶像崇拜等，都予以反对。在社会思想方面，除了社会规范的某些内容以外，那特派对悉陀派有较为广泛的认同。

悉陀派的影响主要在东北印度，而那特派的影响主要在西印度。那特派文化的最大特点是与当地文化相融合。那特派使当地本已混合的文化又加深了一步。在观点方面，那特派没有宗教偏激，连一些穆斯林也受到他们的吸引。与主合一的瑜伽修行法，不仅在印度教徒中，也在穆斯林中间流行。那特派能够与任何教派、任何文化相容。正因为如此，在那特派的文学作品中能够看到较多的宗教宽容方面的内容。那特派与佛教有血缘关系，也受有耆那教的影响，其中还有传统印度教的因素以及伊斯兰教的因素。

2. 那特文学简介

那特派的主要作者有牛护那特、焦朗基纳特（Cauranginatha）、戈比昌德（Gopicanda）、久纳卡尔那特（Cunakaranatha）等。

牛护那特主要用“地方语”写作，有时也用梵文写作。所谓“地方语”（Deshbhasha），是一种俗语和阿波布朗舍语的混合形式，被认为是印地语的早期形式之一。牛护那特既有诗歌也有散文体的著作，现在能看到的在他名下的作品主要有《牛护觉悟》、《牛护那特十七艺》、《牛护群主对话录》、《达多牛护对话录》、《大往世书》、《那罗伐伊觉悟》、《牛护精华》、《瑜伽自在天箴言》和《牛护之声》九种。实际上，这些书可能都是他的弟子们后来搜集整理出来的，其中多数译自梵文，而最后两种可能是他的著作。其余那特派诗人的作品大都零散地流传于信徒们的口头。

前面说过，纳特文学的确凿性是值得怀疑的，其主要原因是那特文学的语言问题。根据牛护那特名下的作品分析，一些语言并非当时的流行语言。他所处时代流行的阅读和书写的语言是“地方语”。于是可以推测，他的作品是后来的信徒们汇集整理出来的。那特文学的不确定性还有另外一个原因，就是那特们不是有意在进行文学创作，他们只是把修行的感觉和经验拿出来与别人分享，没有写书的意识。因此，经过几百年的口头流传，其流传下来的作品语言也发生了变化，甚至有些意思也发生了转变。这样，那特文学就带有了民间文学的口头性和变异性特征，在民众的记忆中得以保存。那特派有一种短歌，叫作焦给拉（Jogida），直到今天还在印度东部流行。实际上，这种短歌是悉陀派表达自身感受而常用的诗体。短歌批判了那种做给人看的表面行为，嘲笑了种姓制度，谴责了宗教虚伪。例如，有这样两句短歌：

人们说，沐浴在恒河，就会得解脱；
那些鱼，在河里生活，怎不得解脱？

那特派重视理智的验证，认为理智是生活的试金石。因此，他们反对虚伪和欺骗。那特一般没有固定的生活地点，而是在全国各地四处云游。这样，他们见多识广，对生活有自己特殊的感受。在全国各地云游的结果是，他们看到了各种各样的习俗，见识了各种各样的语言。他们作品中就出现了一种语言混合现象，印度北方广大地区的各地方言经常被他们用在一起。

二、笈多艺术

本小节要介绍的笈多与后笈多时代的佛教艺术，主要包括建筑、雕刻和绘画三个门类。均据王镛先生的著作《印度美术》的有关章节编写[①]。

（一）概述

笈多艺术（Gupta art）指印度笈多王朝时代的艺术。其中主要包括笈多时代的佛教艺术和印度教艺术两大部分，而以笈多式佛像成就最高，影响也最大。

在印度历史上，笈多王朝是继孔雀王朝之后，由本土印度人建立的又一个统一的大帝国。旃陀罗·笈多二世时期，其文治武功盛极一时，享有“超日王”的称号。其时，印度的社会和文化均得到发展。中国东晋僧人法显赴印度求法就在旃陀罗·笈多二世时期，因此，印度给法显留下了美好印象。

笈多时代是印度古典文化全面繁荣的时代，也是印度古典主义艺术的黄金时代。其时，佛教艺术达到鼎盛阶段，而印度教艺术也蔚然勃兴。尽管当时笈多诸王大多信奉印度教，佛教已随着印度教的兴盛而在印度本土日渐衰微，但在笈多王朝宽容的宗教政策庇护下，佛教哲学与佛教艺术仍然继续发展，达到一个高潮期。大乘佛学在此期间得到发展。如前所述，生活于笈多时代的佛教哲学家无著和世亲两兄弟建立了大乘佛教瑜伽行派（即唯识派）哲学体系，史称大乘有宗。该派针对稍早之前龙树、提婆创立的“中观派”（大乘空宗）主张，提出了“万法唯识”、“唯识无境”的理论，将大乘佛教的唯心主义理论发挥到极致。与唯识派哲学的这种内化的、深邃的思维相一致，笈多时代的佛像造型也体现了瑜伽修行的沉思冥想精神。例如，此时雕造的佛像，眼帘是低垂的，仿佛在专注于自己的内心世界。与贵霜时代犍陀罗艺术中希腊化风格的佛

① 王镛：《印度美术》，北京：中国人民大学出版社，2004年版，第155~376页。

像不同，笈多时代的匠人们则遵循印度本土的古典主义审美理想，创造了纯印度风格的笈多式佛像。笈多时代，印度有两大雕刻艺术中心——马图拉和萨尔纳特（Sarnath）。两地分别创造了笈多式佛像的两种地方样式——马图拉样式和萨尔纳特样式，它们代表着印度古典主义艺术的最高成就。

笈多时代的绘画也相当繁荣，在迦梨陀娑的诗剧《沙恭达罗》和长篇抒情诗《云使》中，都描述了笈多绘画从宫廷到民间广泛流行的情况。但笈多绘画一般是画在棉布、棕榈叶或木板上的，很容易腐烂，所以今天已经完全看不到了。所幸，在阿旃陀石窟后期（约450~650）的壁画中还保留着笈多时代和后笈多时代绘画的一些遗迹。代表作有阿旃陀壁画《难陀出家》、《须大拿本生》、《因陀罗与天女》、《持莲花菩萨》等。阿旃陀后期石窟雕刻的佛像，多属于笈多萨尔纳特式的佛像。

（二）马图拉佛像雕刻

马图拉（旧译秣菟罗、摩头罗、马土腊等）位于今印度北方邦恒河支流亚穆纳河西岸，公元前6世纪是古印度十六列国之一苏罗森那国的首府，贵霜时代又成为贵霜王朝的东都，与西北的犍陀罗并列为贵霜艺术的两大中心。贵霜时代的马图拉红砂石雕刻的佛像，主要是参照印度本土特别是马图拉本地传统的药叉雕像创造的，造型浑厚硬直，孔武有力，强调健壮裸露的肉体表现，不同于犍陀罗那种希腊化风格的佛像。四五世纪，笈多时代的马图拉佛像在经过了两个多世纪的经验积累后，终于发生了质变，即进一步本土化、理想化了，这是在印度古典主义审美理想作用下产生的新的样式。

笈多马图拉式佛像的特征是，脸型是印度人的面容，眉毛细长，呈倒八字形向上挑起；眼睛半闭，眼帘低垂，带有沉思冥想的神情；鼻梁笔直，高高隆起；下唇宽厚，嘴角呈自然微笑；耳垂拉长呈矩形；下巴圆润；颈部刻有三道褶纹，为佛经中“三十二相”之一；头顶肉髻是排列整齐的右旋的螺旋状螺发，亦是“三十二相”的真实写照；头后方的光环为硕大华丽的圆形浮雕，雕有莲瓣、卷草、连珠等图案；佛身颀长而匀称，显得健壮魁梧。通肩式僧衣单薄贴体，犹如被水浸湿了一样给人以半透明的感觉，衣纹通常是一道道平行的U字形或V字形线条，具有流水般波动的韵律，隐约凸现出全身的轮廓。根据这种薄衣贴体的半透明效果，笈多马图拉式佛像又被称为“湿衣佛像”。代表作有雕刻贾马尔普尔出土的《马图拉佛陀立像》（现藏新德里印度总统府）和1976年于戈文德纳加尔出土、雕刻于434年的《马图拉佛陀立像》（现藏马图拉政府博物馆）等。

笈多时期的马图拉佛像对中国的雕刻艺术和绘画艺术产生过巨大影响，最典型的例子是佛像的螺发，后来连中国雕刻的石狮也满头螺发；中国绘画史上所说的“曹衣出水”（北齐曹仲达）的画法，显然也是借鉴了马图拉佛像的水纹袈裟而形成的技法。

（三）萨尔纳特佛像雕刻

萨尔纳特（旧译鹿野苑）位于印度北方邦恒河中游的圣城瓦拉纳西（古称迦尸，又称贝拿勒斯）东北郊区，相传为佛陀初转法轮的圣地。贵霜时代马图拉雕刻的佛像曾由巴拉比丘捐赠给鹿野苑精舍。笈多时代，萨尔纳特与马图拉并列为笈多艺术的两大中心。萨尔纳特以浅灰色楚纳尔砂石雕刻的佛像，创造了笈多萨尔纳特式佛像风格。笈多萨尔纳特式佛像的造型与笈多马图拉式佛像大体相同：相貌也是印度人的相貌，眼帘也是低垂的，表情平静，犹如在沉思冥想，直鼻厚唇，长方形长耳下达颈部，颈上刻有3道纹理，螺发一排排地整齐排列，肉髻上也布满整齐的螺发；头后的光环华丽，佛身匀称健美。最大的不同是，萨尔纳特式佛像的僧衣比马图拉式佛像更为单薄，给人的感觉几乎是完全透明的，仅在领口、袖口和下摆边缘依稀可见几丝透明的衣纹，如不注意，还以为是完全裸体的。因为这种全透明效果，有学者称笈多萨尔纳特式佛像为“裸体佛像”。

从萨尔纳特佛像的代表作《萨尔纳特佛陀坐像》（又名《鹿野苑说法的佛陀》，现藏萨尔纳特考古博物馆）看，除了僧衣与马图拉佛像不同外，其头光也有差异。萨尔纳特的这尊佛像的头光圆盘上没有莲瓣花纹的浮雕，而是以其他花卉浮雕为主，其雕刻也同样精细。最突出的是圆盘两侧上方的部位雕有两个飞天，均为男性，表示喜庆。佛身背后有方形石板，上面有除卷草纹外，两侧还各有一个身体立起、面朝外侧的狮子。狮子的身体曲线给人以力感；有像马一样的长嘴和鬃毛；长嘴张开，显得很威猛；肩头还有较短的翼，有欲飞的动感。

（四）笈多艺术的影响

笈多艺术特别是笈多式佛像雕刻艺术，对整个印度与亚洲诸国佛教艺术的影响，比犍陀罗佛像更为深远。南印度的阿马拉瓦蒂（Amaravati）在贵霜时代与北印度的犍陀罗和马图拉并列为印度艺术的三大中心。阿马拉瓦蒂艺术被认为是笈多艺术的先驱之一。贵霜时代阿马拉瓦蒂的白绿色石灰石雕刻的佛像，造型近似贵霜马图拉的本土化佛像，但脸型椭圆，轮廓柔和，已出现螺发，身材呈圆筒形，衣纹以平行的阴刻线条表现。阿马拉瓦蒂佛像直接影响了斯里兰卡佛像的雕刻。斯里兰卡古称僧伽罗（Simhala，狮子国）。4世纪，斯里兰卡最早的佛像是从南印度传入的阿马拉瓦蒂样式。6世纪左右，斯里兰卡古都阿努拉达普拉（Anuradhapura）白云石雕刻的佛像，轻纱薄衣几无任何皱褶，完全透明，显露裸体，已属于典型的笈多萨尔纳特式佛像。

笈多式佛像的影响也波及犍陀罗地区。后期犍陀罗艺术中呾叉始罗与哈达等地那些古典式冥想风格的灰泥塑像，不仅代表着“非地中海的希腊主义”的复兴，也濡染了同时代的笈多式佛像的印度古典主义精神。阿富汗巴米扬石窟的大佛像那种薄衣贴体的U字形衣纹，显然衍生于笈多马图拉式佛像。

笈多艺术的影响继犍陀罗艺术之后主要通过中亚地区东渐中国新疆与内地，在中国克孜尔、敦煌、炳灵寺、云冈等地的早期佛教石窟中，笈多式佛像对中国佛像的影响在深度和广度上都已经超过犍陀罗佛像。

三、阿旃陀石窟艺术

（一）概述

阿旃陀石窟（Ajanta Caves）位于印度德干高原马哈拉施特拉邦重镇奥兰加巴德西北约106千米处。约公元前2世纪至公元7世纪，在阿旃陀的马蹄形河谷丘陵岩壁中陆续开凿了29座石窟。7世纪上半叶，中国唐代高僧玄奘在《大唐西域记》卷十一中记载“摩诃剌侘国”（马哈拉施特拉）的“阿折罗伽蓝”：“基于幽谷，高堂邃宇，疏崖枕峰，重阁层台，背岩面壑”，“精舍四周雕镂石壁，作如来在昔修菩萨行诸因地事。证圣果之祯祥，入寂灭之灵应，巨细无遗，备尽镌镂。伽蓝门外南北左右，各一石象。闻之土俗曰：此象时大声吼，地为震动。”玄奘描述的地理环境、建筑结构和雕刻题材均与阿旃陀石窟相符，在阿旃陀第16窟门外左右各有一头石雕的大象，第26窟铭文镌刻着“阿折罗”（Achala）的名字，因此多数学者同意比定“阿折罗伽蓝”为阿旃陀石窟。

（二）石窟建筑

阿旃陀29座石窟均系佛教石窟，可分为前后两期：前期属于部派佛教和小乘佛教时期，包括第8、9、10、12、13诸窟，开凿于公元前2世纪至公元2世纪；后期属于大乘佛教时期，除了上述5窟以外，其余诸窟均属于这个时期，即开凿于450~650年。阿旃陀石窟建筑的形制可分为支提（chaitya,佛殿）窟和毗诃罗（vihara,僧房）窟两种，第9、10、19、26、29五窟是支提窟，其余均系毗诃罗窟。第19窟是阿旃陀后期支提窟的典型，正面与内部装饰雕刻富丽堂皇。第26窟内部长约7米的《涅槃佛像》，是印度境内现存最大的佛像。

（三）壁画

阿旃陀石窟的壁画在世界艺术史上享有盛名。阿旃陀前期壁画作于公元前1世纪至公元200年，是现存世界上最古的佛教绘画遗迹，呈现古风式风格，以第9、10两窟为代表；后期壁画作于450~650年或更晚，风格从古典主义向矫饰主义和巴洛克风格逐渐演变，以第1、2、16、17四窟为代表。阿旃陀壁画的题材包括大量本生故事、佛传故事和单独的佛像、菩萨像。代表作有第16窟壁画《难陀出家》，第17窟壁画《须大拿本生》、《因陀罗与天女》、《佛陀还家》、《僧伽罗事迹》（*Simhala Avadana*），第2窟壁画《女信徒献祭》，第1窟壁画《持莲花菩萨》（*Bodhisattva Padmapani*）、《摩诃贾纳卡本生》、《降魔图》等。阿旃陀壁画的绘画技法既采用平面法，也采用凹凸法，在后期壁画中对凹凸法的应用更为频繁。阿旃陀壁画的凹凸法不仅用于人物，而且用于动物、花卉、山石、建筑等。

印度传统绘画的凹凸法也经由中亚各地逐渐传入中国，对中国的佛教绘画产生了一定影响。但中国的佛教绘画包括克孜尔、敦煌石窟早期壁画中的“天竺遗法”，是否直接来自阿旃陀壁画的凹凸法的影响，尚缺乏相关的传播中介、历史文献和实物证据。在玄奘《大唐西域记》关于“摩诃剌侘国”的“阿折罗伽蓝”的记载中，对建筑、雕刻均有描述，但没有提到壁画。

四、其他石窟艺术

（一）埃洛拉佛教石窟

如上一章所说，埃洛拉石窟群有34座石窟，其编号第1至第12窟为佛教石窟。这12座石窟的开凿时间在6至8世纪。其形制基本上沿袭了阿旃陀石窟的形式，有两种，一种是支提窟，一种是毗诃罗窟。埃洛拉的12座佛教石窟中仅有第10窟属于支提窟，其余11座均系毗诃罗窟。一般来说，僧房窟是用来居住的，但此时的毗诃罗窟用途已不再单一，出现了与佛殿窟相结合的倾向，如第11、12号窟，已经兼具佛殿窟的功能，僧人起居过程中随时可以礼佛。由于受密教的影响，这些石窟的雕刻中开始出现较多的菩萨和女神形象。

埃洛拉第10窟二层开凿于620~650年。石窟正面有台阶，阶上是有列柱的门廊，门廊上方是主殿的阳台，阳台外侧的围栏上雕刻有两层浮雕，底层是动物浮雕，上层是一对对爱侣的浮雕。石窟上层为主殿，三座门，中门宽大，门顶部有三叶形窗户，窗户两侧各有一组飞天，一男二女。石窟内部宽约13米，纵深约26米多，有28根列柱支持着仿木桁的窟顶。石窟内后殿为半圆形，雕凿有窣堵波，窣堵波前安置有佛像。

（二）奥朗加巴德石窟

在奥朗加巴德的郊区离埃洛拉石窟群不远处，有一个佛教石窟群。这也是德干地区的佛教建筑雕刻艺术的一个重要中心。这里共有8座石窟，其开凿时间为2至7世纪。因其规模无法与阿旃陀和埃洛拉石窟相比，因而往往不被人们关注。但学界认为，该石窟群在印度佛教艺术上不容忽视。

其第7窟最具代表性。该窟大约开凿于7世纪早期的遮娄其王朝时期。这是一座典型的僧房与佛殿合一的石窟。佛像处于大殿的中央位置，入口的侧壁上雕有观音菩萨救济终生的巨型浮雕。其中的一幅浮雕表现的是舞女与乐师，6名女乐师分坐两旁，舞女在她们的伴奏下翩翩起舞，体态优美，情景生动。

五、波罗王朝的佛教艺术

8世纪中叶至12世纪，地处印度中东部的波罗王朝诸王信奉佛教，这是这一时期印度本土唯一以佛教为国教的国家，可以说是硕果仅存。而此时的佛教已经发展到密教金刚乘阶段。波罗王朝统治的区域时大时小，一般来说，他们的主要统治范围在今天印度的比哈尔和西孟加拉邦，及孟加拉国。那个时期，中国的佛教徒（包括藏传佛教信徒）都把佛教圣地比较集中的古摩揭陀国（今比哈尔邦及北方邦东部地区）称为“中印度”或“中天竺”。去那里朝拜、取经、求学的人很多。而从艺术的角度看，那一带的佛教艺术作品也很多。这些艺术品中，主要是建筑和雕刻两种，绘画作品也有少量遗存。

（一）建筑

比哈尔邦波罗王朝时期的佛教建筑很多，如今绝大多数都已成为废墟、面目皆非了。只是从一些文字记载中得知其规模与华丽。例如，据藏族学者多罗那他《印度佛教史》记载，瞿波罗王时代，在欧丹多补梨（Otantapuri）附近又建立了一座名叫那烂陀的寺院；提婆波罗王时代，建立了欧丹多补梨寺（飞行寺）和三辛寺；达摩波罗王时代，建立了超岩寺，“该寺建在摩揭陀北部恒河岸边一座小山顶上，中央是与大菩提像相等的佛像的殿堂，周围建有佛教密宗的小佛堂五十三座，一般的佛殿五十四座，总计有一百零八座佛殿，外面墙垣围绕”。①

1. 那烂陀

那烂陀在今比哈尔邦巴特那市以南偏东约90千米处。据玄奘《大唐西域记》卷九记载，笈多王朝帝日王（Sakraditya，音译铄迦罗阿迭多，即鸠摩罗·笈多一世）首先选定此地建造寺院。其后，在笈多王朝历代国王的赞助下，到玄奘到达那烂陀寺时，那烂陀寺已扩展成一座大寺院，成为一座国内外知名的学府。《大慈恩寺三藏法师传》卷三记曰：

> 六帝相承，各加营造。又以砖垒其外，合为一寺，都建一门。庭序别开。中分八院。宝台星列，琼楼岳峙。观竦烟中，殿飞霞上。生风云于户牖，交日月于轩檐。加以渌水逶迤，青莲菡萏；羯尼花树，晖焕其间；庵没罗林，森疏其外。诸院僧室，皆四重重阁，虬栋虹梁，绣栌朱柱，雕楹镂槛，玉础文磓。甍接瑶晖，榱连绳彩。印度伽蓝数乃千万，壮丽崇高，此为其极。②

这段描写固然有作者展现文采的一面，但也如实地反映了那烂陀寺的建筑规模和建筑技巧。数十年后，义净来到那烂陀寺。他在《大唐西域求法高僧传》卷上作了更详尽的描述：

> 然其寺形，畟方如城，四面直檐，长廊遍匝，皆是砖室。重迭三层，层高丈余。横梁板阗，本无椽瓦，用砖平覆。寺背正直，随意旋往。其房后壁即为外面也，垒砖峻峭，高三四丈。上作人头，高共人等。其僧房也，面有九焉。一一房中，可方丈许，后面通窗户向檐矣。其门既高，唯安一扇，皆相瞻望，不许安帘。出外平观，四面皆睹。互相检察，宁容片私？于一角头作阁道还往。寺上四角，各为砖堂，多闻大德而住于此。寺门西向，飞阁凌虚，雕刻奇形，妙尽工饰。其门乃与房相连，元不别作，但前出两步，齐安四柱。其门虽非过大，实乃装架弥坚。每至食时，重关返闭，既是圣教，意在防私。寺内之地，方三十步许，皆以砖砌。小者或七

① 多罗那他：《印度佛教史》，成都：四川民族出版社，1988年版，第196、199、202、207页。

② CBETA, T50, no. 2053, p. 237, b16–25。

> 步，或五步耳。凡所覆屋脊上檐前、房内之地，并用砖屑，如桃枣大，和杂粘泥，以杵平筑。用礓石灰，杂以麻筋并油，及麻滓烂皮之属。浸渍多日，泥于砖地之上，覆以青草，经三数日，看其欲干，重以滑石揩拭，拂赤土汁或丹朱之类。后以油涂，鲜澄若镜。其堂殿阶陛，悉皆如此。一作已后，纵人践蹋，动经一二十载，曾不圮坼。不同石灰，水沾便脱。如斯等类，乃有八寺，上皆平通，规矩相似。于寺东面西取房或一或三，用安尊像。或可即于此面前出多少，别起台观为佛殿矣。此寺西南大院之外，方列大窣睹波（旧云塔者讹略）及诸制底（旧云支提者讹），数乃盈百。圣迹相连，不可称记。金宝莹饰，实成希有。①

波罗王朝期间，国王们又慷慨捐助，使这座大寺又有所扩大。10世纪后期，有很多中国僧人去过那烂陀寺，但记载不详。

约1205年，这座大寺被巴赫蒂亚尔·哈尔吉（Bakhtiyar Khilji）放火焚烧，后渐渐成为废墟。

2. 大菩提寺

又称大觉寺、摩诃菩提寺。位于佛成道处的菩提伽耶。据传，最早由阿育王建于公元前3世纪，最初可能是由栏楯柱将菩提树和金刚座围绕起来的院落，也有人认为是菩提树殿。之后，巽迦王朝时期被扩建为一座两层建筑，供奉菩提树和金刚座。5世纪，法显到访菩提伽耶，并在《佛国记》(《法显传》) 中提到菩提树和金刚座旁的一座高塔，这是关于摩诃菩提寺结构加高的最早记载。贵霜时期的浮雕也描绘了该寺于公元1~3世纪的扩建。7世纪玄奘到访时，这里已建成一座晚期笈多风格的砖结构寺庙：

> 菩提树东有精舍，高百六七十尺，下基面广二十余步，垒以青砖，涂以石灰。层龛皆有金像，四壁镂作奇制，或连珠形，或天仙像，上置金铜阿摩落迦果。东面接为重阁，檐宇特起三层，榱柱栋梁，户扉寮牖，金银雕镂以饰之，珠玉厕错以填之。奥室邃宇，洞户三重。外门左右各有龛室，右则观自在菩萨像，左则慈氏菩萨像，白银铸成，高十余尺。②

---

① CBETA, T51, no. 2066, p. 5, b22–c20。

② 玄奘、辩既原著，季羡林等校注:《大唐西域记校注》，北京：中华书局，1985年版，第672、673页。

波罗王朝至犀那王朝时期（10~12世纪），大菩提寺得到重建。现存的大菩提寺即在此基础上修复而成。10世纪晚期和11世纪早期的两块中国宋代石碑记录了这座寺庙的盛景，同一时期的其他石碑也载有斯里兰卡、尼泊尔、缅甸及其他佛教国家统治者出资翻修、扩建该寺的事迹。大塔方形基坛边长15米，塔高52米。塔身为方锥形，下宽上窄，周身布满一层层龛状雕刻，其装饰图案和花纹繁密。主塔四角各有一座小型佛塔，形状与主塔相似。

（二）雕刻

1. 佛像

波罗王朝时期的佛像以“宝冠佛”（Crowned Buddha）为代表。例如萨尔纳特出土的《宝冠佛坐像》（现藏新德里印度国家博物馆），作于9、10世纪。该佛像是在一块椭圆形绿泥石头上，磨平底座雕成高浮雕佛像，高24.1厘米。这尊佛像头戴三面山形宝冠，结跏趺坐于莲花座上，左手横置小腹前，掌心向上，托有经文状物；右手下伸，指尖触地，作触地印。莲花座下是平伸出来的莲瓣，下方是底座，底座上雕有小型人物和动物浮雕。佛像两侧有两尊站立式小佛像，小佛像头上有二宝塔。佛像头光以串珠纹表示，佛像头顶有三片菩提树叶的高浮雕。这座佛像与其他佛像不同，其特点是头上没有雕出肉髻，而是戴着宝冠。这一现象表明，当时的佛教已经进入密教金刚乘阶段，所雕的佛像很像是大日如来（毗卢遮那）。在密教中，大日如来是五佛之一，是法身佛，处于曼荼罗的最中心位置。

10至11世纪，今比哈尔邦库尔基哈尔（Kurkihar）是波罗王朝的一个制作铜像的中心，那里出土的铜雕像《宝冠佛立像》（现藏巴特那博物馆）是这一时期铜雕佛像的代表。

2. 菩萨像

一尊出土于那烂陀的砂石《观音立像》（现藏新德里印度国家博物馆）约作于9世纪。高152厘米。从中已经透露出受印度教湿婆像影响的痕迹。在比申普尔·坦达瓦（Bishenpur Tandava）也出土有一尊砂石《观音立像》，约作于11世纪，体态明显呈女性化倾向。比申普尔·坦达瓦还出土了一尊砂石《弥勒菩萨坐像》（现藏巴特那博物馆），约作于11世纪。其姿态亦呈女性化倾向，腰肢纤细，曲线优美。

这一时期的女神雕刻以萨尔纳特出土的11世纪砂石《四面金刚多罗》（现藏新德里印度国家博物馆）为典型。该像仅存胸部以上部分。此多罗雕像多面多臂（已断），乳房浑圆，颈戴多种珠串。头上戴花冠，花冠上有小佛像。多罗（Tara）又称多罗母、度母，为密教女神。

第四节　耆那教文化

一、耆那教的兴衰

从玄奘在《大唐西域记》中的记载可知，在公元7世纪的时候，耆那教在印度的传播几乎遍及全境，而在一些地区信徒则相对集中。如西北地区（包括今巴基斯坦境内）白衣派相对集中，东部（如孟加拉、比哈尔、奥里萨）、中部（如中央邦、古吉拉特）和南部（如泰米尔纳德、卡纳塔克、安得拉）则天衣派相对集中。

到了8至10世纪，在约300年的时间里，耆那教虽然遭受到印度教的排挤，但在一些地区仍有明显的发展。特别是在今印度的古吉拉特邦和卡纳塔克邦一带，耆那教得到一些国王的崇信的支持，建立了一批庙宇，雕凿了一批祖师像。例如，德干高原上的拉什特拉库塔王朝这一时期比较强盛，经常与东北方的波罗王朝争霸。国王阿莫加瓦尔沙（Amoghavarsha，815~877）就皈依了耆那教天衣派，并于晚年禅位离家苦行[①]。

11至12世纪，耆那教在古吉拉特地区取得长足发展。索楞喀王朝的统治者贾耶辛哈（Jayasimha，1094~1143）及其继承人鸠摩罗波罗（Kumarapala，1125~1159）都是耆那教的有力赞助者和庇护者，著名耆那教学术大师雪月（详见下文）就是他们的密友。在索楞喀王朝统治的约200年间，该地区的耆那教空前兴旺，国王和大臣们不仅赞助修建了许多庙宇，而且也赞助了学术研究[②]。

但也就在局部地区获得发展的同时，有些曾经是耆那教影响较大的地区却被印度教夺走了地盘。尤其是在南印度的某些邦国，上层贵族集团原本信仰的是佛教或耆那教，但由于那里的印度教虔诚运动最先兴起，许多虔诚派圣徒与佛教和耆那教展开竞争，进行辩论的结果，往往是印度教虔诚派获胜。这种

① ［英］查尔斯·埃利奥特著、李荣熙译:《印度教与佛教史纲》（第一卷），北京：商务印书馆，1982年版，第220页。

② 黄心川主编:《世界十大宗教》，北京：东方出版社，1988年版，第120~121页。

竞争日益激烈，甚至出现了对付耆那教信徒的暴力事件。例如，在古吉拉特地区，在1174年以前还是耆那教的天堂，而1174年以后竟变成了耆那教信徒的地狱，就在这一年，由于国王阿阇耶提婆（Ajayadeva）信仰湿婆教而对耆那教信徒采取暴力虐待[①]。再如14世纪时，印度最南端的潘迪亚国王孙陀罗·潘迪亚（Sundara Pandya）信奉湿婆教，1310年弑父篡位，在位仅数月，兵败后投靠了穆斯林[②]，他曾将8 000名耆那教信徒钉到木桩上受刑[③]。虽说耆那教在12世纪以后受到印度教和伊斯兰教的双重排挤，势力在不断萎缩，但仍然持续存在着。

根据以上情况，我们可以对印度中世纪耆那教的情形有一个概要的了解。与佛教的情形不同，耆那教在此期间表现出顽强的生命力：它没有被印度教吃掉，也没有被伊斯兰教打垮，既保持了独立，又延续了传承。更为有意义的是，在此期间，耆那教还创造了灿烂的文明，在建筑、雕刻、文学、哲学、因明学、数学和医学等领域为整个印度文明做出了自己的贡献。

二、耆那教文学

（一）概述

到目前为止，我国对耆那教文学的介绍较少，最先是金克木先生在《梵语文学史》中对耆那教文献中的文学成分作了概要介绍[④]，此后是黄宝生先生更为详细的介绍，不仅有早期耆那教文献的介绍，还有一部分中世纪耆那教文学作品的介绍[⑤]。他们的这些介绍可以说是凤毛麟角，非常宝贵，具有开创意义。之所以出现这种稀缺的情况，和我国的国情有关，也与耆那教的影响有关。耆那教早期文献是用半摩揭陀语写的，而中世纪的大部分文献是用阿波布朗舍语写的。我国因与佛教有特殊紧密的关系，所以有研究梵语、巴利语的传统。1949年以后，又有一批研究现代印度语言文学的学者，却没有人研究阿波布朗舍语。

---

① ［英］查尔斯·埃利奥特著、李荣熙译：《印度教与佛教史纲》（第一卷），北京：商务印书馆，1982年版，第220页。

② ［印］R. C. 马宗达等著、张澍霖等译：《高级印度史》，北京：商务印书馆，1986年版，第324页。

③ ［英］查尔斯·埃利奥特著、李荣熙译：《印度教与佛教史纲》（第一卷），北京：商务印书馆，1982年版，第220页。

④ 见金克木：《梵语文学史》，北京：人民文学出版社，1980年版，第168~170页。

⑤ 见季羡林主编：《印度古代文学史》，北京：北京大学出版社，1991年版，第207~213页、216页。

又因为耆那教本身的发展几乎仅限于印度本土，近代以来才有对外传播，而对中国没有多少影响，所以也只有一般宗教概况和文学概况的介绍，而无深入研究。这里，我们也只能在前辈学者的基础上争取多作一些介绍，而真正深入的研究尚寄望于来者。[①]

就像佛教在印度东部地区建立自己的教派而把当地民众语言作为自己的语言基础一样，耆那教则在西部地区建立起自己的教派并把当地的语言作为自己文学的语言。中世纪耆那教的语言主要是阿波布朗舍语，耆那教的僧侣们也主要用这种语言写作。当然，也有使用梵语和其他俗语写出的作品。

耆那教文学中有3种作品。第一种被称为“往世诗”（pauranika kavya），又叫本行诗（caritakavya）。主要诗人有自在主（音译斯瓦扬布，Svayambhu）、华峰（音译普什帕丹特，Pushpadanta）等。第二种可以称为单篇诗（muktaka）。第三种是一些语法类的著作，其中以雪月（Hemacandra，音译海姆昌德拉，一译金月）的著作最为重要。下面按照这一分类分别予以介绍。

（二）往世诗

所谓“往世诗”，是指耆那教诗人们根据古代传说用梵语、俗语和阿波布朗舍语写的长篇文学作品。这些作品里，有对人生要义的教诲、对宗教和法的理解，还有对一些“伟人”生平的礼赞。这些往世诗写一个或若干个人物的本行[②]，即生平事迹。而这些被描写的人物，要么是耆那教的祖师，要么是古代传说中的英雄人物，后来变成了耆那教的虔诚信徒。耆那教中能够享受“伟人”称号的共有63人。其中，有24位祖师（Tirthankara）、12位转轮王（Cakravarti）、9名力天（Baladeva）、9名伐苏提婆（Vasudeva）和9名伐苏提婆之敌（Prativasudeva）。按照耆那教的说法，在每一劫当中都要出现9名力天、9名伐苏提婆和9名伐苏提婆之敌。其中，一名力天、一名伐苏提婆和一名伐苏提婆之敌为一组，同时出现于某一时期；力天和伐苏提婆分别由某个国王的不同后妃生出，即二人为同父异母兄弟；然后，伐苏提婆与兄长力天一起同伐苏提婆之敌作战并杀死他；于是，伐苏提婆因杀生进入地狱，而力天则因

① 以下关于耆那教文学的介绍，系根据薛克翘、唐孟生、姜景奎和印度专家拉盖什·沃茨合著的《印度中世纪宗教文学》下卷第23章（北京：昆仑出版社，2011年版，第412~436页）有关部分编写。

② 本行，阿波布朗舍语作cariu，梵语作caritra或carita，意思是“传记”或“传”。下文的有关书名有时被译作“本行”，有时被译为“传”，意思是一样的。

弟弟之死悲观厌世皈依耆那教，并最后获得解脱。讲述其中一个伟人故事的往世诗，也被称为"往世书"，而将"伟人"们的事迹汇集起来讲述的长诗，则被称为"大往世书"。"大往世书"常常又分"原初往世书"和"后往世书"两部分。"原初往世书"专门讲述耆那教远古初祖梨沙波提婆（Rsabhadeva，亦称阿底那特，Adinatha，即初祖或初主）的事迹；"后往世书"则讲述其余23位教主和其他"伟人"的生平事迹。罗摩故事和黑天故事被包括在"后往世书"中，因为他们都被认定为耆那教的"伟人"。

自在主和华峰是这类往世诗或本行诗的两位优秀代表。

1. 自在主及其往世诗

自在主，公元八九世纪人，用俗语和阿波布朗舍语写作。其生平资料很少。其父摩录多提婆（Marutadeva）和儿子特里布文（Tribhuvana）都是耆那教诗人。据说自在主的形体丑陋，但娶有二妻（一说三妻）。现在流传下来的作品有三部，即《莲花本行》、《利塔涅米本行》和《斯瓦扬布诗韵》。据说，他还有另外三部著作——两部本行诗和一部语法，但都已失传。他学识丰富，尤其在诗学方面的贡献突出。曾获得过多种称号，其中一个是"诗人之王"（Kaviraja）。

他的《莲花本行》被印度文学界认为是一部上乘诗作。讲述的是罗摩故事，用阿波布朗舍语写成。全诗分为五篇90章：《学艺篇》（20章）、《阿逾陀篇》（22章）、《美妙篇》（14章）、《战斗篇》（21章）和《后篇》（13章）。一般认为，前83章是自在主的亲笔，后7章由他的儿子特里布文续写完成。《莲花本行》是耆那教版本的《罗摩衍那》之一[①]。其基本情节与蚁垤的《罗摩衍那》相似，但《莲花本行》把罗摩（莲花）描写成耆那教的"伟人"。像许多耆那教诗歌一样，《莲花本行》的开头部分批判了婆罗门教。诗的开头部分还提出了一些读者容易产生的疑问，如，罗摩既然神通广大，他的妻子怎么会被拐走呢？哈努曼怎么可能举起大山并跳过大海呢？等等。然后由耆那教初祖出来一一解说，展开故事情节。与蚁垤《罗摩衍那》不同的是，《莲花本行》中的人物十首罗刹王罗婆那并非恶魔，而是耆那教教主大雄的虔诚信徒。悉多是罗婆那之女，因罗婆那觉得她不吉祥，所以她生下后就被抛弃于树林中。后来罗婆那被罗什曼那杀死，

① 耆那教文献中，关于罗摩故事的叙事诗还有多种。最早一部《莲花本行》的同名作品大约写于公元2世纪，一般认为是以蚁垤《罗摩衍那》为基础改写的。

因此罗什曼那不得不进入地狱。罗摩和悉多最后也都皈依了耆那教。

这部长诗在人物塑造、景物描写、情节编排等方面都体现了作者父子的艺术才能。例如，诗中这样描写哥达瓦里河：

哥达瓦里，浩浩荡荡。
冒着气泡，鼓着波浪。
一路呐喊，一路歌唱。
水下水上，鱼游鸟翔。
大地之女，如披盛装。
展开双臂，奔向海洋。

自在主的另一部往世诗《利塔涅米本行》（又被称作《诃利世系往世书》）也是耆那教文学中的名著，用阿波布朗舍语写成。该书讲述的是与《摩诃婆罗多》和黑天有关的故事，共分4篇112章（有的版本是115章），1.8万颂。

《雅度篇》（1~13章），主要讲述黑天出生、童年、结婚、生子的故事，在这里，黑天和罗摩一样，都变成了耆那教中的“伟人”。同时还讲述耆那教第22代祖师涅米那特出生的故事。

《俱卢篇》（14~32章），讲述俱卢族百子和般度五子的故事。其中，讲到坚战掷骰子输了自己，又输了黑公主，黑公主被难降（俱卢百子的老二）揪着头发拉到大庭广众之中受辱，有这样一段描写：

难降像阎王一样，气焰嚣张，
揪住黑公主头发，踢打不放。
坚战法王，险些晕倒大堂上。
勇怖军不忍睹，眼前惨状，
面对大树，暗思量杀死难降。
坚战王用脚趾，发出暗示，
让怖军克制住，怒火万丈。

《战斗篇》（33~92章），讲述俱卢族与般度族的战争。作者对战争场面的描绘也得到印度学界的好评。

《后篇》（93~112章），讲述了战争的结果，分析胜负原因，宣讲了一些哲理。

一般认为，前92章肯定是自在主的手笔，第93至99章可能也是他的手笔，而其余部分则是其子特里布文所写。

2. 华峰及其往世诗

华峰是继自在主之后耆那教另一位著名的往世诗作者。关于他的生平资料也极少，只知他约生活于10世纪，父母均为婆罗门。他自幼受到熏陶，成为一名湿婆派信徒。后来，他皈依耆那教，成为天衣派信徒。他大约是今印度中央邦南部地区人，后来到南方，在当时的拉施特拉库塔国生活，不久即为当地高官收留供养。他曾经这样描绘自己："身体瘦削，褐色，却有一副天生的笑脸。"他以自己的诗才自豪。曾获得"诗王"、"诗宝"（Kavya-Ratnakar）等多个称号。目前已知的作品主要有三部:《大往世书》、《龙王子传》和《耶输陀罗本行》。

《大往世书》中讲的是耆那教63位"伟人"的事迹。诗人说，这部长诗是他奉婆罗多[①]之请，于健日王纪年1022年（公元966年）完成的。还说，他写这部长诗不啻以蠡测海。全诗共102章，分两部分。前37章为"原初往世书"，后65章为"后往世书"。

"原初往世书"的开头部分说，应门齿王（Srenika，音译室赖尼迦，古摩揭陀国王舍城之王）之请，大雄的弟子乔答摩·群持（Gautama Ganadhara）讲述了大往世书的故事。"原初"部分讲述的是耆那教初祖梨沙波提婆和转轮王婆罗多的故事。这是诗中最详细、精彩的部分之一。

"后往世书"讲述其余23位教祖和其他"伟人"故事。其中包括讲述黑天故事的《诃利世系往世书》和讲述罗摩故事的《莲花往世书》。

诗中虽然讲述的是"伟人"们的事迹，但不时穿插有印度城乡、四季景物的描写以及人物的心理刻画。按照印度诗学的审美标准，这部诗中有英雄、艳情、平静等多种情味，被认为是一部比较典型的"大诗"（mahakavya）。

《龙王子传》是一部本行诗，用阿波布朗舍语写成。全诗9章。开头部分说诗人是奉南纳（Nanna）[②]之请写此书的。诗中描绘了古摩揭陀国王舍城的情况，说教祖大雄在那里过夏天的时候，国王门齿向他请教"吉五"[③]斋戒的重要性，大雄的弟子乔答摩·群持讲述了关于"吉五"的故事。故事的主要内容是主人

① 此婆罗多即诗人华峰的供养人，南印度拉施特拉库塔国宰相，约936~968年在任。

② 南纳是前文提到的宰相婆罗多之子，继其父为相，并继续供养华峰。

③ 吉五（Shripancami），印历十一月初五，在公历一二月间。

公龙王子（那伽鸠摩罗，Nagakumara）经过多次婚姻，又经过多次战斗，最后坚持“吉五”斋戒，修炼得道，获得解脱。

《耶输陀罗本行》共4章，用阿波布朗舍语写成，主旨是反对杀生献祭，警告人们不要杀生。说耶输陀罗（Yasbhara，或Jasohara、Jasahara）的母亲为了祝福自己的儿子而杀鸡供神，结果是一次次转生为鸡、蛇等动物，受尽轮回之苦。这个故事深受耆那教徒喜爱，曾被多个作者用俗语和梵语改写过。

3. 其他诗人的往世诗

除了上面两位作者及其作品外，下面再介绍一些其他用阿波布朗舍语写作的作者及其作品。

陀婆罗（Dhavala），10至11世纪人，生平不详。他的作品《诃利世系往世书》讲述的是黑天故事，与自在主和华峰的作品形式一致。全诗122章。其中关于战斗场面的描写显得很逼真，给人以身临其境之感。在暴君刚沙被诛之后，他的后妃们哀悼他的场面也写得很感人。

陀那巴罗（Dhanapala），出身吠舍家庭，皈依耆那教天衣派。关于他的生活时代，印度学界说法不一，主要有10、11、14、15世纪诸说。他的著作目前只发现一部《薄毗娑达多的故事》。这是一个根据民间故事改编的叙事诗，共分为三个部分。情节大体是：在俱卢国首都象城有一个财主，他和妻子莲吉（Kamalasri）生有一子，名薄毗娑达多（Bhavisayatta，梵文Bhavisyadatta）。财主因与妻子不和，又娶一美女萨鲁帕（Sarupa），生子班度达多（Bandudatta）。二子长大后，国王派他们一起去金岛谋取财富。弟弟欺骗了兄长，带着财富回来，而国王明察秋毫，惩罚了弟弟而赞扬了哥哥。在一次俱卢国与呾叉始罗国作战时，薄毗娑达多表现英勇，为战争的胜利立下头功。为此，国王将女儿苏密特拉（Sumitra）许配给他，并立他为储君。过了一些时候，牟尼毗摩罗（Vimala）给薄毗娑达多说法，并讲述了他的前生故事，使薄毗娑达多感悟而厌世，最后通过修行获得涅槃。这部诗歌的结构与许多印度民间文学作品一样，即主干故事中又穿插小故事。诗中反映了一些社会问题，如一夫多妻带来的弊病、兄弟间的竞争、家庭生活与出家修行的矛盾等。

迦那迦摩罗（kanakamara），约11世纪后期至12世纪初期人。出身于婆罗门家庭，后为耆那教天衣派信徒。他的著作仅发现《迦罗根杜传》一部。该书分为10章，主要讲述耆那教伟人之一转轮王迦罗根杜（Karakandu）的故事。

据耆那教传说，迦罗根杜是公元前9世纪以前的人。全书大约有3/4的篇幅讲述他的故事，另外1/4讲述了9个较小的故事。迦罗根杜的故事梗概是：某国王和王后乘象出游，大象突然疯狂奔走，将王后带入一陌生地方。王后生下王子，取名迦罗根杜（意思是“手痒”）。迦罗根杜被大象抚养长大，成为国王，并与另一国的公主结婚。在他远征印度南方各地的时候，他的王后遭到绑架。在一个圣人的指引下，他来到狮子国，并与狮子国国王之女结婚。当他从海路返回时，一条大鱼挡住去路。他杀死大鱼，却被一魔法师抓走。经过其小王后的斋戒祈祷，他得以返回，并征服了南印度各国。班师途中，他又重新得到前妻。后来，戒护牟尼（Silaguptamuni）给他讲述了前生故事，他便放弃世俗生活去苦修了。

室利陀罗（Sridhara），印度北方哈里亚纳人，生活于12世纪，生平资料很少。他的长诗《巴湿伐那特传》完成于德里，时间在公元1132年。诗中讲述的是耆那教第23祖巴湿伐那特（Parsvanatha）的生平故事。诗中还描写了德里和亚穆纳河的美丽。他的另一部长诗《苏具摩罗传》于1141年在古吉拉特的瓦勒德城完成。全诗6章，讲述的是苏具摩罗（Sukumala）长老前生的故事。

诃利跋陀罗（Haribhadra，一译师子贤），12世纪人，早年皈依耆那教白衣派，师从著名耆那教导师吉月（Sricandra，音译室利昌德拉）。他长期居住于南印度的遮娄其国，并得到该国两代国王的庇护和供养。1159年，他完成了阿波布朗舍语的《涅米那特传》。该诗共7章，803颂，讲述的是耆那教第22代教祖涅米那特（Neminatha）的故事。此外，他还用俗语写过《摩利那特传》，还有人认为一部叫作《月光传》(《昌德拉普拉巴传》)的往世诗也是他的作品。

沙梨跋陀罗·苏利（Salibhadra Suri），12世纪人，生平不详。其往世诗《巴忽巴利传》完成于1184年。讲述耆那教初祖涅米那特的儿子、转轮王婆罗多与其弟巴忽巴利（Bahubali，臂力王）的故事。诗中对巴忽巴利率军英勇征战并不断取胜的描写，表现了诗人的英雄主义和浪漫主义情怀。

（三）单篇诗

所谓“单篇诗”（mukkada），并非都是短诗，也有长篇叙事诗，只是不分章而已。耆那教文学中的单篇诗大致可以分为两种类型。一类是为修行目的而写的诗歌，其中表现的主要是神秘主义的感受，即如何进入禅定，如何达到无上三昧的境界等。这类诗歌，我们把它叫作神秘主义诗歌。另一类是为规范信徒和社会道德而写的诗歌，如教导人们如何朝拜圣地、如何斋戒、如何遵守戒律等。这类诗歌在形式上受到民歌影响，所以我们把它叫作民歌形式的诗歌。

1. 神秘主义诗歌

在耆那教文学中，能够看到一些着重阐释哲学思考和修行要领的诗歌，印度文学界把这类诗歌称为耆那教文学中的“神秘主义诗歌”。这类诗歌有两个主要特点：一是十分强调师尊的作用，主张在修炼中遵循师尊的教诲；二是强调内在的修炼，反对徒有形式的外在仪式。

（1）焦因度及其诗作

焦因度（Joindu，又名Yogindu、Yogindra）的《宇宙本体之光》和《瑜伽精华》，牟尼罗摩狮子（Ramasimha）的《献礼双行诗》等是这类诗歌的代表作。

焦因度被公认为用阿波布朗舍语写作的最优秀的神秘主义诗人。关于他的生平，无资料可查，对他的生活时代也只能推测。印度学者根据其作品的语言分析，认为他的生活年代不会早于10世纪，大约在11世纪。他的《宇宙本体之光》是为解答弟子提问而写的，分为两大部分（上下篇），445小节。上篇主要讲的是“外在自我”（bahiratma）、“内在自我”（antaratma）和最高自我（paramatma）的本质，以及“分散的最高自我”（vikala paramatma）和“整体最高自我”（sakala paramatma）的本质等问题。下篇主要讲的是解脱的本质、解脱的法门、解脱的善果、三宝一如（abheda ratnatraya）、最高三昧（parama-samadhi）等问题。其中有这样两句诗：

执着与解脱，业行由众生；
自我虽能动，始终无所成。

按照焦因度的观点，宇宙本体或者宇宙最高灵魂的认知和亲证，不是通过吠陀和各类法论的学习，而是通过洁净的禅定感受到的。他认为，宇宙的最高本体梵，与心等感觉器官的活动虽然是不同的，但是它就存在于人的体内，并且充满了整个世界。众生的业是导致执着和解脱的根源，个体灵魂（自我）实际上起不到什么作用。出于这个观点，他认为行善和作恶是一样的。他在《宇宙本体之光》的最后说了这样的话：

行善兴家业，家业生自尊，

自尊迷心智，罪恶所从生。
如是行善事，不如都不行。

在他看来，善和恶是可以循环的：行善的结果是家业的兴旺，由此带来荣耀和尊贵，而荣耀尊贵会使人丧失理性和智慧，丧失理性和智慧就会犯下罪孽。但是，诗人并非善恶不分，他所强调的是不能带着不纯净的心或者是为了财富而行善。

在《瑜伽精华》中，诗人用浅显通俗的语言描绘出深邃而精微的感受。关于善恶，有这样两句诗：

恶之所以恶，人人都晓得；
善也会变恶，难倒大学者。

显然，诗人对自己的这个论断（姑且称作善恶循环论）十分得意。

在《瑜伽精华》中，诗人宣示了他一直坚持的道理，即宇宙大我和个人自我是同一的：

宇宙我即是众生，
众生即是宇宙灵。
明白此理不迷惑，
自我本质要认清。

焦因度是想通过诗歌来表达对耆那教哲学的理解，也希望通过诗歌来宣扬耆那教哲学。耆那教哲学认为，通过自我认知可以去掉眼睛所看见的不真实东西，从而净化心灵和行为，以达到最高的精神境界，获得解脱的善果。

（2）罗摩狮子及其诗作

从牟尼罗摩狮子的《献礼双行诗》中，人们几乎找不到任何与作者生平有关的内容，只是在一个手抄本上，在一行诗中发现了作者的名字。而在另外的本子里，又说它的作者是焦因度。不过经过印度学者们详细考证，基本上得到共识，即此书的作者是罗摩狮子牟尼，而不是焦因度。

据印度学者推测，罗摩狮子可能是拉贾斯坦人，因为诗中运用的一些比喻是拉贾斯坦地方常用的，如用骆驼比喻心的躁动。他的生活时代大约在11世纪，因为后来的诗人雪月曾在自己的诗作中引用过他的诗句。

《献礼双行诗》是为瑜伽行者写的诗，诗中使用了大量瑜伽修行的概念，如融通（agama）、无觉（acit）、又觉（cit）、湿婆、沙克蒂（Sakti）、左道（vama patha）、右道（daksina patha）、有性（sagana）、无性（nirgana）、恒觉（aksarabodha）、醒觉（vibodha）、日（ravi）、月（sasi）、风（pavana）、时（kala），等等。诗中写道：

心证最高我，最高我会心，
两者相一致，同气境界真。

修炼瑜伽达到了如此境界，则礼拜、祈祷等都没有必要了。诗人认为，修炼者的身体犹如一座神殿，里面有各种各样的神，不同的神拥有不同的神力；这些力量要在导师的指导下，经过不断的修炼才能获得。也就是说，这个世界有诸多烦恼和困扰，解脱之路在于对自我灵魂的深刻思考。只有这样，才能获得最大的快乐和满足。他又说：

蠢人去拜庙，庙是人工造；
不看自体内，湿婆自在好。

诗人反对到庙里膜拜，反对偶像崇拜，因为那些都是人工制造的。而真正的神明（湿婆）就在你自己的身体里存在着呢。

（3）其他神秘主义诗歌

妙光阿阇梨（Suprabhacarya），11至13世纪间人，属耆那教天衣派信徒。他的《离欲精华》只有77韵（每韵一行）。诗中用朴实易懂的语言讲解了如何离欲修行的道理。例如，说感官好比盗贼，达磨如同财富，修行者要提高警惕，防止盗贼窃取财富。

另外，一位名叫摩诃月（Mahacanda）的牟尼写了一部长达333节（每节两行）的《双行献礼诗》，还有无名氏写的43韵《大欢喜赞》等都是中世纪流传下来的阿波布朗舍语耆那教神秘主义诗歌。

2. 民歌形式的诗歌

耆那教的这类诗歌有3种形式，第一种叫作“拉斯”（Rasa），第二种叫作“切尔切利”（carcari），第三种叫作“帕格”（phag）。

所谓“拉斯”，在印度教民间是一种表现大神黑天故事的歌舞表演，一种娱乐形式。而在耆那教文学中，是指一种配曲演唱的歌词。这种歌词在耆那教较晚的文献中有一定数量。从形式上看，有长篇叙事诗，也有单篇短诗，都是可以与歌舞表演相结合的。无论是叙事诗还是短诗，都具有教诲和儆戒的意义。

主要的叙事拉斯作品有《婆罗多与巴忽巴利拉斯》、《旃檀女拉斯》和单篇诗《教诲祛病拉斯》。

医贤·苏利（Salibhadra Suri）的《婆罗多与巴忽巴利拉斯》是一篇可以配曲演唱的叙事诗。作者在诗中对杀生行为予以坚决反对和谴责，告诉人们杀生是多么残忍和可怕。

《旃檀女拉斯》的作者是阿苏伽（Asuga），他在诗中描绘了妇女的可怜生活，充满了对妇女的同情。在封建社会，妇女像财产一样被掠夺、被买卖。诗中的旃檀女被绑架以后，又被卖给一个富商，在几经磨难和痛苦之后，旃檀女始终保持着自己的尊严。

还有一类教诫诗是把社会的现实生活摆在人们面前，告诫家居信徒如何遵守戒律。耆那达多·苏利（Jinadatta Suri）的《教诲祛病拉斯》和《教诲诗束》就是这类作品。类似的作品有时又称“切尔切利”。切尔切利是印度民众春天或洒红节时唱的歌，耆那教徒利用了这一形式进行劝诫，通常在寺庙中吟唱。

耆那达多·苏利生于1075年，卒于1154年。用梵语、俗语和阿波布朗舍语写作。其原名苏摩月（Somacandra），9岁时被一耆那教导师看中，予以教诲。不久，正好有一位耆那教导师耆那婆罗比·苏利（Jinavallabha Suri）去世，他便作为继承者被扶上“苏利”（导师）的座位，更名为耆那达多，并获得了苏利的称号。

他的《教诲祛病拉斯》只有80小节。他在诗中强调真师（sadguru）的作用，认为只有真师才能帮助迷失的灵魂渡过情海（bhavasagara），到达彼岸。而他的《教诲诗束》更短，只有32小节。诗中，作者认为当时的社会出现了毁灭幸福的灾难。在这场灾难中，人们不尊重正法，浑浑噩噩，听不进真师的教诲。为此，他写道：

相信了真师的话，
阎王发怒都不怕；
相信了大梵的话，
谁都不能伤害他。

耆那达多·苏利的《切尔切利》是采取民间歌词的形式写成的，共47首。

据说，切尔切利这种诗歌形式相当古老，迦梨陀娑在他的诗剧《优哩婆湿》的第四幕就使用了这一形式。耆那达多的这个作品也是配曲吟唱的，内容则是为他的前任导师耆那婆罗比·苏利歌功颂德。

印度还有一种叫作“帕格”或“帕古阿”（phagua）的歌调，也是印度民众在春天或洒红节时唱的，也被耆那教徒用来写劝诫诗。如拉贾谢斯瓦尔（Rajasesvara）写的《涅米那特帕格》就属于这一类诗歌的代表。《涅米那特帕格》讲述的是耆那教祖涅米那特（Neminatha）与罗阇摩蒂（Rajamati）结婚，女方家为招待女婿的迎亲队而杀生，涅米那特看到后十分不忍，毅然离开了岳父家，并到山上去修行。显然，这是对往世诗的一种改写，同时宣扬了耆那教不杀生的戒律。

（四）雪月的著作

耆那教作者们还用阿波布朗舍语写出了一批语法书。其中最著名的是雪月。雪月生于1088年，卒于1172年。他主要生活在古吉拉特地区，得到那里王公贵族的庇护和供养。他的著作有13种之多，有用阿波布朗舍语写的，有用俗语写的，也有用梵语写的。而且他学识渊博，才华横溢。他的13种书中，有两部语法书、两部大诗、两部诗学著作、一部因明学、一部瑜伽学、一部往世诗和四部辞书（其中一部是医学辞书）。

雪月最重要的著作《成就者雪月文法》是用阿波布朗舍语写的语法书，约完成于1143年前后。此书模仿巴尼尼的《八章书》，也分为8章。前7章讲的是梵语语法，第八章讲的是俗语语法。阿波布朗舍语语法在第八章内[①]。书中，他将梵语、俗语和阿波布朗舍语三者相结合，有时举梵语和俗语的例子，有时举阿波布朗舍语例子。不过，他举梵语和俗语的例子较少，显得零散，而举阿波布朗舍语例子时则经常举出整首或者整小节诗。从雪月的这部著作可以看出，当时的阿波布朗舍语已经是成熟的文学语言，但阿波布朗舍语的标准形式不同，方言和阿波布朗舍语相结合，一种新的语言正在产生，这种语言发展的结果就是今天的印地语。学者们给予这部著作以很高的评价，称雪月为“阿波布朗舍语的巴尼尼”。

但《成就者雪月文法》并非只是枯燥地讲解语法规则，其文学性的内容也引起人们的特别关注。在第八章讲到阿波布朗舍语文法的时候，作者摘引了很

① 一般认为，俗语有多种，阿波布朗舍语只是其中的一种。但实际上，印度学者在谈到或研究阿波布朗舍语时，往往将它与其他俗语区分开，甚至将它与俗语并列。

多前人的阿波布朗舍语双行诗，其中也有不少是流行于民众口头的民间文学遗产。这些双行诗合起来多达160多首，它们虽然不是雪月的创作，但由于原作者姓名缺失，所以人们习惯上把它们叫作“雪月的双行诗”。这里举一组例子：

女友啊，你且莫唠唠叨叨，
我心爱的人只有错误两条：
给人东西时把我漏掉，
打起仗来把性命忘掉。

要是敌军在溃败，
是因为有我爱人在；
要是我军在溃败，
一定是他战死不回来。

按印度传统诗学的观点，这些诗歌带有十足的“英雄味”。但是我们知道，耆那教主张不杀生，向往和平宁静。而这几首诗却像是刹帝利女人在抒发一种因丈夫英勇善战而倍感荣耀的豪情，显然与耆那教的宗旨背道而驰。尽管我们从耆那教文学的其他作品中也能看到关于战斗场面的精彩而逼真的描述，但仍然不像这些诗歌那样把女人描绘得这样富于英雄主义的激情，把战斗说成是男人的使命、英雄的盛典。由此可见，这些诗歌不会是雪月自己的作品，而很有可能是采集自民间的歌谣。这使我们联想到拉吉普特人抵抗外来入侵者的历史，想起拉吉普特妇女在丈夫战死后集体自杀的情景。

除了这些“英雄味”的诗歌，雪月的这部语法书中还有许多别的例子，这里试举二例。

蜜蜂离开莲花追逐象群，
希望大象醉后流出蜜津[①]，
为得到难得的东西，
它们不惜求远舍近。

这首诗说出了人们的一种心理，越难以得到的东西越想得到。告诫人们，

① 印度有一种说法，大象在发情期间眼窝会流出蜜汁一样的液体。

不要因为追求高远而忽视了身边的美好事物。

大海让水草在表面飘摇，
深深的水下却藏着珠宝；
主人看不起好的佣人，
把卑鄙小人当成荣耀。

这与其说是奴仆佣人们的怨言，倒不如说是诗人在揭示一种社会现象，宣传一种美德，批判一种谬误。

三、耆那教艺术

（一）埃洛拉的耆那教石窟

埃洛拉石窟群第30至34号窟属耆那教石窟，其开凿时间为8至10世纪。

约开凿于9世纪的第30号窟又被称为“小凯拉萨”。顾名思义，它在形制模仿了第16号窟凯拉萨神庙。但相比之下，第30号窟要小得多，完全没有16号窟那样的气势和规模。从雕刻艺术的角度看，30号窟的雕刻水平也不被美术界看好。

第32号窟开凿于9至10世纪，是埃洛拉石窟群里最有代表性的耆那教石窟。其规模较大，雕刻较多。该石窟双层，也有模仿凯拉萨神庙的痕迹。其上层主殿供奉耆那教教主大雄。大雄为高浮雕，置身于壁龛中。在其他壁龛中，还供奉有耆那教第23祖巴湿伐那特（Parsvanatha）的雕像，以及耆那教初祖涅米那特的儿子、转轮王婆罗多与其弟巴忽巴利（Bahubali，臂力王）。巴忽巴利被耆那教描绘为远古的“伟人”之一。其形象三全身赤裸，手臂上缠绕着藤蔓。

（二）阿布山的耆那教建筑

962~1297年，西部印度的拉贾斯坦和古吉拉特邦基本处于索兰基王朝的统治之下。索兰基诸王大多信奉婆罗门教湿婆派，但也对耆那教予以支持。因此在近古吉拉特和拉贾斯坦地区形成了几个耆那教建筑群。

拉贾斯坦的阿布山上有著名的耆那教庙群，叫作“迪尔瓦拉神庙群”。这些寺庙大体上修建于11至13世纪。王镛先生认为，这个神庙群的建筑“是印度耆那教神庙的范例”。[①]其中，一座叫作“维马拉·瓦萨希”的神庙（Vimala

① 王镛:《印度美术》，北京：中国人民大学出版社，2004年版，第371页。

Vasahi Temple）是由一位名叫维马拉的将军建造的，时间约在1032年。这座神庙的主尊是传说中的耆那教初祖。另一座较晚期的神庙建于1231年左右，是由两位富豪大臣出资建造的，被称为“卢纳·瓦萨希神庙”（Luna Vasahi Temple）。这两座神庙均为白色大理石建筑，外表简洁朴实，但内部十分富丽。尤其是其圆顶部分，仰望上去，其精美绝伦令人惊叹，不身临其境不足以体会其美感。

索　引

C

D

E

F

G

M

N

P

Q

R

S

T

W

X